Helene Christaller

Gottfried Erdmann und seine Frau

Verlag der
Francke-Buchhandlung GmbH
Marburg an der Lahn

CIP-Kurztitelaufnahme der Deutschen Bibliothek

Christaller, Helene:
Gottfried Erdmann und seine Frau / Helene Christaller. –
Marburg an d. Lahn; Francke, 1984. –
(Edition C: E, Die goldene Reihe; 15)
ISBN 3-88224-393-7
NE: Edition C / E

ISBN 3 88224 393 7

3550 Marburg an der Lahn
Umschlaggestaltung: Herybert Kassühlke
Gesamtherstellung: St.-Johannis-Druckerei, Lahr
Printed in Germany 23255/1987

Edition C, Nr. E 15

Erstes Kapitel

In der geräumigen, aber niedrigen Stube des alten Pfarrhauses von Tannheim herrschte fröhliches Leben. An einem langen Tisch stand die Frau mit den Töchtern des Hauses und bügelte. Im Zimmer roch es nach frischer Wäsche und Bratäpfeln, und der Bügeldampf hatte die kleinen Fenster beschlagen und rann in schnellen Bächlein auf das Fensterbrett hinunter. In dem altmodischen Ofen, der in die Wand gemauert war, krachten die harzigen Tannenscheite, und in der Kachel zischten die Äpfel; eine strahlende Wärme ging von ihm aus und kämpfte siegreich mit dem eisigen Wind, der durch die Ritzen der vielen Fenster fegte, obgleich noch einmal Vorfenster dem rauhen Schwarzwaldgesellen den Eintritt zu verwehren suchten.

Oben am Bügeltisch stand die Pfarrerin, eine starke, grobknochige Frau mit verschwommenen weichen Zügen, die einen mütterlichen, aber zugleich herrschgewohnten Ausdruck hatten. Er lag besonders in den hellen scharfblickenden Augen, die auch gelegentlich Zornesblitze sprühen konnten, denn sie war eine sehr energische Frau und ihre Hausfrauentüchtigkeit in der ganzen Gegend berühmt.

Sie hatte sich den schwierigsten Teil des Bügelgeschäfts vorbehalten, die Stärkwäsche, und man sah ihr an, wie wichtig sie es nahm. Sie schnaufte und pustete und spitzte die Lippen, wenn sie einen recht heiklen Strich zu machen hatte, führte mit sanftem Druck das Eisen über den feuchten Stoff und legte mit der Miene einer Siegerin den steifen, schön gerollten Kragen in den Korb.

«Diese abscheulichen neumodischen Kragen!» Das galt den besonders verzwickt zu bügelnden Stehumlegekragen des Vikars.

«Mutter, da kann er doch nichts dafür», fuhr Johanne, die zweitälteste Tochter des Hauses, kampfbereit auf.

«Freilich kann er; was für deinen alten Vater gut genug ist, genügt auch für einen Vikar.»

«Der Vater hat aber auch eine ganz andere Figur und ist alt.»

«Ach was, Pfarrer ist Pfarrer, und vollends auf dem Land! Grade doppelt so lang bügle ich dem an seinen Gigerlkragen, den dummen.»

Johanne schwieg beleidigt.

Vikar Märkel, der Eigentümer der mißliebigen Kragen, war dem Schicksal aller jungen Vikare verfallen und hatte sich in die sanfte, häusliche Pfarrtochter verliebt, die in der Predigt ihn stets so hingebend ansah und bei Tisch ihm die besten Stücke zuzuschieben versuchte. Sie war es, die ihm die Hosen so wundervoll stopfte, daß niemand es ihnen ansah, und wenn er mal eine recht mißratene Predigt gehalten hatte, richtete sie ihn wieder auf, indem sie ihn mit innigem Blick um das Predigtkonzept bat. So wurde er Bräutigam der hübschen blonden Johanne, wie das in den Sternen geschrieben stand, fürchtete sich vor der energischen Schwiegermutter, neckte sich mit der jungen Schwägerin und wurde vom Vater nachsichtig als unvermeidliches Übel geduldet. Nun aber gab es Abschiedsschmerzen bei dem Brautpaar, denn er war abberufen worden und sollte nun als selbständiger Pfarrverweser zeigen, was er als Vikar gelernt hatte.

«Ich werde deinen Nachfolger hassen», versicherte ihm das Mädchen mit seinem sanften und phlegmatischen Blick, dem kein Mensch solch eine verheerende Leidenschaft geglaubt hätte.

Der junge Vikar aber quittierte diese Versicherung mit

einer Flut zärtlicher Küsse, denen die Legitimität noch nichts von ihrer Süßigkeit geraubt hatte.

Die Mutter war mit dem Wechsel ganz einverstanden, das «Getue» der jungen Leute war ihr schrecklich, während die Verlobung selbst ihr ganz gut in das Lebensprogramm paßte, das sie für ihre Töchter entworfen hatte. Johanne war nun versorgt, jetzt kam Hellmine dran. Die war zwar erst sechzehn Jahre alt, aber ein ganz netter Backfisch, dessen Hauptreiz seine frische Jugend und seine übermütige Fröhlichkeit war. Die mußte jung unter die Haube, als ältere Jungfrau hätte sie bald ihren Reiz verloren.

Frau Pfarrer Harder war eine sehr kritische Mutter und kannte genau die Schwächen und Mängel wie auch die Vorzüge ihrer Töchter, wenigstens ihrer beiden jüngsten. Die Älteste war zu sehr aus der Art geschlagen, eigenwillig und hartnäckig verfolgte sie ihre Ziele, unterstützt von ihrem Vater, dessen Liebling sie war. Die mochte sich selber ihr Glück schmieden; wenn die Mutter es ihr noch so schön auf dem Präsentierteller brächte, würde sie mit einem Achselzucken dafür danken und ihre eigenen Wege gehen. Sie wollte Ärztin werden und stand in Zürich vor ihrem letzten Examen.

Nachdenklich rollte Frau Pfarrer Harder den letzten Vikarskragen zu schöner Rundung und ließ dabei ihre Blicke prüfend auf der jüngsten Tochter ruhen. Das krause braune Haar war hübsch und die Gesichtsfarbe hell und frisch, aber die Nase war aufgestülpt. Das verzeiht man einem ganz jungen Ding, es gehört sogar ein wenig zum Stil des kecken Backfisches, dachte die Mutter. Die Figur war etwas gedrungen, vielleicht wuchs die Kleine noch, aber es war leider die Gestalt des Vaters, viel Hoffnung war da nicht.

Hellmine fühlte den scharfen Prüferblick der Mutter, das war ihr unbehaglich. Sie sah auf und sagte lachend: «Schön bin ich ja nicht, aber ich kann nichts dafür, und wenn du mich auch noch so kritisch anguckst, es hilft alles nichts.»

Frau Harder errötete wie ein ertappter Sünder. Daß dieses Kind ihr immer die Gedanken vom Gesicht las!

Johanne bügelte schweigend und verdrossen weiter. Sie war sehr leicht gekränkt, aber ihre Familie hatte die Angewohnheit, ihre Gefühle dann zu ignorieren. Herrlich war da ihr Bräutigam: wie er ihr nach den Augen schaute, wie er sie zu erheitern und zu versöhnen suchte, wo er gar nicht gesündigt, wie er alle Schuld bei sich suchte. Es war wirklich der Mühe wert, mit ihm zu schmollen, sie lauerte förmlich auf Anlässe dazu. Und wenn sie ihr Machtbewußtsein genügend ausgekostet hatte, dann kam der süße Nachtisch mit Verzeihung und versöhnender Zärtlichkeit. Dann war sie so hingebend und weich, daß Eberhard Märkel sich als Glücklichster der Sterblichen fühlte. Johanne Harder hatte mit weiblichem Instinkt, trotz ihrer Einfalt und Hausbackenheit, das Mittel begriffen, mit dem man Männer und wilde Tiere regiert – Peitsche und Zuckerbrot.

Die Tür zum Familienzimmer wurde geöffnet, und die schwerfällige kleine Gestalt des Hausherrn schob sich herein. Er roch stark nach Tabak, war aber zu wohlerzogen und auch zu rücksichtsvoll, als daß er mit der brennenden Pfeife außerhalb seines Studierzimmers erschienen wäre. Er hatte die Brille auf die Stirn hinaufgeschoben und suchte im Bügeldampf die Gestalt seiner Frau.

«Nun, Emma», sagte er gemächlich und wärmte sich den breiten Rücken am Kachelofen, «nun wäre also der neue Vikar angekündigt.»

Emma Harder stellte interessiert das Bügeleisen auf den Rost und sah ihren Mann erwartungsvoll an. Das gleiche tat Hellmine, nur daß sie vor lauter Neugier das Eisen auf ihrem Wäschestück ruhen ließ, bis sie, durch einen beginnenden Brandgeruch aufmerksam geworden, erschreckt das verdorbene Stück beiseite brachte.

«Nun, wie ist er denn?» fragte endlich Frau Emma, als der Pfarrer immer noch schwieg.

«Na», erwiderte dieser zögernd, «ein sehr sonderbarer Bruder im Herrn scheint er zu sein.»

«O weh, *mein Vikar!*» rief enttäuscht die Kleine.

«Dein Vikar?» echote verwundert der Vater.

«Nun ja, etwa doch nicht Johannes Vikar», entgegnete sie halb schnippisch, halb beschämt.

Um Aufklärung bittend, sah der Pfarrer seine Frau an; Johanne lachte ein wenig schadenfroh. Die Kleine hatte doch noch gar keinen Sinn für weibliches Dekorum. So etwas sagte man nicht, das dachte man höchstens.

Frau Harder schickte auch sofort einen strengen erzieherischen Blick zu Hellmine. «Bild du dir nur keine Schwachheiten ein, dummes Ding, du kannst ja noch keinen Lappen fadengerad einsetzen.»

«Ach so», jetzt verstand der Vater und lachte, daß der Ofen wackelte. «Ja, Kleine, da kommst du ganz an den Unrechten, das ist kein lenkbares Luftschiff wie unser lieber Märkel, der guckt euch Mädels überhaupt nicht an.»

«Das gefällt mir gerad», sagte Hellmine unternehmend.

«Nun sag aber doch endlich, was mit ihm ist», drängte Frau Harder aufgeregt.

«Ja, was kann ich euch sagen? Die Zeugnisse sind vorzüglich, was Begabung und Amtsführung anbetrifft, aber sonst – – – ein ganz, ganz sonderbarer Mensch.»

«Wieso denn nur?»

«Na, halt ein Fanatiker, und zwar nicht nur in der Theorie, sondern in der Praxis. Absonderlich, einsiedlerisch, eigensinnig, was weiß ich – –»

«Ein angenehmer Hausgenosse», sagte ironisch Frau Harder und warf ihrem unschuldigen Ehemann einen vorwurfsvollen Blick zu.

«Hoffentlich ist er kein Vegetarianer und rümpft die Nase, wenn wir Siedwürstchen essen», warf Hellmine ein.

«Dann kannst du ihn ja zu deinen harten Beefsteaks von gestern bekehren, oder zu deinen Hackbraten, die immer zerfallen», spottete Johanne, die eine gute Köchin war.

«Kinder, ärgert mich nicht», sagte der Backfisch gutgelaunt, «es ist schlimm genug, daß mein Vikar ein solch verrücktes Huhn ist. Ich hatte alle meine Hoffnungen auf ihn gesetzt.»

«So sieht also eine Sechzehnjährige aus, die soeben ihre Wünsche zu Grabe getragen hat», neckte der Vater seine Jüngste. Die sah das als eine Aufforderung an, schnöde ihre Pflicht im Stich zu lassen, und hängte sich an des Vaters Arm.

«Väterchen», schmeichelte sie und rieb ihre weiche Wange an seinem Gesicht, «hoffentlich ist mein Vikar kein Gegner von langen Locken.» Damit zauste sie ihm sein Künstlerhaar, wie Hellmine die spärlichen grauen Locken ihres Vaters nannte, die dieser ängstlich vor Frau Emmas verschönerungssüchtiger Schere hütete.

«Nun, ich will schon mit ihm fertig werden.» Energisch griff die Pfarrfrau wieder zum Bügeleisen, während die Mädchen aufgeregt durcheinander sprachen.

«Wann geht denn Märkel?» fragte der Vater dazwischen.

«Am Dienstag», antwortete Johanne mit trübseligem Gesicht.

«Nun, dann werden sich die zwei jungen Männer ja noch sehen, Erdmann kommt am Montag.»

Frau Harder rief ihre jüngste Tochter wieder an die Arbeit. Bedauernd ließ sie des Vaters Arm fahren.

«Ach, wer weiß, vielleicht ist er trotzdem gar nicht so übel.» Damit tröstete Hellmine sich und die andern.

Zweites Kapitel

Pfarrer Harders waren beim Mittagessen. Am obern Ende des schmalen Tisches saß Frau Harder, neben ihr auf der einen Seite der Pfarrer, auf der andern Eberhard Märkel. Das war ein fein aussehender Mann, gesund, mit spitz zugeschnittenem, rötlichem Vollbart, weichen Zügen und hellen, etwas leeren Augen. Dann kamen die beiden Töchter des Hauses, und zu unterst am Tischende saß Agathe, das Dienstmädchen, ein zutrauliches, täppisches Ding, das wie ein Pferd arbeitete, und dem der poetische Name sonderbar zu dem bäurischen Gesicht stand.

Die Unterhaltung war lebhaft. Zwischen dem Vater und der jüngsten Tochter flogen die Neckworte hin und her. Eberhard Märkel war beständig beschäftigt, seine Braut zu bedienen, was sie mit der anmutsvollen, aber doch stolzen Miene einer jungen Königin geschehen ließ. Er selber kam dann fast nicht zum Essen und holte das Versäumte mit ungewöhnlich großen Bissen wieder ein. Im übrigen legte die Anwesenheit des Dienstmädchens der Unterhaltung einen gewissen Zwang auf, an den die Pfarrfrau ihre jüngste Tochter immer wieder mit sprechenden Blikken erinnern mußte.

An der Haustür ertönte die Klingel.

«Daß die Bauern einen doch nie in Frieden essen lassen können», brummte der alte Pfarrer, «gewiß will einer einen Taufschein, und zwar sofort.»

Das Dienstmädchen, das unten geöffnet hatte, kam wieder herein, und hinter ihr erschien ein junger Mann.

«Mein Name ist Erdmann», sagte der und verbeugte sich linkisch.

Mit merkwürdiger Behendigkeit sprang Pfarrer Harder auf, um den neuen Hausgenossen zu begrüßen; würdevoll und ziemlich kühl folgte seine Frau.

Hellmine riß weit die Augen auf und starrte den Eingetretenen an. Das war also ihr Vikar. Sie war fast enttäuscht; er sah gar nicht auffallend aus. Ein hageres Gesicht mit einem starken bartlosen Kinn, schwarze schlichte Haare, eine kränkliche Gesichtsfarbe, ein verschlossener Mund mit einem unerbittlichen Zug in den Winkeln und ein Paar sanfte dunkle, fast traurige Augen. Die Gestalt war über mittelgroß, hager, aber doch kräftig, die Kleidung verstaubt, schlecht sitzend. In der Hand hielt er eine alte gestickte Reisetasche und einen Schirm, der einer Marktfrau Ehre gemacht hätte.

«Unverfälschtes Gotteswort vom Lande», flüsterte Märkel seiner Braut zu.

Die lächelte ihn an voll Hingebung und Anerkennung für seine eigene feine und repräsentable Erscheinung. «Und doch kommt er aus der Hauptstadt.»

Er wurde den Töchtern und dem Vikar vorgestellt. Hellmine reichte ihm freimütig die Hand, Johanne verneigte sich graziös und zurückhaltend. Aber weder das eine noch das andere machte ihm Eindruck.

Einige höfliche Phrasen wurden gewechselt. Gottfried Erdmann nahm am Tisch Platz und begann zu essen, nicht ohne vorher längere Zeit schweigend gebetet zu haben, während die Familie sich krampfhaft lebhaft unterhielt. Dann stockte das Gespräch und war durchaus nicht in Gang zu bringen, denn der Ankömmling hielt sich offenbar an das Wort «eure Rede sei ja, ja; nein, nein».

Da mußte Hellmine plötzlich in all ihrer Backfischherrlichkeit laut lachen. Das kam so unmotiviert, daß der Vikar schweigend vom Teller aufblickte und sie vorwurfsvoll ansah. Darüber errötete die Kleine schuldbewußt und versicherte später ihrer Schwester: Augen habe er gemacht wie ein verwundetes Tier.

Das schweigsame Mahl war zu Ende.

«Das kann ja nett werden», flüsterte Johanne ihrem

Eberhard zu. Der reckte sich stolz im Bewußtsein der Überlegenheit und fing ein theologisches Gespräch mit seinem Nachfolger an, in dessen Verlauf er sehr erstaunte Augen machte, während der alte Pfarrer stumm zuhörte und eine Melodie summte. Endlich konnte Märkel sich nicht enthalten, zu fragen: «Und Sie haben wirklich in Tübingen im Jahre 1900 studiert? Haben noch bei Weizsäcker Dogmengeschichte, bei Gottschick Johannesevangelium und praktische Theologie, und bei Grill Altes Testament gehört?»

«Ja», antwortete der Gefragte einsilbig.

«Hm», erwiderte Märkel, «dann sind Sie scheint's immun.»

«Ich bin ein gesunder Mensch, das hoffe ich», sagte Erdmann steif. Damit brach er das Gespräch ab und ließ sich sein Zimmer zeigen. Es war ein kleiner, freundlicher Raum, bescheiden, aber behaglich ausgestattet. Den Hauptplatz am Fenster nahm ein alter, unförmiger Schreibtisch ein. Hellmine hatte eine Vase mit Stechlaub, an dem rote Beeren hingen, zum Schmuck daraufgestellt und einen alten schönen Kupferstich, Jesus erweckt das Töchterlein des Jairus, darübergehängt.

Gottfried Erdmann betrachtete eine Zeitlang das Bild mit gerunzelten Brauen, dann nahm er's vom Nagel und stellte es umgedreht an die Wand. Hellmines Vase wurde auf den Kleiderschrank hinaufbefördert.

«Sie sind scheint's kein Blumenfreund?» fragte Märkel, der ihm höflich die Reisetasche getragen, im Hinblick auf den kahlen Schreibtisch.

«Blumen sind Geschöpfe», antwortete Erdmann melancholisch, «alle Geschöpfe sind unsere Feinde, sie suchen uns vom Schöpfer abzuziehen.»

Märkel verzichtete auf eine Entgegnung; bei solchen Anschauungen ließ sich ja überhaupt nicht mehr disputieren.

«Und was haben Sie an dem Bild auszusetzen?» fragte er weiter. «Der Gegenstand ist erhaben, der Maler ist ein echter Künstler gewesen, die Reproduktion ist ganz vorzüglich.»

«Das letzte sind für mich keine Gesichtspunkte; aber der Gegenstand ist *zu* erhaben. Ich liebe die Kunst nicht, am wenigsten die religiöse. Sie stammelt nur und erweckt kindische Vorstellungen.»

«Sie lesen wohl auch nichts Poetisches?» fragte Märkel überlegen.

«Zu was sollte ich erdichtete Geschichten lesen?»

«Und die Musik?»

«Sie schmeichelt unsern Sinnen, sie weckt Gefühle, die besser schliefen.»

«Auch die religiöse Musik?» fragte Eberhard belustigt.

«Das ist die schlimmste, sie spielt nur mit dem religiösen Gefühl und hat noch nie eine religiöse Tat veranlaßt.»

«Sie werden da mit Ihren Ansichten sehr vereinzelt dastehen.»

«Ja», erwiderte der Vikar kurz, «aber man lernt auch allein stehen.»

«Lernt man das wirklich?» fragte Eberhard fast mitleidig.

Erdmann antwortete nicht, aber der Schatten auf seinem dunkeln Gesicht vertiefte sich noch mehr. Er begann seine Tasche auszupacken. Märkel zog sich mit einem kurzen Abschiedswort zurück.

Unten im Wohnzimmer fand er noch die ganze Familie versammelt; sie sahen ihm gespannt entgegen. Er blickte eins nach dem andern an und fing an zu lachen, dann stimmte Hellmine und Johanne ein, zuletzt sogar die strenge Pfarrfrau.

«Sag mal, Schwiegervater», wandte er sich an Pfarrer Harder, «was für eine Examensnote hat denn dein neuer Vikar bekommen?»

«Ja, da wirst du gucken, II a.»

«II a?» Märkel machte ein so verblüfftes Gesicht, daß alle laut auflachten.

«Ja, lieber Sohn, im Punkte Wissenschaft ist er dir ziemlich über.»

Der junge Mann erholte sich mühsam von seiner Überraschung.

«'s ist nicht möglich», rief er aus, «bei dem sind ja alle Schrauben locker.»

«Vielleicht kommt das nur dir so vor», wies Harder ihn mild zurecht.

«Na, dann prüfet selbst, ich sage nichts.»

«Oh», bestürmten ihn die Mädchen, «sei nicht unausstehlich, erzähl!»

Johanne hatte ihrem bedrängten Bräutigam bald mit ein paar zärtlich bittenden Blicken das Herz so weit umgekrempelt, daß alle seine Geheimnisse zutage kamen.

«Aber Kinder», rief Hellmine, die allem eine gute Seite abgewann, frohlockend, mit glänzenden Augen, «das ist ja ganz furchtbar interessant! Da werden wir was erleben! Ach, und ich erlebe so gern – sogar Unangenehmes.»

«Na, ich danke», sagte Johanne verständig.

«Wie sich Gertrud mit ihm vertragen wird?» fragte Hellmine.

«Die ist grad so verdreht», sagte die Mutter hart.

«Nur wieder ganz anders», fügte Johanne bei.

«Gertrud hat zuviel Sinn für Freiheit und Persönlichkeit, als daß sie nicht anderen Menschen ihre Eigenart ließe», antwortete der Vater ärgerlich, «seht vor allem zu, daß ihr euch mit ihm vertraget.»

Die Mutter fuhr auf. «Mit so einem Vikar will ich schon fertig werden.»

«Nun, dann ist es ja gut», sagte der Vater und beendigte das Gespräch.

Drittes Kapitel

Am andern Morgen war Gottfried Erdmann zeitig auf, aber er ging nicht hinunter, denn er wußte, daß Eberhard Märkel abreiste, und er fühlte sich so sehr als unwillkommener Eindringling, daß er sich möglichst wenig sichtbar machen wollte. Er ordnete seine wenigen Bücher und legte die spärliche Wäsche in die Schublade. Was wird Frau Harder für Augen machen, wenn sie diese Ausstattung sieht? dachte er. Das wird ein peinlicher Moment, der überstanden werden muß.

«Ist das alles?» wird sie fragen, während sie vor der halbleeren Schublade kniet.

«Ja.»

«Da müssen Sie sich notwendig noch anschaffen.»

«Das wird nichts helfen», wird er in dem Ton sagen, der so verstockt klingt, aber nur Schüchternheit ist.

«Wieso?»

«Sobald ich mehr als die nackte Notwendigkeit besitze, verschenke ich alles an solche, die Mangel leiden.»

«Das geht aber doch nicht, ein einigermaßen anständiger Mensch muß doch zum mindesten ein halbes Dutzend Hemden haben.»

«Die Begriffe von Anstand sind verschieden.»

Und dann wird Frau Harder, er sah sie vor sich, aufstehen, ihn mit einem Blick ansehen, mißbilligend, verachtungsvoll und ein wenig scheu; er kannte diesen Blick, allzuoft hatten ihn Menschenaugen so betrachtet; und dann wird sie ihn seiner Wege gehen lassen. Das war noch der günstigste Fall; er konnte sich Frau Harder auch ewig stichelnd, ausfallend, ihm Steine in den Weg legend vorstellen.

Gottfried Erdmann seufzte auf, als er so weit war; er trat ans Fenster und blickte in den klaren Wintertag hinaus. Von seinem hochgelegenen Zimmer konnte er einen Teil des Dorfes überschauen, die stattlichen Häuser an der breiten Dorfstraße, die sich tief die Schneekappen ins Gesicht gezogen hatten, das steile Dach des Schulhauses mit dem zitternden Glöckchen im Turm, den vereisten Brunnen, dessen Wasser in einen hölzernen moosbewachsenen Trog rauschte, und hinter dem Dorf den schneebeladenen Streifen Tannenwald und die lichtblauen Berge.

Er legte die Stirn an die Scheiben und starrte hinaus, ohne eigentlich etwas zu sehen. Die Straße war leer, ein paar Sperlinge flogen hin und her, in der Schule sangen die Kinder den Morgenchoral. Da klopfte es an seine Tür; er schrak zusammen und öffnete, Hellmine stand draußen.

«Bitte, wollen Sie zum Frühstück kommen», sagte sie freundlich.

Er folgte der Aufforderung.

«Haben Sie gut geschlafen?» plauderte sie weiter.

«Ich glaube», sagte er zerstreut.

Er sah blaß und verfroren aus. Hellmine bemerkte es.

«Gelt, Sie fürchten sich ein bißchen?» fragte sie gutmütig.

«Fürchten?» antwortete er verwundert.

«Nun, ja, ich denke es mir gar nicht angenehm, so in eine fremde Familie hineinzuplatzen, zu der man vielleicht sehr schlecht paßt.»

«Das bin ich schon gewohnt, daß mich niemand mag», sagte er düster.

«Ach, machen Sie doch kein so betrübtes Gesicht, ich wollte Ihnen nur sagen, Mama meint's gar nicht so bös, wenn sie auch mal grätig ist, sie hat eben immer unumstößliche Ansichten von allem, was sich gehört. Aber werden Sie nur mal erst krank, sie pflegt himmlisch.»

Erdmann mußte doch ein wenig über diese Aufforderung und über die gutmütige Person lächeln.

Hellmine staunte über die Veränderung, ganz menschlich sah er aus, wenn er freundlich war.

«Mit Vater läßt sich's vorzüglich leben, man muß ihm nur seine Musik, seine Ruhe und seine Pfeife lassen. Für Ideen hat er auch was übrig, besonders wenn Gertrud sie hat, aber sie dürfen ihm nicht die Ruhe rauben.»

«Ist Gertrud Ihre Schwester?»

«Ja, aber sie kommt erst aufs Frühjahr. Die ist die beste von uns allen», sagte sie enthusiastisch, «nur mit Mama und Johanne versteht sie sich nicht gut, sie ist ihnen zu modern. Sie sehen übrigens auch aus, als möchten Sie moderne Mädchen nicht.»

Sie waren in das leere Eßzimmer getreten.

«Allerdings nicht», gab er zu, «aber vielleicht mache ich bei Ihrer Schwester eine Ausnahme.»

Das klang beinah liebenswürdig, und Hellmine rief daraufhin feurig: «O ja, das müssen Sie. Gertrud ist so gut; es grenzt an Dummheit, sagt Mama, aber das ist nicht wahr, sie ist so gescheit. – Jetzt – über mich ist nicht viel zu sagen: abgerissene Knöpfe kann ich Ihnen annähen, und zur Not auch die Strümpfe stopfen. Sie sehen doch nicht auf Strickstopf? Ich kann nur Gitterstopf.»

Jetzt mußte er wieder lächeln; er dachte an seine drei Paar groben grauen Wollsocken und schüttelte den Kopf.

«Nun, das ist mir sehr lieb», rief sie erleichtert, «denn Johanne hat gesagt...», sie stockte plötzlich; sie konnte doch nicht sagen, daß die Schwester erklärt hatte, für diesen Hinterwäldler und Säulenheiligen werde sie keinen Finger regen.

Erdmann merkte wohl das Stocken des naiven Plaudermundes, fragte aber nicht weiter, denn er wollte sie zu keiner Ausflucht verlocken, nach der die harmlosen Kinderaugen schon unruhig spähten.

Jetzt kam auch endlich die Familie von der Post zurück, wohin sie Johannes Bräutigam begleitet hatte. Die Augen des jungen Mädchens waren ein wenig gerötet, das machte der Abschied; Vater Harders langer grauer Bart war voll

Nebeltropfen. Die Mutter schälte sich mühsam aus ihrem schweren Radmantel, ohne daß der ungeschickte Vikar daran dachte, ihr beizuspringen. Das tat denn Johanne mit einem strafenden Blick hinüber zu dem Sünder, den dieser nicht einmal verstand und auf das Konto der allgemeinen Abneigung setzte.

Hellmine schenkte den Kaffee in die großen, dicken Tassen ein und bot die bleichen, aufgeschwemmten ländlichen Wecken herum.

Der Vikar sah fragend den Hausherrn an, der gemütlich seinen Wecken in die Tasse brockte, und rührte seinen Kaffee nicht an.

«Nach dem Frühstück», wehrte der Pfarrer in leiser Verlegenheit, «wir lesen irgend etwas, nicht immer regelmäßig, wie sich's so schickt.»

Eigentlich schickte sich die Andacht ziemlich selten, aber das wollte er nicht gern gleich sagen.

Der Vikar rührte schweigend in der Tasse, als ob er sich besänne, dann fing er an zu essen, in einer achtlosen, zerstreuten Art, aber nicht häßlich.

«Also, Herr Vikar», unterbrach der Pfarrer eine hauswirtschaftliche Unterhaltung der Frauen, «Sie werden um neun Uhr die Religionsstunde halten, darnach die alte Frau Dobler besuchen, sie ist krank, und im übrigen machen Sie vielleicht Ihre Antrittsbesuche, beim Schullehrer, dem Bürgermeister und dem Waldhornwirt.»

«Ist der Waldhornwirt Kirchengemeinderat?»

«Nein, nur der vermögendste und einflußreichste Mann im Dorf.»

«Wenn er keine amtliche Stelle hat, durch die ich gezwungen bin, werde ich ihn lieber nicht besuchen», sagte der Vikar bockbeinig.

«Das können Sie in diesem Falle halten, wie Sie wollen», antwortete ruhig der Pfarrer, während die Frauen sich vielsagend ansahen.

Nach einer verlegenen Pause sagte Erdmann stockend: «Ich danke Ihnen.»

«Wollen Sie noch eine Tasse Kaffee?» unterbrach Hellmine, da ihr das Gesprächsthema gefährlich vorkam. Er hörte aber gar nicht darauf, sondern fragte den Pfarrer: «Befindet sich eine Gemeinschaft am Ort?»

«Ja», war die einsilbige Antwort Harders.

«Wie heißt der Leiter der Stunde?»

«Das ist der Johann Pfrommer, hier nennen sie ihn den Stoffelmichelshannes.»

«Sie wollen doch nicht zu dem?» platzte Hellmine heraus, «der gräßliche Mensch hat öffentlich für den Vater gebetet.»

«Ist das so was Arges?» fragte Erdmann ernst.

«Daß er sich bekehre, haben sie gebetet.»

«Sie haben das doch aus ehrlichem Herzen getan und gut gemeint.»

«Gewiß, gewiß», sagte der Pfarrer rasch.

«Es war eine Unverschämtheit», fuhr jetzt die Pfarrfrau dazwischen.

«Wir können uns das doch nicht gefallen lassen», fügte Johanne hinzu.

«Nun, nun», begütigte der Vater. «Ihr seid mehr auf meine Ehre versessen als ich. Ihr müßt nur verstehen; der demokratische Zug des Christentums äußert sich natürlich in seinen leidenschaftlichsten Vertretern am unverhülltesten.»

«Für diesen demokratischen Zug danke ich», erwiderte Frau Harder schroff, «du bist hier Pfarrer, und deine Gemeinde hat dich nicht zu schulmeistern.» Und warnend fügte sie, zu dem Vikar gewendet, hinzu: «Nichts ärgert und kränkt uns Frauen mehr, als wenn man unseren Männern nicht die gebührende Ehre gibt.»

«Die dürft nur ihr Ehefrauen selbst antasten», lächelte Harder. Er hätte gern das peinliche Gespräch geendet, bei dem der Vikar dasaß, als sei er mit Widerspruch geladen und könne nur durch eiserne Selbstbeherrschung eine Explosion verhindern. Auch jetzt erhellte sich sein Gesicht nicht bei dem Scherz seines Vorgesetzten.

«Übrigens will ich Sie durchaus nicht hindern, wenn Sie den Stoffelmichelshannes besuchen wollen, es ist mir nur nicht angenehm.»

«Ich danke Ihnen», sagte der Vikar zum zweiten Male und blickte dabei den Pfarrer an. Der Blick berührte den alten Harder eigentümlich. «Ein guter Mensch ist er doch», sagte er nachher zu seiner Frau, als der Vikar in die Schule gegangen war, «ein Auge hat er wie ein Kind.»

«Mit dem wirst du noch etwas erleben», weissagte Frau Harder.

«Ein Querkopf ist er», gab der Alte zu.

«Und ungeschliffen», rief Johanne noch zwischen Tür und Angel, während sie das Kaffeegeschirr hinaustrug.

Hellmine aber hängte sich dem Vater an den Arm. «Eigentlich dauert er mich», sagte sie nachdenklich.

Viertes Kapitel

Gottfried Erdmann trat in das Schulhaus ein und stieg langsam die ausgetretene hölzerne Treppe hinauf. Hinter der Schulzimmertür summte und brummte es wie ein gereizter Wespenschwarm, die Schüler waren allein. Als Erdmann eintrat, wurde es plötzlich still, die Kinder standen auf und schrien ihm entgegen: «Guten Morgen, Herr Pfarrer.»

Erdmann winkte ihnen, sich zu setzen. Sie taten es, ohne den jungen Mann aus den Augen zu lassen.

Auf der einen Seite saßen die Mädchen im Alter von

elf bis vierzehn Jahren, auf der anderen die Buben. Die Kleinen hatte der Unterlehrer in einem anderen Raum, man hörte sie ein Kinderlied singen.

Der Vikar schritt zum Pult und überblickte schweigend die Kinderschar; da wendete sich manches Kinderauge ab, andere hielten den Blick starr aus, etliche erwiderten ihn freundlich. Das Gesicht des Vikars erhellte sich. Zuerst waren ihm die Kinder unangenehm erschienen, schon aber hatte er einen herzigen Jungen mit einem Apfelgesichtchen entdeckt und ein blasses Mädchen mit großen, guten Augen in der ersten Bank; eine kleine lebhafte Schwarze nickte ihm zu, und ein dickes blondes Mädchen aus der letzten Bank lächelte ihn ein wenig blöde an.

«Wir wollen beten», sagte er.

«Mer hent scho», schrien sie ihm entgegen.

«Wir wollen jede Religionsstunde mit Gebet anfangen.»

Die Kinder standen auf. Der Klassenerste sah ihn fragend an, aber der neue Vikar betete selbst, eigentlich mehr für sich als für die Kinder. In der hintersten Bank lachte eins, aber er hörte es nicht.

«Jetzt schlagt eure Bibeln auf.» Die Kinder holten mit Gepolter ihre neuen Schulbibeln heraus.

«Was habt ihr denn da? Das sind doch keine Bibeln.»

«Wir brauchen keine Bibel mehr, hat der Herr Lehrer gesagt.»

«Braucht keine Bibel mehr?» fragte der Vikar entsetzt. «Das nächste Mal bringt ihr eure alten Bibeln mit, daß mir keins mit der Schulbibel kommt, verstanden?»

«Jawohl, Herr Vikar.»

Kleine Herde, dachte der Vikar bewegt, ich will dich weiden als ein guter Hirt.

Dann erzählte er. Die Kinder hingen an seinem Mund. Das konnte er herrlich; kein einziges Mal fragte er dazwischen nach einem Spruch oder Lied, oder schalt, wenn irgendein Fuß sich bewegte. Ohne Angst wanderten sie mit ihm in das gelobte Land, standen an seiner Hand am lieblichen Teich Bethesda und sahen, wie das Volk sich drängte. Welche bunte Masse! Und die vielen Hallen mit den armen Kranken! Dann trat der Heiland unter sie. Wie freundlich er war und doch wie heilig! – Die Kinderherzen klopften stärker, und alle Augen hingen gespannt an dem Mund des Lehrers. Wird der Heiland dem armen, lahmen Mann helfen, der achtunddreißig Jahre lang krank war und immer wieder von dem gesegneten Wasser zurückgedrängt wurde? Achtunddreißig Jahre – das konnten sie nicht ausdenken.

In der hintersten Bank standen ein paar Kleine auf, um besser den Lehrer zu sehen; er wehrte nicht. Es war ihm eine Lust, in all die beweglichen Gesichter zu blicken. Oh, daß er ihnen Jesus zeigen könnte!

«Stehe auf, nimm dein Bett und gehe hin.»

Nun löste sich die Spannung, und alle lächelten erleichtert. Des Kusterers Gottliebin, die schmale Blasse, sagte zutraulich: «Unser Ahne hot au d'Gicht, se kann gar nemme laufe.»

Der kleine Bub mit dem Apfelgesichtchen schaute den neuen Vikar sehr wohlwollend an, gerade, als wollte er sagen: «Du gefällst mir.»

Gottfried Erdmann ließ die Kinder weiter fragen und antwortete ihnen; sie hatten ganz vergessen, daß er ihr Lehrer war, und er tat nichts, sie daran zu erinnern. Die Geschichte ließ er wie sie war, hängte ihr keine Moralschwänzchen an und zerpflückte sie nicht in Einzelheiten, sie stand geschlossen vor den Augen der Zuhörer wie ein Kunstwerk. Und aus dem Ganzen blickte Jesus die Kinder an: Jesus der Heiland, der Freund der Menschen, der Vertraute ihrer Schmerzen, Jesus ohne künstlichen Heiligenschein, aber leuchtend und helle, Zutrauen und Liebe in den Kinderherzen weckend.

Dann betrachtete sich der Vikar seine kleine Herde genauer, fragte hier und da nach einem Namen und nach den Eltern; zuletzt sangen sie noch ein Lied zusammen.

«Also das nächste Mal die Bibeln.»

«Jawohl, Herr Vikar.»

«Behüt Sie Gott, Herr Vikar.»

Der Gruß kam wie aus einem Munde; er war eingelernt und gedankenlos gesagt, und doch freute sich Erdmann darüber.

Dann stieg er hinauf in die Lehrerwohnung. Die Kinder polterten mit Jubel und Geschrei hinunter auf die Straße, wo die Buben eine Schneeschlacht machten. Auch aus der Unterklasse trippelte das kleine Volk zur Pause hinunter. Der Unterlehrer stand unter der Klassentür und kaute an seinem Frühstück; als er den jungen Geistlichen erblickte, machte er eine etwas widerwillige Verbeugung. Das gelbliche Gesicht mit dem kantigen Schädel und dem spöttischen Mund gefiel dem Vikar nicht. Das war sicher einer von diesen jungen materialistisch gesinnten Lehrern, die nur den Geist, nicht das Gemüt bildeten.

Er stieg rasch die Treppe vollends hinauf und klopfte an die nächste beste Tür, aus der das Gerassel einer Nähmaschine heraustönte.

Eine hohe Männerstimme antwortete auf sein Klopfen. Er trat ein und fand sich in einem großen niedrigen Raum, der sehr einfach möbliert war. Ein langer Tisch mit zwei Bänken stand an der Fensterwand, auf dem alten Tafelklavier türmte sich ein Wäschestoß auf, und in einer Ecke saßen zwei kleine Kinder in roten Unterröckchen, die den Eintretenden ängstlich anstarrten.

Die Lehrersfrau, eine hellblonde zarte Frau, der man die acht Kinder, die sie geboren hatte, nicht ansah, hielt mit Nähen ein und erhob sich zum Gruß, blieb aber bescheiden hinter ihrem Mann.

Schullehrer Fischer begrüßte den jungen Mann mit ausgestreckter Hand und forschendem Blick. Diesen Blick erwiderte Erdmann nicht, er war kein Beobachter und auch kein Menschenkenner, seine Augen sahen immer mehr nach innen als nach außen.

Der Mann vor ihm war kleiner als er und schmächtiger. Er hatte ein sanftes, längliches Gesicht, das von einem spärlichen blonden Vollbart eingerahmt wurde, während das dünne Haupthaar eine beginnende Glatze zeigte. Über den hellen Augen mit den geröteten Lidern trug er eine blaue Brille. Verlegen schob er die Überreste seines Frühstücks beiseite, als ob er sich der Wursthäute und seiner materiellen Bedürfnisse schäme.

Nach einigen einleitenden Worten fragte der Vikar, wer die Schulbibel befohlen habe.

«Der Herr Pfarrer; sie wurden aus dem Schulfonds angeschafft.»

«Und aus welchem Grunde?»

«Der Herr Pfarrer hatte wohl die bekannten Gründe dafür», erwiderte Fischer vorsichtig.

«Da ich aber den Religionsunterricht zu geben habe, so fordere ich die unverkürzte Bibel. Als ob Gottes Wort Schaden stiften könnte!» Der Vikar sagte es mehr sorgenvoll als zornig.

«Gewiß, gewiß», stimmte der Lehrer bei, «ich meine nur, wenn der Herr Pfarrer – – – er könnte böse werden, er ist ein bißchen rasch.»

«Das werde ich dann zu tragen wissen. Ich will selber mit ihm reden.»

«Ja, das wäre das Beste», sagte der Lehrer erleichtert; er mied gern jeglichen Konflikt. Mit einem Gemisch von Interesse und Unbehagen blickte er den jungen Mann an, der mit zusammengezogenen Brauen wie die verkörperte Entschlossenheit vor ihm stand.

Leise erhob sich die Frau des Lehrers und ging mit den Kindern, die unruhig wurden, hinaus.

«Gilt Tannheim für kirchlich?» fragte Erdmann unvermittelt.

«Gewiß, sogar sehr, aber da ist Hohenwald, das Filial, da kommen viele das ganze Jahr nicht in die Kirche. Bei gutem Wetter ein paar Mädchen und Burschen, die den beschwerlichen Weg von drei Stunden nicht scheuen, und bei denen der Kirchgang Nebensache ist. Die Männer dort sind rauh und grob und dem Trunke ergeben, die Kinder verwildert, die Armut ist groß, und die Weiber können die Last fast nicht mehr tragen.» Er hatte sich ganz warm geredet.

«Wie ist denn der Lehrer dort?»

«Es ist gar keiner da; die Kinder gehen im Sommer nach Dürrenfeld, im Winter ist so gut wie keine Schule.»

Sie sprachen noch etliches, der Lehrer gefiel mit seiner sanften, stillen Art dem Vikar. Dann ging er wieder. Die Schulkinder waren in ihren Klassen, und die Straße lag leer im Sonnenschein, der auf dem festgetretenen Schnee schimmerte. Erdmann hatte keine Lust, weitere Besuche zu machen, es drängte ihn zuerst heim zu einer Aussprache mit dem Pfarrer.

Ungestüm klopfte er an die Tür des Studierzimmers, das zu ebener Erde lag. Als er eintrat, sah er zuerst nichts als die blauen Rauchwolken, die das ganze Zimmer erfüllten. Nach und nach tauchte aus diesem Dunst das graue Haupt seines Pfarrers auf.

«Ich war in der Schule», sagte er hastig.

«Nun, wie ging's?» fragte gemütlich der Alte und wandte dem Eintretenden sein zufriedenes Gesicht zu.

«Wie kommen denn die Kinder zu Schulbibeln?» fragte der Vikar statt einer Antwort mit erregter Stimme.

«Sehr einfach: durch Beschluß des Kirchengemeinderats und Wunsch des Konsistoriums.»

«Ich habe ihnen heute verboten, die Schulbibeln mitzubringen.»

«Das war übereilt, Herr Vikar, denn ich werde Ihren Befehlen widersprechen müssen.»

«Halten Sie es denn nicht für einen entsetzlichen Schaden?»

Der Pfarrer lächelte humoristisch. «Ganz im Gegenteil. Aber wir wollen keine Debatte darüber anfangen, die Gründe pro und kontra sind uns wohl beiden geläufig.»

Erdmann blätterte nervös in einigen Schriften, die auf dem Tische lagen.

«Wenn ich aber Ihrem Befehle nicht gehorchen kann?» fragte er endlich nach einer Pause.

Der Pfarrer reckte sich ein wenig, stand dann auf und stellte sich dicht vor den Vikar hin: «Mein lieber Herr Vikar, ich fürchte, ums Gehorchen kommen Sie diesmal nicht herum.»

«Wie kann ich aber gehorchen, wo es gegen meine innerste Überzeugung geht?»

«Innerste Überzeugung? Ach, was, die Schulbibelfrage liegt so an der Peripherie Ihres Glaubenslebens, daß Ungehorsam hier mehr Eigensinn ist als Charakterstärke.»

Der Vikar wurde rot und preßte die Lippen aufeinander.

«Wer im Geringsten untreu ist...», brachte er mühsam hervor.

«Na, na, diese Untreue mag unser Herrgott auf mein Konto schreiben.» Damit wandte der alte Pfarrer sich wieder zu seinen Schreibereien, und der Vikar fühlte sich entlassen.

*

In der nächsten Religionsstunde hatten die Kinder richtig die alten Bibeln mitgebracht, die darauffolgende Stunde aber wurde ausnahmsweise von dem Pfarrer gehalten, da der Vikar bei dem Dekan Konferenz hatte.

Da gab's ein Donnerwetter, weil die Schulbibel fehlte. Die Kinder wußten schließlich nicht mehr recht, was tun. Da kam der Sohn des Waldhornwirts auf einen pfiffigen Einfall.

«Mer nehmet älle beid mit, kimmt der Alt, leget mer die Schulbibel uf, kimmt der Jung, dann nehmet mer die ander.»

Das leuchtete allen ein, und bei der nächsten Stunde konnte der Vikar mit Befriedigung bemerken, daß alle die alte Bibel vor sich liegen hatten.

Der Unterricht hatte aber noch nicht lange angefangen, als plötzlich die Kinder, die an dem Fenster saßen, unruhig wurden. Sie flüsterten mit ihren Nachbarn, die gaben das Wort weiter, und plötzlich verschwanden alle Bibeln unter dem Tisch, und die dünnen Schulbibeln mit dem roten Schnitt lagen oben. Die Kinder aber sahen den Vikar mit unendlich pfiffigen Gesichtern an, als wollten sie sagen: Sei nur still, wir lassen dich nicht stecken, wir verraten nichts.

Der Vikar wollte heftig auffahren, da ertönten Schritte draußen vor der Tür, und der alte Pfarrer trat ein.

Die Kinder schnellten in die Höhe und riefen ihm fast triumphierend ihr «Guten Morgen, Herr Pfarrer» entgegen, denn sie hielten's mit dem Vikar, der keine Tatzen austeilte und so wunderschön erzählen konnte.

Mit einem kurzen Blick überschaute der Pfarrer die neuen Schulbibeln, dann sah er freundlich den Vikar an.

«Lassen Sie sich nicht stören, mein lieber Herr Vikar», sagte er wohlwollend, denn er freute sich, daß der junge Mann nachgegeben hatte.

Vikar Erdmann aber stand blaß und bestürzt vor seiner Klasse.

Was hatte er angerichtet? Hatte er's nicht so gut gemeint, und jetzt verleitete er die Kinder zum Betrug?

Der Pfarrer sah die Verwirrung seines Vikars und verließ das Zimmer wieder, um den Unterricht nicht zu stören. Kaum war er draußen, so flogen die Schulbibeln wieder unter den Tisch.

Fast entsetzt blickte der Vikar in die pfiffig lachenden Kindergesichter.

«Kinder», sagte er mit stockender Stimme, «was ihr eben getan habt, war nicht recht.»

Die Gescholtenen sahen ihn aufs höchste erstaunt an, und als er ihnen ernsten Vorhalt machte, blickten sie verstockt vor sich nieder und begriffen ihn nicht. Er ereiferte sich, um ihnen ihr Unrecht klarzumachen, aber mitten in seine Rede hinein hörte er eine innere Stimme, die ihm unrecht gab und ihn verwirrte. Er brach jäh ab und begann den Unterricht. Aber er war zerstreut, immer wieder mußte er daran denken, wie er durch seinen Eigensinn die Kinderseelen gefährdet hatte, und er wollte doch nur das Beste. Er war darauf losgegangen, ohne zu bedenken, ob er's auch durchführen könne, und nun wußte er nicht, was tun. Nachgeben? Weiterkämpfen? Eins war ihm so widerwärtig wie das andere, und während die Kinder ihre Sprüche aufsagten, grübelte er darüber, aus welcher Unlauterkeit seiner Gesinnung heraus er sich in ein solches Gedränge gebracht hatte, denn es war ihm sicher, daß alles in Gott Gedachte und in Reinheit Ausgeführte zu siegreichem Ende kommen müsse.

Als er ins Pfarrhaus zurückkehrte, eilte ihm Hellmine mit einem Brief in der Hand entgegen. «Gertrud kommt», rief sie ihm strahlend zu. «Oh, Herr Vikar, machen Sie kein so finsteres Gesicht und freuen Sie sich nur ein klein wenig mit mir. Sie können sich getrost freuen, Sie riskieren nichts.»

«Wann kommt denn Ihre Schwester?» fragte er, nur um nicht teilnahmlos zu erscheinen, im Grunde war's ihm ganz einerlei, Gertrud war ihm nur ein fremder Mensch mehr. Denn fremd waren sie ihm doch alle, es war eine Scheidewand zwischen ihm und der Familie, nur Hellmine übersprang manchmal in kindlicher Unbefangenheit die Kluft; er war ihr dankbar dafür, aber sie war ein Kind und konnte nicht ermessen, wie groß die Gegensätze zwischen seiner und ihrer Art waren. Es fiel ihm nie ein, sie an seinem geistigen Leben teilnehmen zu lassen, von seinen Gedanken zu reden oder sie zu veranlassen, die ihren auszusprechen. Sie war wie eine bunte Blume an seinem Weg, die duftet und blüht, nicht für ihn, aber die ihn doch im Vorübergehen erfreut, ohne daß er's verlangt, und ohne daß er ihr's dankt.

«Haben Sie Verdruß gehabt?» fragte sie ihn freundlich, denn sie sah zwischen seinen Augenbrauen eine Falte stehen.

Einen Moment blickte er an dem kleinen rundlichen Mädchen mit dem halblangen Röckchen und dem kindlichen Gesicht herunter, dann aber sagte er kurz: «Nein, ich mache nur manchmal Dummheiten.»

«So? Das freut mich, ich mache nämlich auch schrecklich oft Dummheiten.»

Nun mußte er doch ein wenig lächeln. «Das dürfen Sie auch, denn Sie sind noch jung.»

«Gehen Sie heut mittag in den Pfarrkranz nach Winterlingen? Papa geht nicht, denn das Wetter ist so schlecht.»

«Ich denke, daß ich gehe.»

«Ach gelt, dann sind Sie so gut und bringen mir allerlei vom Kaufmann mit, ich habe alles aufgeschrieben: zwei Strängchen rotes Garn; ein halbes Pfund Rindfleisch vom Metzger Klein am Brunnen, aber nicht fett! Ein Pfund Schweizerkäse bei Lotters am Markt; vier Meter blaue Besenlitze...» Sie hielt einen Augenblick ein.

«Wird es Ihnen auch nicht zu viel?»

«O nein, geben Sie mir nur den Zettel, und schelten Sie micht nicht, wenn ich's schlecht mache.»

«O Sie! Ich schelte doch nie, ich bin froh, wenn ich selber ungeschoren wegkomme.» Sie blickte ihn dabei ein ganz klein wenig mit unbewußter Koketterie an, aber da gab es dem jungen Mann einen Ruck, sein Gesicht wurde steinern, er griff hastig nach dem Zettel und stieg ohne ein weiteres Wort nach oben.

Hellmine blickte ihm ganz verdutzt nach. Hatte sie ihn denn beleidigt, oder besorgte er die kleinen Aufträge in der Stadt nicht gern? Der gefällige Märkel hatte sie so verwöhnt. Die kleine Person bekam einen roten Kopf und flog ihm nach, die Treppe hinauf.

«Wenn Sie's nicht gern tun, so geben Sie mir nur den Zettel, ich war unbescheiden, Sie darum zu bitten», sagte sie atemlos mit blitzenden Augen.

Erdmann sah sie zuerst verständnislos an. Dann aber errötete er ebenso jäh wie das junge Mädchen und sagte beklommen: «War ich unhöflich? Ich besorge gern Ihre Aufträge und will mir Mühe geben.»

Hellmine war besänftigt. «Sie sind manchmal so komisch, ich weiß so oft nicht, warum Sie bös sind...»

«Wenn ich bös bin, ist es meistens über mich selbst, Sie dürfen sich nicht fürchten.»

«Ja? Sie sind halt so... so ganz anders.»

Er nickte ernst. «Ich weiß es.»

«Wenn Gertrud kommt, die wird Sie gleich verstehen; die versteht jeden, Männer, Weiber und Kinder. Ich glaube, es kommt daher, weil sie alle Leute so gern hat und so furchtbar interessant findet, selbst den Schweinehirt und die alte Nähkarlene, und an denen ist doch gar nichts.»

«Hellmine», rief Frau Harder, und ihre Stimme hatte einen ungeduldigen Klang, «wo bleiben denn die Äpfel?»

«Ach so!» Die Kleine erschrak und ließ den jungen Mann stehen, um im Keller die verlangten Äpfel zu holen.

Nach dem Mittagessen machte sich Vikar Erdmann auf den Weg. Der Pfarrer musterte mit kritischem Blick das dünne flatterige Lodenrad, das dem jungen Mann um die Schultern hing.

«Haben Sie nichts Wärmeres, einen ordentlichen dicken Wintermantel?»

Der Vikar schüttelte den Kopf und dachte an den abgerissenen Handwerksburschen, dem er im vorigen Winter seinen Mantel gegeben hatte, und wie er sich dann vor den Vorwürfen der praktischen Pfarrfrau gefürchtet hatte; wie ein Schwarm Stechmücken waren sie um seine Ohren gesummt: Träumer, Phantast, allzu gut ist liederlich, er gehöre unter Vormundschaft, und was sie alles noch auf dem Herzen hatte.

«Wollen Sie nicht lieber meinen Pelz anziehen? Es weht ein schneidiger Ost.»

«Dein Pelz wird dem Herrn Vikar prächtig passen», meinte Johanne spöttisch, während sie das Tischtuch in pünktliche Falten legte.

«Väterchen, da geht er ja zweimal hinein», neckte Hellmine.

«Ich danke wirklich, aber ich bin gar nicht verfroren.» Der Vikar fühlte noch einmal nach seinen Taschen, wo der Zettel knisterte, und wollte gehen. Im letzten Augenblick sprang noch Hellmine hinzu.

«Das Krawattel hat's wieder einmal mit der Neugier», lachte sie und steckte unbefangen das emporstehende Endchen unter den Rockkragen. Als die weiche Mädchenhand ihn berührte, zuckte er zusammen.

«Das kann doch der Herr Vikar selber tun», sagte Frau Harder ärgerlich.

«Freilich kann er, aber ihm gehorcht's nicht, es kommt immer wieder. Und den Hut müssen Sie sich abbürsten.»

Erdmann blickte ihn ein wenig geistesabwesend an. «Ist er staubig?»

Die Mädchen lachten, und Johanne reichte ihm eine Bürste.

«Aber draußen, nicht im Zimmer», wehrte die Mutter.

Endlich war er vor dem Dorf. Die Hochebene dehnte sich hier in einer weiten weißen Fläche aus, die in der Ferne von einem dunkeln Waldstreifen begrenzt wurde. So weit aber konnte Erdmann nicht sehen, denn um ihn wirbelte der Schneesturm Millionen feiner Eiskristalle. Er peitschte sie ihm ins Gesicht, daß seine blasse Haut sich rötete, er häufte sie auf seinem Hut und auf seinen Schultern, daß er aussah wie ein Schneemann, und blies sie ihm im nächsten Augenblick mit Heulen und Pfeifen wieder weg. Der junge Mann hatte Mühe, den flatternden Mantel mit den steifen Fingern festzuhalten. Es war gut, daß die Telegraphenstangen den Weg in das Städtchen wiesen, denn die Landstraße war, wie die Felder, von einem dichten weißen Tuch bedeckt, und nur die Schneewälle zur Seite der Straße zeigten, daß da am Morgen der Bahnschlitten gegangen war. Jetzt kam er in den Wald, der Wind ließ hier nach. Tiefhängende Schneewolken streiften die Spitzen der mächtigen Tannen, oder wurden vom Sturm durch das Dickicht gepeitscht, daß sie an den Stämmen zerflatterten und in Fetzen an den Zweigen hingen.

Dem jungen Mann wurde es wunderbar zumut; er war kein Landkind, und dieses tiefe Schweigen hüllte ihn ganz ein und löste etwas Hartes in ihm, das ihn im Verkehr mit Menschen immer wieder von ihnen trennte. Er war aus der Stadt, aber statt daß das Leben unter den Menschen ihn abgeschliffen hätte, brachte es ihm seine Eigenart in Schmerzen zum Bewußtsein, machte ihn immer härter, starrer und unumgänglicher, während in der Tiefe ein weiches Herz sich barg.

Seine vorgesetzte Behörde hatte mit psychologischem

Scharfsinn vorausgesehen, daß der junge Geistliche ihr in der Stadt noch viele Unbequemlichkeiten bereiten würde, allerlei kleine Konflikte waren schon mit Klugheit von ihr beigelegt worden, und jetzt riet die Hauptintelligenz des Konsistoriums dazu, den jungen Mann auf eine einsame Stelle im Gebirge mit einfachen Verhältnissen zu versetzen, damit er sich dort seine idealistischen Hörner ablaufe, denn der Idealismus ist wohl als Diener des Pfarrers nicht zu entbehren, als sein Herr aber äußerst unbequem.

Nun wurde es dem jungen Idealisten so weich ums Herz in dieser feierlichen Natur. Hier hatte er ja gar nicht nötig, sich zu wehren: die ehrwürdigen Tannen wollten ihn nicht zu Kompromissen verleiten, obgleich die Schwachen unter ihnen sich nicht davor scheuten und sich anpaßten, um Licht und Luft zu gewinnen, die Schneewolken tasteten nicht nach seinem Glauben, der Wind rüttelte nicht an seiner Überzeugung. Ein starkes Wohlgefühl durchdrang ihn, und die Welt kam ihm so schön vor wie noch nie. Einem sonnigen Maitag gegenüber wäre er viel mißtrauischer gewesen, dem hätte zuviel von der Welt und ihrer Lust angehängt, aber diese schauerliche erhabene Schönheit sprach zu seinem Herzen.

Der Weg führte abwärts; zur Linken klaffte eine dunkle Schlucht, aus der ein Wasser heraufrauschte, das er nicht sah, denn der tanzende Schneewirbel ließ ihn nicht bis zum Grunde blicken. Hier fing sich der Sturm an der rötlichen Felswand, über die helle Baumstämme gerollt waren, die sich wie Streichhölzer in der Ferne ausnahmen. Ein ganzes Konzert wilder Stimmen brüllte den Wanderer aus dem Abgrund an. «Huih» machte es über seinem Haupte, «huih», und er wunderte sich, wie ganz anders der Wind im Tannenwald pfiff als im Laubwald.

Dann war's einen Augenblick ganz still, und die dichten Flocken fielen kerzengerade herunter. Jetzt aber kam's aus der Ferne herangeschnaubt. Es keuchte wie ein verfolgtes Tier, und der eisige Atem schlug dem Menschen ins Gesicht; es heulte wie ein Verfolger in wilder Wut, es brüllte wie ein zu Tod verwundeter Riese, und dann donnerte und krachte es auf der andern Seite der Schlucht von brechenden Bäumen, splitterndem Holz.

In Lust und Grauen fühlte sich der Mensch als Geist im Toben der Elemente. Wie, wenn Gottes Hand den Tod nach ihm schleuderte? Stumm blickte sich Erdmann um, dann kreuzte er die Arme über die Brust und schritt vorwärts – langsamer als vorher.

Aber jetzt flachte sich die Schlucht ab, der Wald lichtete sich, und der Weg führte über beschneite Felder sanft abwärts. Durch die dicke Schneeluft drang das Läuten einer Vesperglocke; Gottfried Erdmann näherte sich seinem Ziel. Jetzt war er schon an den ersten Häusern; er ging dahin, wie in einem Traum befangen. Auf der steilen gepflasterten Straße des Städtchens schaufelten Frauen den Schnee weg und blickten dem jungen Mann neugierig nach. Buben fuhren mit ihren Rennschlitten den glatten Weg hinunter.

«Aus der Bahn!» schrien sie den schnell Dahinschreitenden an, und dann sausten sie mit lachenden Gesichtern an ihm vorüber.

Aus dem Herrenzimmer der «Goldenen Sonne» tönte Lachen und Schwatzen dem Eintretenden entgegen. Die Luft war mit blauem Rauch erfüllt, der Ofen spie eine glühende Hitze aus; um ihn herum hingen feuchte Mäntel und durchweichte Hüte, die trocknen sollten. Gottfried Erdmann trat sich den Schnee von den Sohlen und blickte sich fremd und schüchtern in dem vollen Raum um.

Ein gutgewachsener Mann mit einer goldenen Brille und langem weißem Bart erhob sich und trat langsam auf ihn zu.

«Vikar Erdmann?» fragte er mit der würdevollen Freundlichkeit eines Herrschers.

Dieser verbeugte sich zustimmend.

«Ich war leider nicht zu Hause, als Sie mich neulich besuchten, ich freue mich, Sie nachträglich begrüßen zu können.» Dabei reichte ihm Dekan Königer seine schmale ringgeschmückte Hand und stellte ihn der Tafelrunde vor.

Ein sonderbares Schweigen fiel nach den ersten Begrüßungsworten auf die Versammlung. Das war er also, von dem man gerade vorhin gesprochen hatte, der Bilderstürmer und Kunsthasser, der unbequemste Vikar im ganzen Schwabenland, der dickköpfigste und starrsinnigste unter seinen eigensinnigen Kollegen. Nun fanden sie in der Verwirrung nicht gleich ein anderes Thema, nur der gesellschaftlich gewandte Dekan verdeckte mit einigen Bemerkungen über das böse Wetter das fatale Schweigen.

Ein junger breitschultriger Mann, der gar nichts Pastorales hatte, begrüßte den Ankömmling in einer frischen, kecken Art, gerade, als wollte er sagen: Ich fürcht mich vor dem Teufel nicht, denn ich bin der Hugenschütz. Sie kannten sich schon von der Universität her.

Erdmanns Antwort hatte etwas sehr Ruhiges, Zurückhaltendes; man merkte ihm deutlich an, Vikar Hugenschütz war ihm nicht sympathisch.

Nun schwirrten die Stimmen wieder durcheinander.

«Mein Besoldungsholz ist diesmal unter aller Kritik, ich bekomme eine Mark weniger, als auf dem Holzzettel steht; es ist überständig, knüppelig, oder allzu jung», klagte Pfarrer Wiederhold, ein älterer Mann mit großer Glatze und robustem Körperbau, seinem Nachbar, Pfarrer Schilling.

Dieser war ein schroffer Gegensatz zu ihm: eher klein als groß, schlank und beweglich, mit hübschem blondem Vollbart und sarkastisch funkelnden Augen hinter dem Zwicker.

«Ja?» erwiderte er zerstreut. «Da werden Sie sich beim Bürgermeister beschweren müssen. – Was sagten Sie eben über Foersters Jugendlehre, Herr Pfarrverweser? Brauchbar?»

«Ganz vorzüglich», rief dieser quer über den Tisch herüber. «Kein Quatsch, keine Sentimentalität und Verlogenheit, fast jedes Beispiel brauchbar.»

«Aber ein Schulmeister», knurrte Vikar Kern mit seiner grätigen Stimme.

«Und entsetzlich freisinnig», mischte sich Pfarrer Wurm ein. Das war ein großer, magerer, schwarzbärtiger Mann; er sah auf den ersten Anblick interessant aus, denn es glühte etwas in seinen Augen. Er war ein Fanatiker, aber kein Fanatiker neuer Religionsideale von Menschenliebe und Selbsthingabe, er war der Fanatiker des Kirchen- und Beamtentums, konservativ bis in die Knochen, kanonen- und militärfromm, gläubig an das Gottesgnadentum jeglicher Regierung bis zu den Oberamtleuten hinunter und daher ungeheuer brauchbar, denn er glaubte selbst an seine Ideale und vertrat sie mit dem Feuer der Überzeugung, das nie ganz ohne Eindruck bleibt. Da er aber so dumm war, als es sich bei seinem Bildungsgang noch sein ließ, galt er bei den Kollegen nicht sehr viel. Die Jüngeren ulkten ihn gern an, denn er merkte es nicht, die Älteren ärgerten sich über ihn oder beachteten ihn nicht.

«Der Verfasser soll übrigens ein heimlicher Jesuit sein, der unsere teure evangelische Kirche dadurch untergraben will», sagte jetzt ernsthaft Pfarrverweser Braun, indem er sein Schnurrbärtchen strich.

«Dacht' ich's doch», triumphierte Pfarrer Wurm, «denen ist nichts heilig; wer weiß, wie viele Jesuiten sich überhaupt unter der Maske freisinniger Professoren einschleichen.»

Ein schallendes Gelächter war die Antwort. Dekan Königer verbarg sein Schmunzeln unter seinem weißen Patriarchenbart und blickte strafend auf den harmlos dreinschauenden Braun.

«Wenn Sie das Bedürfnis haben Witze zu machen, so suchen Sie sich die Opfer doch künftig bei den Vikaren.»

Braun verbeugte sich zustimmend; die Rüge schien ihn nicht sehr aus dem Gleichgewicht zu bringen. Er wandte sich gleich an seinen Nachbar, einen stillen, sanft aussehenden Mann mit träumerischen Augen und vernachlässigter Kleidung.

«Was gibt's denn Neues bei Ihnen? In Ihrer Gemeinde passiert doch immer etwas Erfreuliches.»

Die verschleierten Augen Pfarrer Walters leuchteten einen Moment auf. «Der Schmiedhannes hat das Enthaltsamkeitsgelübde unterschrieben!»

«Der Säufer? Wie haben Sie denn den dran gekriegt?»

Pfarrer Walter zögerte kurz, dann sagte er widerwillig: «Der Stundenhalter, der Unterlehrer, des Schmiedhannes Weib und Kinder und ich sind ihm mit gutem Beispiel vorangegangen und haben auch unterschrieben.»

«Hm – glauben Sie, daß es etwas hilft?»

«Ich weiß es nicht; wir haben wenigstens jetzt getan, was wir konnten und müssen nicht zur Seite blicken, wenn die Frage an uns kommt: Wo ist dein Bruder Abel? Den Wirt habe ich veranlaßt, ungegorenen Apfelsaft zu halten, er schmeckt wirklich recht gut und ist nicht teurer als sein schlechter Wein.»

«Herr Pfarrer», sagte Braun, ein wenig burschikos, «Sie sind zwar ein Pietist, aber Sie sind mir äußerst sympathisch. Kommen Sie doch mal in meine Gemeinde und halten Sie uns einen Abstinenzvortrag, bei mir saufen sie auch, und wer weiß...»

«Braun, Braun, sei nicht tollkühn», warnte der dicke Hugenschütz, «Bier ist was Gutes, und der Wein ist dieses Jahr famos; dein ‚wer weiß' macht mir Sorge.»

«Ach, was», rief der Gewarnte mit blitzenden Augen, «ich freue mich übers Gemeinsame, und fürchte mich nicht vorm Trennenden.»

Walter blickte ihn freundlich an und sagte sanft: «Wer weiß, ob wir das Trennende nicht doch noch aus dem Weg räumen.»

«Ach, das wäre prächtig», rief der junge Mann voll Humor, «darf ich Ihnen gleich mal meine religionsgeschichtlichen Volksbücher leihen?»

Nun lachten sie alle zusammen. Pfarrer Walter machte ein ganz verblüfftes Gesicht, aber schließlich lächelte er auch, denn der hübsche, intelligente junge Mann sah ihn so treuherzig spitzbübisch dabei an.

«Braun, du wirst nie einen Witz bei dir behalten können, und wenn dir's den Kopf kostet», meinte Hugenschütz noch unter Lachen.

«Der Herr Pfarrverweser soll lieber endlich seine Kirchenpflegrechnung von sich geben, anstatt seine guten Witze», rief Dekan Königer vom obern Ende des Tisches herunter.

«Was lange währt, wird gut, Herr Dekan, vielleicht finden Sie nun statt hundert Defekte nur fünfzig.» –

Gottfried Erdmann saß wie benommen unter diesem Stimmengewirr. Ein häßliches, unfreundliches Mädchen, halb Kellnerin, halb Magd, hatte ihm eine Tasse heißen Kaffee hingeschoben und einen zweifelhaften Kuchen danebengestellt, und nun hörte er auf das Gespräch, das um ihn herum plätscherte, während er zuwartend und kritisch am Ufer stand. Er ließ seine Blicke über die Versammlung gleiten, und sie erschien ihm so profan, nach dem, was er draußen im Walde erlebt hatte.

Neben ihm saß Vikar Kern, ein kränklich aussehender Mensch, dessen Gesicht ihn an schlecht gebackene Wecken erinnerte; trotz seiner Jugend hatte er eine stattliche Glatze und einen unlustigen Ausdruck. Er unterhielt sich im breitesten Schwäbisch mit Pfarrer Eisinger, einem wohlgenährten Riesen mit einem humorvollen Lächeln auf dem glatten Gesicht. Kern rauchte aus einer kurzen Pfeife, die er beim Sprechen zwischen den Zähnen behielt; im übrigen verhielt er sich mehr zuhörend und ließ Pfarrer Eisinger seine Schullehrersnöte auskramen.

«Übrigens, Herr Vikar Kern, werde ich Sie nie wieder zur Aushilfe nach Tiefenbach bitten», rief ihm der alte Pfarrer Wiederhold zu, der sich allmählich über sein schlechtes Besoldungsholz ausgesprochen hatte.

«So, warum denn?» knurrte Kern gemütsruhig zwischen den Zähnen heraus.

«Nun, seit einer Woche höre ich von meiner Gemeinde nichts als von Ihrer Predigt, selbst meine Frau und meine Töchter sprechen bei Tisch davon, statt wie sonst von ihre Küchle und Kleidle und all dem Weiberzeugs.»

«No, was isch denn da Args?»

«Ha – da frage Sie? Ich werd mir doch keinen Kronleuchter neben mein Lämple hänge!»

«Ja», fiel Schilling lebhaft ein, «ich hätt's Ihnen nie zugetraut, da sitzen Sie so philisterhaft wie ein alter übellauniger Junggeselle unter uns und unterhalten sich mit Ihrer Pfeife, und auf der Kanzel springt ein Feuer aus Ihnen, daß man zuerst glaubt, Sie wären's gar nicht.»

«Ach was, jetzt schwätzet Se doch net so raus – – Marie, noch e Glas Bier!»

Erdmann blickte jetzt mit stärkerem Interesse das unscheinbare Männchen an, er schob seine Tasse zurück und sagte: «Haben Sie eine bestimmte Methode in der Anordnung der Predigt?»

«Methode?» murrte Kern unwillig, «nein, i glaub halt, was i sag. Im übrige sprech i an der Wirtstafel net gern übers Amt.»

«Willst du dich nicht um Täferrot bewerben?» fragte Hugenschütz.

«Nein, i geh wieder hinaus, sobald der Oberamtsquacksalber mir 's Zeugnis gibt, daß mein Körper 's Klima erträgt.»

«Hinaus?» Erdmann blickte ihn erstaunt an.

«Ja, i arbeit in der Mission.»

Dekan Königer flüsterte seinem Nachbar, dem Fanatiker, zu: «Es wird nie sein, denn er hat ein ernstes Leberleiden.»

«Und dabei raucht er den ganzen Tag?» Es klang schulmeisternd und mißbilligend.

Der Dekan zuckte die Achsel. «Er ist überhaupt ein ganz wunderlicher Kauz, grundgelehrt und geht in die Mission; er predigt, daß den hartgesottensten Sündern die Tränen über die Backen laufen, er krempelt den Zuhörern einfach das Herz um, und hier sitzt er, als könnte er nicht bis drei zählen.»

Da ging noch einmal die Türe auf, und ein verspäteter Gast trat ein. Unter den Rauchenden, Plaudernden gab es eine Bewegung, Stühle rückten, Hände wurden geschüttelt. Gottfried Erdmann wunderte sich, wie die Gesichter der Pfarrer hell und angenehm wurden, als sie den Eintretenden erblickten, sie mußten ihn liebhaben. Er drehte sich um und musterte den jungen, hochaufgeschossenen Mann mit den schmalen Schultern. Welch ein schönes, anziehendes Gesicht, edel und vornehm gebildet, mit einem Paar leuchtenden blauen Augen. Aber der Glanz in den Augen hatte etwas Unirdisches, und der Zartheit der Haut fehlte es an derber Kraft und Gesundheit. Er war größer als die anderen und hielt den Kopf etwas gebeugt, als ob es ihn störe, daß er sie überrage.

«Aber lieber Herr Kollega, bei diesem Wetter!» tadelte väterlich der Dekan.

Auch Pfarrer Schilling blickte ihm besorgt ins Gesicht und rief nach einem heißen Grog. Der alte Wiederhold brachte aus seinen aufgebauschten Rockschößen ein Paar Socken hervor. «Hier, Frey, die zieh mal an, Mutter hat sie mir für alle Fälle mitgegeben.»

Er duzte noch alle seine ehemaligen Vikare, und Frey

war vor zwei Jahren einen Winter durch bei ihm in seiner Einsamkeit gewesen.

Frey dankte und lächelte; solch ein sonniges Lächeln. Kern rückte von Erdmann ab und schob einen Stuhl dazwischen. «Hierher, an den Ofen.»

«Wenn ich zu euch komme, ist's ja grad, als ob ich nach Haus zu Mutter käme, da gibt's auch gleich Socken, Grog, Ofen und liebevolle Vorwürfe. Das Wetter ist übrigens herrlich, man muß nur oben durch den Wald kommen und den Wind im Rücken haben. Im Laile sind alte Tannenriesen umgekracht und sperren den Weg; in der Dachsschlucht geht einem der Schnee bis zum Knie...»

«Wie herrlich», fiel Pfarrverweser Braun ironisch ein.

«Ach, Braun, stell dich nicht so philisterhaft an, du hättest nur drin sein sollen in dem Gewirbel und Gekeuche, hättest die geheimnisvollen Stimmen hören sollen, oben aus der Luft herab, unten aus der Schlucht herauf – ein Spielball sind wir in Gottes Hand, ohnmächtig, willenlos –»

«Wie freudig Sie das sagen!» Erdmann war erstaunt.

«Ja, es macht mich auch froh», erwiderte Frey mit innerer Glut.

«Schlechthinniges Abhängigkeitsgefühl», murmelte da Braun und zuckte mit der Achsel.

«Registrier doch nicht gleich.»

«Sie sind schon dreißig Jahre alt und noch solch ein Idealist», sagte Pfarrer Schilling, und es lag eine leise Wehmut in seiner Stimme.

«Der will ich auch bis zum Tode bleiben, anders freut mich das Leben nicht.»

Sie schwiegen alle bedrückt, als er vom Tode sprach, und vermieden es, ihn anzusehen. Erdmann fiel es auf, wie blaß und wächsern seine schmale Hand war, die auf dem Tische lag.

Hugenschütz durchbrach den Bann. «Aber noch leben wir», rief er fröhlich und hob sein Glas. «Prost, Frey!»

Dieser nickte ihm zu und tat Bescheid aus seinem dampfenden Grogglas, das die Kellnerin ihm gerade hinstellte.

Vikar Erdmann ging es wie den andern, er fühlte sich zu Pfarrverweser Frey hingezogen. Bei ihm konnte es nicht die Schönheit der Form sein, denn er hatte wenig ästhetischen Sinn, wenn er auch dumpf die Harmonie und Vollkommenheit ahnte; was ihn so tief berührte, war das starke Innenleben, das aus den Augen strahlte und das gelegentlich auch in Worten durchbrach. Er spürte etwas Verwandtes und doch Andersartiges bei dem jungen Mann, das den starken Wunsch nach seiner Freundschaft in ihm erweckte. Erdmann war etwas jünger als Frey, sah aber älter aus mit dem dunklen, ernsten Gesicht und der breiten Brust, und der schwerfälligen Art zu sprechen.

Vikar Erdmann saß schweigsam da, fast teilnahmslos; das war seine Art in Gesellschaft. Er konnte sich nicht leicht mit den Menschen um ihn herum verständigen; er nahm alles so schwer, er ging immer aufs Ganze, er war so unerbittlich in seinen Forderungen gegen sich und andere; ihre Interessen lagen ihm so fern, ihre Freuden dünkten ihn so klein, ihre Sitten zum Lachen. Aber er lachte nicht, denn Humor fehlte ihm; so war er den meisten Menschen unangenehm.

Ganz anders Theobald Frey, der Menschenliebling. Ihn verstanden sie, weil sie es wollten, denn sie liebten ihn. Er sprach seine Gedanken aus, zutraulich wie ein Kind, das sich geliebt weiß, und wenn man ihn staunend oder verständnislos ansah, dann kroch er nicht wie eine scheue Schnecke in sein Haus zurück, sondern er legte sein Herz noch mehr in seine Worte hinein; er gab sich hin ohne Furcht und Scham, er steckte an mit seiner Glut, riß mit sich fort, und alle fühlten sich besser und frömmer in seiner Gegenwart. Vielleicht war das der tiefste Grund, warum sie ihn liebhatten.

Vikar Kern hatte schon lange seine Pfeife ausgehen lassen und in die Rocktasche gesteckt, denn er merkte, wie sein junger Nachbar beim Rauch hüstelte. Nun hatte er die untätigen Hände gefaltet, knackte mit den Gelenken und hörte zu. Frey hatte einen Augenblick seine leuchtenden Augen auf Erdmann gerichtet, der mit verstocktem, verlegenem Gesicht vor sich hinsah. Er neigte den Kopf ein wenig zu ihm hin und sagte herzlich: «Ich freue mich, Sie kennenzulernen, ich habe schon viel von Ihnen gehört.»

«Wahrscheinlich nichts Gutes.»

«Wie man es auffaßt.»

«Und wie fassen Sie es auf?» Erdmann wunderte sich, wie rasch er in das Zentrum mit diesem Fremden geriet.

Theobald Frey blickte gedankenvoll vor sich hin, dann sagte er: «Wir haben ein Stück weit den gleichen Heimweg, ich will lieber später Ihre Fragen beantworten.»

Gottfried Erdmann war's zufrieden, aber er sehnte das Ende des Nachmittags herbei. Die großen Hängelampen wurden angezündet, die Gesellschaft war sehr lebhaft. Draußen hörte man den Wind durch die Straßen jagen, doppelt traulich war's darum hier in der Wärme und in dem angeregten Kreise.

Endlich brach man auf; Frey wurde noch mit vielen guten Ermahnungen bedacht; langsam zu steigen, nicht gegen den Wind zu sprechen, zu Hause gleich ins Bett zu gehen. Das versprach er alles gutgelaunt, ein Stückchen blieb die Gesellschaft noch in einer kompakten Masse zusammen, dann löste sich die Hauptgruppe ab, um zur Bahn zu gehen, deren bunte Lichter aus der Dunkelheit herüberleuchteten. Erdmann besorgte schnell seine Aufträge, indes Frey vor dem Laden wartete.

«Wir sind heut die einzigen aus dem Gebirg', die den

Weg gewagt haben», sagte der junge Pfarrer, während er langsam durch den Schnee den Berg hinaufwatete.

«Sind Sie eigentlich leidend?» fragte Erdmann, «weil Sie so viel gute Ratschläge mit auf den Weg bekommen?»

«Ja», antwortete Frey ruhig. «Ich werde kaum sehr alt werden, auch mein Vater starb frühe. Aber es ist gut, das zu wissen, so freue ich mich doppelt des mir vergönnten Tages und tue, was ich kann, ich habe ja keine Zeit zu verlieren.»

Erdmann erwiderte nichts, sie stiegen schweigend bergan. Es hatte aufgehört zu schneien, und einzelne Sterne zitterten frostig über dem schwarzen Wald. Die beiden Männer sahen von der Höhe ins Tal, wo das Städtchen lag; es flimmerte von Lichtern, nur die Stadtkirche ragte dunkel und hoch über die Häuser empor; der Schnee auf dem Kirchturm leuchtete schwach und deutete die Form an, die sich vom Nachthimmel kaum abhob. Schnaubend fuhr unten der Zug ein, rote und grüne Lichter flammten auf, eine weißliche Dampfsäule lag über dem finsteren Tal und löste sich langsam auf.

Frey konnte sich von dem Bilde nicht trennen, immer wieder blickte er zurück.

«Es ist so schön», sagte er endlich leise.

«Ja?» antwortete Erdmann fragend, und Frey merkte dem Ton an, daß er die Schönheit nicht empfunden hatte oder empfinden wollte.

Sie traten in den Wald ein. Es war so dunkel, daß keiner des anderen Gestalt erkennen konnte, dabei totenstill; der weiche Schnee verschlang selbst den Ton ihrer Schritte. Erdmann stolperte über einen Steinhaufen, er war zu weit nach links geraten.

«Führen Sie sich an mir», sagte Frey, «dann stützt einer den andern.» Damit faßte er seines Gefährten Arm. Dem war es sonderbar, als er diesen Menschen so traulich nahe fühlte, es wurde ihm schwer, Schritt zu halten, und er sagte, entschuldigend: «Ich bin so gewohnt allein zu gehen, daß ich zu zweit ungeschickt bin.»

«Ja, aber wir sind doch fast immer zu zwei, zu drei, zu zehn, also müssen wir auch lernen Schulter an Schulter gehen.»

«Allein stehen lernen ist noch wichtiger.»

«Gewiß, für den, der's noch nicht kann; soweit ich Sie beurteile, liegt Ihre Aufgabe auf der entgegengesetzten Seite.»

«Wollten Sie mir das vorhin in der Wirtschaft sagen?»

«Ja», antwortete Frey zögernd – «und noch etwas.» Seine Stimme bekam etwas Weiches, Bittendes: «Zürnen Sie mir nicht, aber sind Sie nicht manchmal in Gefahr, durch Hartnäckigkeit in unwesentlichen Dingen der Sache zu schaden?»

Erdmann dachte an die Schulbibeln und schwieg betroffen.

Der junge Pfarrer drückte leise seinen Arm und zog ihn näher. «Es tut mir leid, ich habe gar kein Recht, aber ich mußte es Ihnen sagen.»

«Ich danke Ihnen dafür», sprach der Vikar rasch; «vielleicht ist es richtig, was Sie bemerkten. Ich weiß wohl, ich bin ein unliebenswürdiger Geselle mit scharfen Ecken und mache überall Fehler, wenn ich's auch gut meine.» Jedoch gleich bereute er wieder seine Offenheit und verstummte; er konnte nicht von sich selbst sprechen.

Frey fühlte mit seinem Verständnis, was in seinem Gefährten vorging, und fing schnell an von sich zu reden.

«Ich werde übrigens nicht lange mehr hier bleiben, mich zieht es in die große Stadt. Mir zittern die Hände vor Begier nach großer Arbeit, nach hohen Zielen, nach brausendem Leben. In meinem Gebirgsdorf bin ich eine wünschenswerte Zugabe zum dörflichen Leben, aber es ginge auch ohne mich – ach, es ginge allzu gut.»

«Was wollen Sie denn in der Stadt machen?»

«Ich will mein bißchen Leben verzehren im Dienst. Wer tut denn wirklich etwas für die Brüder aus heißem Herzen heraus? Schöne Worte machen wir auf der Kanzel, Almosen geben wir, im übrigen sorgen wir für Weib und Kind. – – – An Weib und Kind darf ich nicht denken», fuhr er leiser fort, «soll ich nun meinen armseligen Leib pflegen und füttern, mir zur Freude und mir zur Last? Eine ganze Hölle voll Elend ist in Berlin; von Jesus sagen wir, daß er auch vor der Hölle nicht Halt gemacht habe, was kann ich Besseres tun, als mich dort zum Opfer bringen? Und in Flammen sterben?»

Er schwieg, und sein blasses Gesicht leuchtete im Dunkeln.

«Ich will auch allein durchs Leben gehen», erwiderte Erdmann endlich. «Das wird mir ja leicht gemacht, denn wer sollte mich lieben? Ich bin häßlich und unfreundlich. Und wenn ich auch jemand fände, ich darf es nicht wagen. Wer immer sich selbst treu bleiben will, soll keine unlösbaren Pflichten für andere übernehmen wollen. Wer sagt mir, ob ich nicht in Konflikte komme, daß ich Amt und Brot verlassen muß, meines Gewissens wegen? Und ob ich dann stark genug und rücksichtslos genug wäre, Weib und Kind mit hineinzuziehen...»

Sie kamen an einen Kreuzweg am Rand des Waldes. Hier war es heller.

«Nun trennen sich unsere Wege», sagte Frey herzlich und schüttelte seinem Gefährten die Hand. «Sie bleiben von jetzt ab immer auf der Landstraße und können nicht fehlen.»

«Erwartet Sie niemand zu Hause?»

«Nein, aber ich habe eine alte Frau, die in der Nachbarschaft wohnt, die sorgt wie eine Mutter für mich. Ich esse im Gasthaus.»

«Kommen Sie gut nach Hause!»

«Danke, auf Wiedersehen!»

Einen Augenblick schaute Erdmann der schnell abwärts schreitenden Gestalt nach, und dann eilte er allein heimwärts. Aber er meinte immer noch die Nähe des jungen Idealisten zu fühlen und besprach in Gedanken mit ihm Dinge, die ihm auf dem Herzen brannten. Er dachte nicht daran, ob Frey seiner theologischen Richtung angehöre, wie er sich zu den Dogmen stelle, er fühlte nur etwas vom gleichen Geist in sich, es war ihm freudig zumut, gerade als ob ihm jemand ein Geschenk gegeben, oder ihm eine Last erleichtert hätte, an der er sich müde geschleppt hatte.

Sechstes Kapitel

Es war Februar und Sonntagmorgen. Die ganze Nacht hatte der Südwind um das Haus gestürmt und den vor jeder Predigt erregten Vikar nicht schlafen lassen. Große Tropfen prasselten gegen die Scheiben, und im Kamin heulte der Wind wie ein gequältes Tier; erst gegen Morgen schlief der junge Mann ein, um beim grauenden Tag ohne Erbarmen von dem häßlich rasselnden Wecker aufgeschreckt zu werden.

Langsam wurde es hell. Als der Vikar das Fenster öffnete, strömte ihm eine milde, regenfeuchte Luft entgegen, unter der seine Brust sich durstig dehnte. Im Garten standen gelbe Lehmpfützen auf den ausgetretenen Wegen, aber es regnete nicht mehr, der Himmel hing nur in einem melancholischen Grau über der farblosen Erde. Aber die Schneeglöckchen blühten. In Büscheln standen sie unter den kahlen Hecken oder im ausgebleichten Gras des Baumgartens.

Hellmine trat im hochgeschürzten Kleid aus dem Haus,

sprang leichthin über die Pfützen und pflückte einen Strauß der weißen Glöckchen. Das krause schwarze Haar hing ihr noch ungekämmt in das rosige Gesicht, die alten Lederschuhe waren ihr zu weit, sie hatte sich noch nicht in ihren sonntäglichen Staat geworfen und sah etwas verwahrlost aus.

Gottfried Erdmann wandte sich vom Fenster ab, er wollte sich nicht zerstreuen lassen; es war Bußtag heute, und er sollte im Filial predigen.

Die Dienstmagd brachte ihm das Frühstück herauf und wünschte ihm mürrisch einen guten Morgen. Daß der Vikar am Sonntag Extraansprüche an ihre Bedienung machte, um gesammelt zur Predigt zu sein, nahm sie ihm übel. Sie fand, daß er geradesogut, wie ihr Herr, auch am Familienkaffee teilnehmen könnte.

«Sie mechtet im Vorbeigehen noch zum Herr Pfarrer komme.»

Der Vikar nickte zerstreut und griff zur sonntäglichen Laugenbretzel in dem weißen Spankörbchen. Neben der Tasse lag sein Predigtmanuskript, in das er ab und zu einen Blick warf. Endlich ging die Magd, die sich noch allerlei zu schaffen gemacht hatte, und nach einer halben Stunde stand Erdmann in des Pfarrers Studierstube.

Schon auf der Treppe vernahm er verlorene Töne aus dem Zimmer herauf, und als er vor der Tür war, hörte er auf der Violine des alten Herrn ein süßes Liebeslied spielen, so daß sein Klopfen nicht gehört wurde. Ungestüm trat er ein.

«Guten Morgen, Herr Pfarrer», sagte er frostig.

Harder grüßte wortlos und sah ganz versunken aus. Er war noch in seinem alten Schlafrock, der ihm nicht mehr über dem Leib zuging, und den seine Frau mit weiblichem Haß verfolgte. Das Fenster war halb geöffnet, denn der Ofen, der noch nicht lange brannte, rauchte, und es roch nach feuchtem Holz. Unten auf der Gasse hatten sich ein paar Kinder in sonntäglichen Kleidern angesammelt und horchten mit offenem Mund der Musik, ein kleines Mädchen versuchte zu tanzen und hüpfte zwischen den Pfützen herum. Heftig schlug der Vikar das offene Fenster zu und wandte sich erregt ins Zimmer zurück.

«Es ist Bußtag heute», sagte er mit einem Blick auf die Dorfgasse.

Der Spieler schloß mit einem scharfen Strich, daß knallend eine Saite riß.

«Ich hoffe, Sie haben das in Ihrer Predigt recht zum Ausdruck gebracht», erwiderte er seelenruhig mit leisem Humor, und ohne auf die zugepreßten Lippen des Jünglings zu achten, begann er umständlich eine neue Saite aufzuziehen.

«Fein, das Frühlingslied, nicht?»

«Ich verstehe nichts von Musik», sagte der Vikar steif.

«Schade, schade, da sind Sie ein halber Krüppel. Ja – was ich Ihnen sagen wollte...», er brach ab und knüpfte den Knoten an der Saite und drehte an dem Zapfen, während er auf den leisen Ton horchte, den er dem Instrument entlockte. «So» – er legte die Violine auf seinen Schreibtisch und wandte sich dem jungen Mann voll zu. «Ich will Ihnen mal was sagen, wir wollen uns die Arbeit anders teilen; lassen Sie mir die Finger weg von meinen Tannheimern, wir sind wie zwei Geigen, die nicht aufeinander gestimmt sind, da gibt es allerlei Unzuträglichkeiten, aber Sie sollen zu Ihrem Recht kommen, denn Sie explodieren vor Bekehrungseifer, den will ich Ihnen nicht dämpfen. Da ist Hohenwald, von jeder Kultur unbeleckt, schlecht versorgt in Kirche und Schule, abgelegen, arm, verkommen, in Aberglauben versunken –». Der Pfarrer stand auf und berührte den jungen Mann an der Schulter. «Ihnen lege ich diese Seelen ans Herz, und ich will Ihnen nichts dreinreden, hier in Tannheim aber bin ich Seelsorger und wünsche auch kein Dreinreden und Kritisieren, verstehen Sie mich?»

Dem Vikar schoß ein Freudenstrom durchs Herz über die willkommene Arbeit, seine Augen leuchteten auf, den Tadel vergaß er fast darüber. «Ich bin froh, daß Sie mir Hohenwald anvertrauen, Herr Pfarrer», stotterte er überrascht, «und wenn ich vielleicht manchmal taktlos war...» Es fiel ihm der Stoffelmichelshannes ein, und daß er sich neulich unter den Brüdern zu allerlei Äußerungen über ungläubige Pfarrer hatte hinreißen lassen.

«Schon recht», begütigte Harder, so schnell versöhnt wie erzürnt, «wollen sehen, wie der Karren läuft. – Übrigens – deshalb ließ ich Sie herbitten, heut abend kommt meine älteste Tochter, es wäre mir ein rechter Gefallen, wenn Sie es ermöglichten, an der Station zu sein, damit sie mit Gepäck und bei Nacht nicht allein die Postfahrt macht; sie kommt 7 Uhr 14 an, ich habe den Jungfrauenverein zu halten.»

«Ich werde zur rechten Zeit unten sein, wenn mir nichts Unvorhergesehenes dazwischenkommt», setzte er vorsichtig hinzu.

Und dann ging er. Den Kirchenrock hatte er sich in ein Plaid geschnürt, denn er zog es vor, ohne die störende Gesellschaft des Mesnersbuben zu wandern. Er schritt kräftig aus, so gut es ging auf dem durchweichten Weg. Im Wald war es besser, der moosige Boden hatte das Wasser aufgesaugt. Es roch lenzlich, nach keimenden Blättchen, fruchtbarer Erde, schlafenden Blüten. Ein paar Meisen hüpften zwitschernd von Ast zu Ast, und ein Nußhäher schrie; die braunen Blätter der Brombeerranken glänzten von Nässe, und an den alten Weißtannen hingen lange graue Flechten herab wie Bärte. Das nasse, mit Tannennadeln bedeckte Fußpfädchen führte steil den Berg hinauf, bis es in die schlechtgehaltene Fahrstraße einmündete. Erst ging sie eintönig durch den einsamen Hochwald, dann über eine kahle Hochebene, auf der noch vor wenig Jahren Tannenriesen gestanden hatten; man sah noch die breiten, vermorschten Stümpfe, an denen vergilbtes Farnkraut stand, und die dürren braunen Stengel des roten Fingerhuts, die im Winde raschelten. Über der Talsohle drüben erhoben sich langgestreckte bläuliche Bergrücken, die etwas Fremdes, Feierliches hatten. Als ob dort Märchengestalten hausen müßten, Riesen und Zwerge, Drachen und Prinzessinnen.

Dann kam er an einzelnen Höfen vorbei und wieder durch Wald, der sich stundenlang nach allen Seiten erstreckte und nur hier und da einen kleinen Ausblick gewährte. Als er endlich am Waldsaum angelangt war, sah er Hohenwald vor sich liegen, ein Häuflein Häuser mit tiefhängenden Strohdächern auf magerem Wiesenland. Hinter dem Dörfchen fing sofort der Tannenwald wieder an und umgab es von allen Seiten mit einem schwarzen Gürtel.

Ein kleiner, brauner, glattgekämmter Junge stand da und hielt an einer langen Stange ein weißes Tuch. Als er den Vikar unter den Waldbäumen erblickte, begann er seine Stange zu schwenken, unten in der Wiese wurde das Zeichen gesehen und weitergegeben, und gleich darauf fing das Glöckchen in dem stumpfen Turm an zu schettern und zu bimmeln. Der Junge lüpfte ein wenig seine Kappe und sah den Vikar neugierig von der Seite an, dann trottete er wie ein kleiner Hund hinter ihm drein.

Gottfried Erdmann fühlte sich durch den Glockengruß bewegt, es war ihm grad, als ob ihm das Glöckchen zurufe und erzähle von all den Menschen, die hier hausten, von ihren kargen Freuden und ihrem Elend, von ihren kranken Hoffnungen und ihrer täglichen schweren Last, und es überkam ihn ein Gefühl, als ob er ihr Vater sei mit aller Verantwortung und allen Pflichten. Er hob den Kopf höher und sah in alle die Gesichter, die ihm begegneten, mit so klaren Augen, daß die alte Hannegret zu ihrer Enkelin meinte: «Der isch liab, guck no die Auge.»

Die Bewohner Hohenwalds strömten zu ihrer Kirche; das war ein Festtag für sie, denn nur viermal im Jahr hatten sie eigenen Gottesdienst. So kam alles, was nur kriechen konnte; der Sägmattheis gar trug mit seinem halbwüchsigen Sohn die alte, gichtgelähmte Mutter auf ihrem Sessel herbei, denn sie freute sich von einem Vierteljahr zum andern auf ihren Kirchgang.

Gottfried Erdmann war in die Sakristei getreten, die aus einem Lattenverschlag bestand, der in das Kirchenschiff hineinreichte. Es wehte eine kalte Grabesluft von den feuchten, mit grünem Schimmel bedeckten Wänden. Das Innere der Kirche sah trostlos vernachlässigt aus, die einfachen Bänke ohne Rücklehnen waren morsch und vom Holzwurm zerfressen, der Boden bestand aus festgestampftem Lehm, und der Altar war ein Tisch mit einer verblichenen roten Decke; eine Kanzel gab es nicht, ebensowenig eine Orgel.

Das alles bedrückte den jungen Mann nicht. Durch die Latten seines Verschlags beobachtete er die sich sammelnde Gemeinde, die ihrerseits ihn anstarrte wie ein wildes Tier im Käfig. Der Sägmattheis, Wirt und Gemeindevorsteher, ein wohlgenährter Mann mit unbewegtem Gesicht und finsteren Augen, kam herein und stellte ein Glas trüben Wein auf das Fenstersims zur Stärkung nach dem Marsch. Er hätte gern etwas Patronisierendes gesagt, aber der junge Geistliche im Ornat sah so unnahbar aus, daß er nur um die Liednummer bat und sich dann mit einer linkischen Verbeugung wieder hinausdrückte.

Nun schwieg das Glöckchen, und die Gemeinde erhob sich. Ein altes Weibchen mit einer blechernen Stimme intonierte den Choral. Das war schon seit vierzig Jahren die ehrenvolle Obliegenheit von Besenbinders Christiane, seit der Schulmeister von Tannheim einmal von ihr gesagt hatte, wenn sie den Mund auftue, dann fliegen den Weibern die Haubenbänder und die Fensterscheiben klirren.

Mit den Jahren hatte sich das allerdings geändert, aber niemand hätte gewagt, der Alten ins Amt zu greifen, denn sie hielt darauf.

Vikar Erdmann trat an den Altar. Vor ihm auf zwei Bänken saßen die Kinder des Orts. Die meisten sahen schlecht genährt und skrofulös aus und hatten einen stumpfen Ausdruck. Dann kamen ein paar Reihen Weiber und wenige junge Mädchen; die meisten gingen auswärts in Dienst, wo sie's besser hatten als daheim. Die Frauen sahen fast sämtlich verschafft und verhärmt aus, viele hatten einen Kropf; die Alten waren gekrümmt, wie wenn schwere Lasten sie gebeugt hätten. Zuhinterst kamen die Männer, rauhe Gesellen mit dunklen Gesichtern vom Kohlenbrennen, Holzschläger und Waldarbeiter; auch zweifelhafte Existenzen darunter, die da draußen aus dem Leben sich hereingeflüchtet hatten und festgewurzelt waren; dazwischen harmlose alte Männchen, die sich mit Besenbinden und Betteln ernährten. Der einzige, der nach etwas aussah, war der Sägmattheis; er hatte sogar silberne Knöpfe an seinem langen blauen Rock und rasierte sich alle Sonntage.

Während der Liturgie war der junge Geistliche zerstreut, immer wieder hefteten sich seine Blicke auf die Gesichter vor ihm und forschten auf ihnen. Es wurde ihm bang. Wieviel Stumpfheit, Elend und Laster! Selbst die Kinder sahen nicht kindlich aus. Dazu die verwahrloste Kirche, und draußen der düstere, regenschwere Himmel, der matt hinter den verstaubten Fenstern dämmerte.

Er umfaßte das ganze Bild mit seiner fragenden, sorgenden Seele und richtete dann die Augen über die Erde hinauf. Von dort her strahlte es in hellem Glanz, und er streckte die Arme zu dem ewigen Licht, um von dieser Sonnenflut Strahlengarben herunterzuholen, die diese Finsternis erhellen sollten. Eine tiefe Bewegung zitterte in seiner Stimme.

Da hob ein Weib nach dem andern den Kopf und sah den jungen Prediger in dumpfem Staunen an. Der wollte ja etwas von ihnen? Was nur? Die alte Sägmüllerin lauschte mit vorgestrecktem Kopf und ließ ihn nicht aus den Augen, während ihre gichtischen Hände bebten, aber der junge Köhlersamel blickte trotzig weg. Was ging's den Pfaff an, wie er lebte und was er tat und wie er dachte? In Hohenwald war jeder sein eigener Herr.

Aber der ließ nicht locker.

«Wenn er nur aufhören wollte!» dachte der Wurstergottlieb; «das ist ja die reinste Tierquälerei!» Alle seine Sünden wußte der. Er kroch ganz in sich zusammen und schaute verstohlen auf die anderen, ob sie ihn nicht alle anguckten. Aber nein, die saßen selber da, wie wenn die Ernte ihnen verhagelt worden wäre.

Und wie arg es dem Pfarrer war, der heulte ja schier. Das konnte dem doch eins sein! Überhaupt, so schlecht waren sie doch nicht...

Plötzlich schluchzte ein blasses, hageres Weib laut auf. Die anderen blickten kaum hin.

«Was hot denn dei Rosin?» flüsterte der kleine Schneiderjul dem Sägmattheis zu.

Der zuckte die Achseln und blickte noch finsterer drein.

Großhanse Kathrin, die mit dem Elias lebte, ohne Priestersegen, hatte den Kopf gesenkt und ließ die Tränen in den Schoß rollen. Die Beerenhanne neben ihr sah sie mit kaltem Blick an und dachte, daß die Kathrin es wohl nötig habe, zu weinen, und daß es schade sei, daß der Elias nicht auch da sei. Aber der floh Gott und Gottes Wort wie das höllische Feuer. An sich dachte sie nicht, ihre harten grauen Augen sahen nur mit Behagen in den Schmutz der anderen.

Die Predigt war zu Ende, man trat zum Altar, um das Abendmahl zu nehmen. Mit zitternder Hand goß der Pfarrer den roten Wein aus der verbogenen Zinnkanne in den schmucklosen Kelch. Da kamen sie auch schon heran. Die alten Frauen zuerst mit ihren lederfarbigen Gesichtern, die gekrümmten Hände über den Leib gefaltet, wankend und seufzend, mit tiefen Knixen das Heiligtum zu empfangen.

«Das ist mein Leib, für eure Sünden in den Tod gegeben.»

Die hinfälligen Gestalten sanken noch mehr in sich zusammen, auch die jungen Weiber senkten die Köpfe und wichen den Augen des Geistlichen aus, der sich als Priester im Heiligtum fühlte.

Aufrecht traten hinter ihnen die Männer her. Es lag wie Scheu oder Verlegenheit auf ihren Gesichtern. Der Köhlersamel hatte sich gedrückt und war mit den Schulkindern hinten zur Tür am Glockenturm hinaus. Der Schneiderjul machte einen schiefen Kopf, und seine blauen Augen fuhren unruhig in dem aschfarbenen Gesicht mit den langen fahlblonden Haaren herum; aber er sah demütig aus und knickte wie ein Taschenmesser zusammen, als der Pfarrer ihm den Kelch reichte. Nur der Sägmattheis trat mit Würde und Anstand herzu; er hatte ja auch nicht so viel abzuladen, wie er meinte.

Zuletzt führte der Vikar selbst den Kelch zum Munde; in der dunkelroten Flüssigkeit spiegelten sich seine Augen und schauten ihn brennend an. Da zwang es ihn auf die Knie, und er warf sich vor dem ärmlichen Altar nieder in stillem, heißem Gebet. Ein Heiland wollte er werden diesem armen Volk. – – –

Der Gottesdienst war aus, und die Leute zerstreuten sich in ihre Häuser. Der Vikar ging in die kleine Schenke, die dem Sägmattheis gehörte, denn es war Essenszeit. Das Haus bestand nur aus der Küche, Wirtsstube, Schlafzimmer und einer Giebelstube, und es roch nach Sauerkraut und Speck und Kuhstall.

Des Sägmattheis Rosine hatte schnell eine Schürze über

das schwarze Abendmahlskleid gebunden und trug die sonntäglichen Speisen auf, die unterdessen allein gebrodelt hatten. Ihre Augen hatten noch rote Ränder von den vergossenen Tränen in der Kirche, und sie setzte sich auch nicht in die Stube, sondern aß mit den Kindern in der Küche. Die beiden Männer musterten sich prüfend, während der Wirt seinen Gast zu unterhalten suchte.

Da kamen sie auf die Gemeinde. Ja, es sei wahr, verkommen sei sie und arm auch, und der Schnaps – ja, der tue viel Schaden. Dabei standen die dickbäuchigen Branntweinflaschen mit ihrem wasserhellen und goldgelben verderblichen Inhalt oben auf dem Bordbrett und gleißten verführerisch.

Der junge Pfarrer blickte mit einem rätselhaften Ausdruck darüber hin und dann auf den Wirt. Stahlhart sahen seine Augen ihn an.

«Sie haben ein verantwortungsvolles Gewerbe», sagte er ernst.

Der Wirt runzelte die buschigen Brauen. «Jo, sell isch wohr», gab er zu und lenkte sofort das Gespräch auf den Elias. Das war die verkommene Intelligenz des Ortes; von außen eingewandert, ein verkrachter Schullehrer, der jung aus dem Amt mußte wegen unverzeihlicher Vorkommnisse in seiner Schule, mit der Zeit war er immer tiefer gesunken; er trank tagelang, dazwischen arbeitete er wieder im Wald.

«Er versteht ebbes», lobte der Wirt, «d' Bettelbrief schreibt er vor d' ganz Gemeind' und aa so beweglich, 's kommt immer ebbes; aber e Lump isch er.»

Nach dem Essen machte der Vikar noch Besuch bei ein paar Alten und Kranken, und überall fand er Elend, Verkommenheit, Schmutz, so daß er fast zu ersticken vermeinte. Aber er wollte sich nicht unterkriegen lassen. Er besuchte den Mann von Besenbinders Christiane, dem ein Tannenbaum beim Fällen das Bein abgeschlagen hatte, und er betete mit der alten Müllerrike, die an Wassersucht auf ihrem letzten Lager stöhnte. Sie sah ihn immer mit starren offenen Augen an; erst zuletzt, als er um Erlösung von diesen Leiden bat, sagte sie zweimal «jo jo», so ganz ruhig, fast sachlich. Sie hatte sich in ihrem Leben alles leidenschaftliche Wünschen abgewöhnt und litt stumm wie ein Tier. Aber als er ging, streckte sie ihm doch ihre verschwollene Hand zum Abschied hin. Mit leisem Grausen nahm der junge Mann das unförmliche Gebilde zwischen seine Finger, und es war ihm, als ob er den ganzen Jammer der Welt umfaßt hielte.

Draußen im Wald atmete er erst wieder etwas auf. Er nahm den Hut vom Kopf, daß der Wind seine Stirne kühle, aber seine Seele lebte noch ganz in der Elendsatmosphäre des Dorfes, aus dem er kam, und er dürstete nach einem Sonnenstrahl. Jedoch der Himmel behielt sein melancholisches Gesicht, und selbst im Westen, wo die Sonne sich zum frühen Untergang rüstete, war nur ein blasser, schwefelgelber Schein, von dem die Tannen sich schwarz und majestätisch abhoben. Im Gras einer Waldwiese fand er ein verkümmertes Gänseblümchen und bückte sich darnach; er freute sich fast, daß es noch Blumen auf der Welt gab.

Dann aber erschrak er über sich selbst und nannte sich leidensscheu und warf den unschuldigen Frühlingsboten in den Bach, dessen murmelnde Wellen ihn schnell davontrugen.

Diesmal blieb sein Weg nicht auf der Höhe, sondern führte steil ins Tal hinab, zu der Station, wo er die Pfarrerstochter abholen sollte. Das kam ihm recht quer. Was ging ihn das Mädchen an? Ihn brauchte eine ganze Gemeinde, und schon fühlte er seine junge Kraft zu schwach dieser Last gegenüber, die er voll Mut und Gehorsam auf die Schultern genommen hatte.

Es wurde dunkel und der Weg unsicher; endlich aber

sah er die Lichter der Station vor sich, und da warteten auch schon die gelben Postkutschen, die ins Gebirge gingen, indes ihre Postillione einen Schwatz miteinander hielten.

Der Zug brauste ein. Zwei Bauersfrauen mit großen Armkörben stiegen aus und eine junge Dame, die sich suchend umblickte. Bei dem spärlichen Licht konnte Erdmann nur einen gelockerten hellblonden Haarknoten erkennen und eine feingeschnittene gerade Nase. Zögernd ging er auf sie zu.

«Fräulein Harder?»

«Ja.»

«Vikar Erdmann.» Er machte so etwas wie eine Verbeugung und griff nach dem Gepäck. Es war gut, daß der alte Pfarrer vom Gepäck gesprochen hatte, sonst wäre es dem jungen nicht selber eingefallen, aber so erinnerte er sich noch gut an den Wortlaut seines Auftrages.

Nun saßen sie als die einzigen Passagiere in der Tannheimer Postkutsche, die sich auch alsbald schwerfällig auf den dunklen Weg machte, den die Gäule im Schlaf fanden. Vikar Erdmann konnte jetzt seine Gefährtin besser sehen. Sie ähnelte keiner der beiden Schwestern, sie sah viel schlichter aus und hatte etwas Überlegenes, das ihn natürlich als Mann eher abstieß als anzog. Aber er dachte an den übernommenen Auftrag und sorgte pflichtgetreu für die ihm Anvertraute, schloß die Fenster und brachte das Gepäck unter. Nun mußte er auch etwas sagen.

«Haben Sie eine gute Reise gehabt, heute am Sonntag, Fräulein Harder?»

«O ja, ich reise gern mit Sonntagspublikum, die Leute sind dann so sehr vergnügt, das rührt mich immer.»

Da wußte er nichts zu erwidern, er wollte nicht gern sagen, daß er's unpassend für Christen finde, am Sonntag zu reisen.

«Sie sind gewiß jetzt müde?»

«Ja, rechtschaffen», und dabei gähnte sie unverhohlen.

«Dann will ich Sie gar nicht mit Unterhaltung belästigen», sagte der Vikar erleichtert, «ich habe heute auch einen anstrengenden Tag in Hohenwald gehabt.»

Nun schwieg er und starrte durch die beschlagenen Scheiben in die Nacht hinaus. Seine Gefährtin sah ihn manchmal verstohlen an, und ein Lächeln zuckte um ihren Mund, denn es fielen ihr all die Schaudergeschichten ein, die die Schwestern von dem neuen Hausgenossen in den Briefen berichtet hatten. Sie fuhren nun schon eine Stunde. Galant und extra höflich war er sicher nicht, aber wenigstens kein Schwätzer und Phrasenmacher, und das war schon etwas. Was er denken mochte? Nichts Angenehmes; er sah so sorgenvoll aus, nur manchmal ging es wie eine weiche Welle glättend über sein Gesicht.

Einmal begegnete sie seinem Blick, sie wandte aber die Augen nicht ab, sondern sah ihn ruhig an.

«Kennen Sie die Müllerrike in Hohenwald?» fragte er da.

Gertrud nickte.

«Sie stirbt an der Wassersucht.»

«Das ist ein schweres Sterben.»

«Ja, ich sah es heute.» Und weiter holperte der Wagen. Jetzt blitzten Lichter zu beiden Seiten auf, sie waren in Tannheim. Nun tat der Postillion seine Schuldigkeit, er setzte das Horn an und blies mehr gefühlvoll als richtig ein Lied: «Im schönsten Wiesengrunde liegt meiner Heimat Haus.»

Da hielten sie auch schon an der Post. Die Wirtin lief mit einer Laterne geschäftig herzu und öffnete den Wagen, Gertrud sprang in die Arme der Eltern und Schwestern, während der Vikar das Gepäck heraushob. Plaudernd und lachend gingen sie nach dem Pfarrhaus, während er mit seinen zwei Taschen als Gepäckträger hinterdreinstolperte und von der froh erregten Familie völlig vergessen wurde. Erst unter der Haustür blickte sich Hellmine um und wollte ihm eine Tasche abnehmen. Dann zog sie ihn mit ins Familienzimmer, denn er machte Miene, in seine Stube zu flüchten. Dort war es hell und warm; ein festlich gedeckter Tisch, auf dem ein Kuchen prangte, empfing die Heimkehrende. Schneeglöckchensträuße standen in Champagnergläsern zwischen den Gedecken und auf dem Klavier. Auch dort hatte Hellmine alle Kerzen angezündet, denn sie liebte Licht und Schönheit und war eine kleine Verschwenderin.

«Das hast du hübsch gemacht, Helle», sagte Gertrud zärtlich und schälte sich aus ihrem Reisemantel.

Vater Harder nahm sie an der Hand und zog sie näher zur Lampe. «Nun laß dich mal anschauen, kleine Doktorin.» Er schien befriedigt. «Bist meine Alte geblieben, trotz der Gelehrsamkeit, und siehst auch immer noch wie ein Mädel aus.»

«Und gar kein übles, gelt, Vater», sagte Hellmine stolz und musterte die zierliche, ebenmäßige Gestalt der Schwester und ihr reizvolles, durchgeistigtes Gesicht.

«Hast du dir das graue Kleid in Zürich machen lassen?» fragte Johanne. «Es sitzt gut; ich dachte, ihr schlamptet alle in Reform herum.»

«Tu ich auch manchmal, wie ich grad Lust hab, ich bin in so Sachen gar nicht zielbewußt, und bequem ist dieses auch.»

«Kinder, setzt euch zu Tisch, steht nicht so herum, ich sehe nicht ein, daß wir kalte Eierkuchen essen, weil Gertrud gekommen ist. Hellmine, das Teewasser kocht», mahnte Frau Harder ein wenig ungeduldig. Gertrud saß neben dem Vikar, der sich immer stumm im Hintergrunde des Zimmers aufgehalten hatte, um seine schmutzigen Stiefel nicht in den Gesichtskreis der strengen Pfarrfrau zu bringen.

«Nun, habt ihr schon recht Bekanntschaft auf der Postfahrt gemacht?» fragte der alte Pfarrer.

Gertrud lächelte schalkhaft. «O ja, der Herr Vikar hat ein Talent, das wenige Menschen haben.»

«Wieso?» fragten die Schwestern in einem Atem.

«Er versteht zu schweigen.»

Nun lachten sie alle, besonders Hellmine wollte sich fast ausschütten vor Lachen, während der Vikar ein unbehagliches Gesicht machte.

«Du wirst noch mehr Talente an ihm schätzen lernen», sagte Harder gutmütig.

Und dann erzählte Gertrud von Zürich und dem schönen freien Leben dort, und die Schwestern lauschten mit glühenden Wangen.

«Wenn man nur dabei nicht so gräßlich viel lernen müßte», seufzte Hellmine, die gelüstig wurde.

«Das Schönste ist doch, eines lieben Mannes Frau zu werden», meinte Johanne und goß mit einer graziösen Handbewegung den Tee ein.

«Vielleicht hast du recht, Hannchen», antwortete Gertrud mit leiser Wehmut in der Stimme.

Das Essen war zu Ende, und der Vikar brach mit einer Entschuldigung auf; er wolle noch zur Stunde in Stoffelmichelshannes' Haus.

«Schon wieder?» sagte Frau Harder mißbilligend.

Aber der Pfarrer entließ ihn in Gnaden. Nun wurden sie erst recht vergnügt.

«Er wollte nur nicht stören», sagte Hellmine, «so ist er.»

«Kleine Helle?» Gertrud faßte die Schwester am Kinn und sah sie fragend an. Aber es begegneten ihr zwei harmlose Kinderaugen.

«Trudel, ich bin so froh, daß du da bist», und Hellmine küßte ungestüm die Schwester.

«Wir sind alle froh», sagte der Vater.

Siebentes Kapitel

Gertrud war bald wieder eingewöhnt zu Hause. Viel Haustochterpflichten blieben zwar nicht übrig für sie zu tun, denn die Mutter vertraute ihrer gelehrten Tochter nichts an, um sie vor Hochmut zu bewahren, wie sie dachte; dafür schleppte sie aber der Vater überall in der Gemeinde herum zu seinen Kranken und Alten, wo das Fräulein Doktor ein gern gesehener Besuch war, oder er trieb sie zu langen Wanderungen in den Wald, denn sie sollte ihre frischen Farben wieder bekommen, die sie in der Stadt verloren hatte.

Mit dem Vikar kam sie wenig zusammen, der steckte die halbe Zeit in Hohenwald und war daheim so wortkarg und ungesellig wie je. Wenn sie aber einmal mit ihm in ein Gespräch kam, so wunderte sie sich, wie weit sie voneinander entfernt waren, und wie sehr sie in den letzten Jahren doch vom heimischen Ufer abgetrieben war, daß ihr längst Vertrautes so fern und fremd erschien, daß fast keine Brücke mehr hinüberführte. Ihr Denken und Empfinden dagegen erschien dem jungen Mann unweiblich und unchristlich, sie kam ihm vor wie entgleist und aus der Bahn geschleudert, und ihre Seele in höchster Gefahr.

Wenn er an diese Gefahr dachte, dann blickte er das feine Gesicht gedankenvoll und ernsthaft an, bis sie die großen Augen aufschlug und ihm den Blick verwundert oder etwas spöttisch zurückgab, so daß er sich verlegen abwendete.

Was ihn weiter sehr verdroß, das war die selbstverständliche wissenschaftliche Offenheit, mit der sie an heikle Sachen rührte, während sie keine Ahnung hatte, daß er bei Dingen, die zu ihrem Beruf gehörten, anders empfinden könne als sie.

Die Frau des Stoffelmichelshannes war in der Universitätsklinik operiert worden, endlich heimgekommen und konnte sich gar nicht erholen. Als Gertrud von einem Besuch bei ihr zurückgekehrt war und daheim am Familientisch erzählte, daß sich infolge der Operation eine Eierstockentzündung entwickelt habe, da war der junge Mann so entrüstet gewesen, daß er das Zimmer verließ. Johanne aber war die einzige, die etwas von seinem Empfinden erriet und die Schwester bat, ihre Doktorsachen nicht vor dem Vikar zu erzählen.

Zuerst war Gertrud ganz verblüfft, dann errötete sie tief und sah fragend die andern an: «Ist das möglich?»

Frau Harder zuckte die Achseln, Hellmine wußte gar nicht, worum es sich eigentlich handelte, Johanne aber sagte: «Du kannst dich darauf verlassen, es ist so, nicht alle Leute sind so erhaben wie ihr Fräulein Doktors.»

Da zog sich Gertrud noch mehr von ihm zurück, denn sie wurde ein peinliches Gefühl nicht los, wenn sie ihm begegnete. –

Es wurde März, und die Wege oben im Gebirge waren ungangbar; alle Bäche waren angeschwollen und rauschten mit wildem Toben dem Tale zu. Auf den Höhen lag noch Schnee, aber er begann zu schmelzen und jede Wasserrinne zu speisen, daß sie zu einem Bach wurde, der durch Moos und über Steingeröll zu Tale schoß.

Aber Theobald Frey kam doch eines Tages nach Tannheim, er hatte Wasserstiefel an, die ihm über die Knie reichten, und war mit Schmutz bespritzt bis zu den Hüften. Doch die würzige Luft und der rasche Gang hatten sein Gesicht leise gerötet, daß es frischer aussah als sonst. Er fragte nach dem Vikar, der ihn in seiner Stube empfing.

Sie saßen bald im Gespräch zusammen, und Frey trank den heißen Kaffee, den Erdmann sich von Hellmine für seinen Besuch erbeten hatte. Dann blickte er rundum in der kahlen Stube, in der eine peinliche Ordnung herrschte, und dann wieder auf Gottfried Erdmann, dessen bronzefarbiges Gesicht sich vom hellen Himmel abhob.

«Wie geht's Ihnen in Hohenwald?» fragte er dann.

«Schlecht – ich sollte ganz dort leben, nicht nur zwei- oder dreimal in der Woche hingehen. Durch den Hin- und Rückweg geht allein ein halber Tag verloren. In die Betstunde, die ich eingerichtet habe, kommen fast nur Frauen und Kinder, nur noch der Schneiderjul, und den habe ich im Verdacht, daß er Nebenabsichten hat. Und auch sonst – es ist unfaßlich, wie stumpf die Leute sind, und wie es ihnen an den elementarsten Begriffen der Sittlichkeit und des Glaubens fehlt.»

Frey sah nachdenklich drein. «Ob's nicht überhaupt besser wäre, den Chorrock an den Nagel zu hängen, und ein Mensch unter Menschen für sie zu werden? Mit ihnen zu arbeiten, mit ihnen zu darben, mit ihnen zu leiden. Und dann trotzdem die Hände aufheben und zu ihnen sagen: O meine Brüder, Gott ist! Ich möchte ein Mensch unter ihnen sein, kein Priester.»

«Sie bedürfen aber nicht des Menschen, sondern gerade des Priesters», sagte Erdmann heftig, «und uns ist's ein Sporn, dem Außerordentlichen nahezukommen mit aller Kraft...»

«Und zu erliegen», fiel Frey leise ein.

«Nein», erwiderte Erdmann hart, «um zu siegen, über sich selbst und dann auch über die Herzen der anderen; nicht zu unserem Ruhm, sondern damit Ihm Kinder geboren werden wie Tau aus der Morgenröte.»

Als der Vikar zu zitieren anfing, zeigte sich zwischen den Augen seines Gastes eine nervöse Falte, und er sprang von dem Thema ab.

«Wie geht es bei Harders? Ich will sie nachher begrüßen.»

«Es geht gut, Fräulein Gertrud ist da und bleibt bis zum Herbst zur Erholung hier.»

«So», sagte Frey ruhig und senkte den schönen Kopf. Erdmann fand ihn plötzlich blaß und elend aussehend. Dann blickte der junge Pfarrer auf und sagte unsicher: «Dann will ich doch lieber unten nicht stören.»

Er stand auf und ging ein paarmal rasch durchs Zimmer mit behutsamen Schritten, wie einer, der's gewohnt ist, sich zu zügeln. Dann drehte er sich rasch auf dem Absatz um und wandte sich zu dem Vikar.

«Ich habe ein Urlaubsgesuch auf zwei Jahre eingereicht, und nehme im Frühjahr eine Stelle in der inneren Mission an in Berlin.»

Erdmann erschrak. «So bald schon?»

«Meinen Sie, daß ich so viel Zeit zu verlieren habe?» sagte Frey traurig. «Weh' mir, wenn ich's jetzt nicht täte. Hier im Walde werden keine Schlachten geschlagen.»

In diesem Augenblick kam Pfarrer Harder herein, bat wegen der Störung um Entschuldigung, aber sie hätten durch Hellmine von Freys Anwesenheit gehört und bäten ihn, zum Abendessen zu bleiben, Gertrud wünschte es so sehr.

Frey schwankte sichtlich, aber dann sagte er zu, und sie gingen alle hinunter. Als sie eintraten, stand Gertrud am Fenster und hatte die Stirne an die kühlen Scheiben gelegt. Sie drehte sich hastig nach den Eintretenden um und erblaßte, als sie Frey sah in seiner leicht gebeugten, müden Haltung. Schnell kam sie zu ihm und streckte ihm stumm die Hand hin. Ihre Augen fuhren in angstvoller Sorge über sein hageres Gesicht mit den glänzenden sprechenden Augen, dann trat sie, ohne ein Wort zu sprechen, zurück und ließ Mutter und Schwestern begrüßen und sich nach allem, was ihn anging, erkundigen. Frau Harder hatte ihn gern, sie hielt lange seine Hand in der ihren, und ihre Stimme klang ungewöhnlich weich.

Später musizierten sie, Hellmine spielte Klavier, und der Vater begleitete mit der Geige. Die Lampe wurde angezündet und machte das Zimmer traulich, Johanne deckte geräuschlos im Hintergrund den Tisch. Dann bat jemand Gertrud um ein Lied. Aber mit seltsam gepreßter Stimme erklärte sie, daß sie heute nicht könne, und niemand drang in sie.

Als sie bei Tisch saßen, fand Gottfried mehrfach Gertruds graue Augen mit sorgendem, prüfendem Blick auf Freys Gesicht haften, das in leichtem Abendfieber glühte. Aber er schaute nie auf, sondern sprach mit Johanne, die auf seiner andern Seite saß. Seine wachsbleiche magere Hand lag auf dem Tisch; plötzlich strich Gertrud wie leise prüfend darüber, daß es wie eine Liebkosung aussah, und sagte in sachlichem Ton: «Sie sollten mindestens zwei Liter Milch im Tage trinken, diese Farbe gefällt mir nicht.»

Frey bewegte sich nicht, als die warme, weiche Hand ihn berührte, aber er vergaß zu antworten.

«Nehmen Sie Opium?»

«Wenn der Husten sehr quälend ist, sonst nicht.»

«Wie ist er eben?»

«Ziemlich gut.»

Sie sah ihn sorgenvoll an, und es entstand ein bedrücktes Schweigen nach dem kurzen ärztlichen Verhör. Dann redeten sie alle auf einmal, um es zu verwischen, aber von Berlin sagte der junge Pfarrer nichts, und Erdmann wollte nicht davon anfangen. Eine leise Wehmut lag über ihnen, wie wenn alle eine Trennung vorahnend fühlten. Der Frühlingswind klopfte an die Fenster, und der Brunnen vor dem Haus rauschte durch die Stille.

«Das Leben ist doch schwer», sagte der alte Pfarrer traurig.

«Die Sünde macht es so bitter», bestätigte Erdmann.

«Und die Ohnmacht zum Guten und unsere Kleinheit», fügte Theobald hinzu.

Gertrud aber sah sich im Kreise um, und aus ihren grauen Augen leuchtete ein warmes Licht. «Über das alles siegt die Liebe.»

Hellmine faßte heimlich der Schwester Hand und küßte sie.

Frey warf ihr einen leuchtenden Blick zu und stand dann hastig auf. Er müsse jetzt gehen.

«Auf Wiedersehen», sagten sie alle, aber er schwieg.

Erdmann begleitete ihn durchs Dorf. Aus den unverhängten Fenstern fiel breiter Lichtschein auf die Straße, am hellsten strahlte er aus dem Wirtshaus. Wagen standen davor mit ungeduldig scharrenden Pferden, und durch ein geöffnetes Fenster drang heißer Tabaksdunst und Stimmengewirr auf die nächtliche Straße.

«Wie ich dieses Haus hasse», sagte Erdmann mit ausbrechender Leidenschaft, «alles Böse im Dorf geht von hier aus, kommt hier zusammen und wächst sich in der Gemeinsamkeit und unter der Glut des Alkohols zu einem höllischen Schaden aus.»

Theobald Frey antwortete nicht, seine Gedanken wanderten andere Wege.

Die Männer hatten das Dorf hinter sich gelassen und gingen zwischen kahlen Feldern hin, auf denen das Mondlicht glänzte; vor ihnen stieg der schwarze Wald auf wie eine dunkle Mauer.

«Bleiben Sie wohl lang in Tannheim?» fragte Frey plötzlich.

«Ich vermute es, da ich nicht gedenke, etwas zum Weggehen zu tun, und ich eigentlich bereits Anrecht auf eine Pfarrverweserei habe, und auch schon einige Zeit selbständig war. Gewisse Erwägungen höheren Orts haben mich vor meiner definitiven Anstellung noch einmal hierhergebracht.»

«Und waren Sie damit einverstanden?»

«Gewiß, da es so bestimmt wurde. Ich werde mich auch nie auf eine Pfarrstelle melden, Gott soll mir selber Weg und Wirkungskreis bestimmen; was ich von mir aus tue, wird doch alles verkehrt.»

«Ich hätte eine Bitte an Sie.»

«Sprechen Sie, ich will sie erfüllen, wenn ich irgend kann.»

«Seien Sie gut gegen Gertrud Harder; stehen Sie ihr bei, wenn sie irgendwann Ihrer bedarf, suchen Sie ihre Freundschaft, sie ist der Freundschaft wert.»

Erdmann war so erstaunt, daß er schwieg, und leise fuhr Frey fort: «Ich habe Sie liebgewonnen, Sie sind ein Mensch, in dem kein Falsch ist, wenn wir auch in manchem anderer Meinung sind, deshalb wende ich mich an Sie. Mir selber bringt das Leben keine Rosen mehr, außer auf mein Grab. Als ich vor sechs Jahren als blutjunger Vikar zum alten Wiederhold kam, war Gertrud achtzehn Jahre alt, und eben zu einer holden Blume erblüht. Wir hatten uns lieb. Da sagte mir ein alter Freund unseres Hauses, daß es ein Verbrechen sei, für mich an Heirat und Familie zu denken. Ich wollte damals nicht hören, ich war außer mir, ich klagte Gott im Himmel an, daß er mit mir so handelte, mich um Glück und Liebe betrog. Dann gingen noch nicht zwei Monate hin, und ich erkrankte schwer, bekam plötzlich einen Blutsturz. Als ich so hilflos mein rotes Leben verrinnen sah, da merkte ich, daß der alte Arzt recht gehabt hatte – ich verzichtete. Die Zeit darnach... lassen Sie mich schweigen davon. – Nie wurde zwischen mir und Gertrud von Liebe gesprochen... aber wir wußten beide voneinander, ihrem Vater vertraute ich mich an. Nach einem Jahr ging das Mädchen nach Zürich, sie wolle eine Hilfe sein für die leidenden Menschen, sagte sie. Der Vater hatte sie alles gelehrt, was sonst nur ein Junge lernt, denn sie war sehr begabt und wissensdurstig gewesen. So legte sie ohne Schwierigkeit die Reifeprüfung ab.»

«Glauben Sie, daß sie überwunden hat?»

«Ja, die Enttäuschung hat sie überwunden, aber die Freundschaft haben wir uns aus dieser Liebe gerettet und hoffen, daß sie übers Grab hinausreicht. Ich werde nie ein anderes Mädchen lieben, vor ihr aber liegt noch ein reiches, großes Leben, das soll ihr nicht verkümmert werden.»

Mit einem raschen Impuls streckte Erdmann dem jungen Mann die Hand hin. «Ich will tun, um was Sie mich bitten; ich will zu verstehen suchen, auch wo ihr Wesen mir fremd ist.»

«Sie ist gut und lauter.»

«Wer ist gut unter uns Knechten der Sünde?» sagte Erdmann melancholisch.

Theobald Frey ging auf diese Seitenfrage nicht ein. «Lassen Sie mich jetzt Abschied von Ihnen nehmen – ganz. Ich komme nicht mehr nach Tannheim, ehe ich nach Berlin gehe. Ich brauche alle Kraft und alle Gedanken – ein ungeteiltes Herz für dort. Gertruds Anblick – – tut mir weh. Leben Sie wohl, seien Sie ein Segen für die Menschen, die mit Ihnen leben...» Damit schüttelte er mit krampfhaftem Druck Erdmanns Hand.

«Gott sei mit Ihnen und segne Ihre Arbeit.»

So nahmen sie Abschied, und jeder ging seinen Weg: der eine ins ungewisse Leben, der andere dem Tod entgegen.

Achtes Kapitel

Es wurde April, und im Pfarrgarten war alles blau von Veilchen. Sie faßten die Gemüsebeete ein und standen im Gras, sie drückten sich in den Ecken herum und kämpften mit den aufsprießenden Brennesseln um Luft und Licht, sie lugten unter den Hecken hervor und krochen in die Gemüsebeete. Veilchen waren die einzige poetische

Schwäche der Pfarrfrau; sie mochten sich ansiedeln, wo sie wollten, selbst mitten in der Petersilie wurden sie respektiert und durften ganz ungestört ihre blauen Köpfchen erheben.

Wenn der Vikar vom Schulunterricht kam, der trotz aller Abtötung immer etwas Angreifendes für sein Geruchsorgan hatte, so strömten ihm schon am Eingang zum Garten die süßen Duftwellen entgegen, und wenn die Aprilsonne so breit und satt auf dem kahlen Garten lag und alles durchwärmte, als ob sie ganz Besitz von ihm ergreifen wollte, dann stieg der Veilchenduft gar bis zu des Vikars Giebelstube und umschmeichelte ihn um die Wette mit den lockenden Sonnenstrahlen. Da mußte der arme junge Mann sein Herz in beide Hände nehmen und die Augen schließen, oder fest auf irgendeinen menschlichen Jammer richten, um die Welt nicht unvernünftig schön zu finden; und er sagte sich immer vor, daß unter den Blumen Schlangen nisten und hinter dem lachenden Leben Tod und Verwesung lauere.

Theobald Frey war abgereist, noch bevor die Glocken in seinem Dorf das Osterfest einläuteten – ohne Abschied, wie er gewollt. Gottfried Erdmann dachte an sein Versprechen und bekümmerte sich in seiner unbeholfenen Art um Gertrud, das heißt, er ließ sie an seinen Interessen teilnehmen und hörte ihr zu, wenn sie von ihrem Beruf sprach. Er betrachtete sie von nun an wie eine Schwester, und es ergab sich natürlich, daß sie öfters zusammen waren, denn Hellmine steckte in Haushaltgeschäften, und Johanne nähte an ihrer Ausstattung.

Die junge Braut war ihm eigentlich unsympathisch, obgleich sie vollständig dem Ideal entsprach, das er sich von Frauenart und Frauenwirken gemacht hatte. Sie war verständig, korrekt, tüchtig in Haus und Garten, eine zärtliche Braut, hübsch, weiblich und immer schlicht, aber zierlich in der Kleidung. Auch ihre Frömmigkeit war korrekt;

eine gute Sitte und Gewohnheit, aber keine innere Glut, die in Flammen aufschlug und verzehrte, was nicht ewig war.

Hellmine war ein gutes Ding, er konnte sie leiden. Sie hatte Herz, war aber ein übermütiges Kind, mit dem ernsthaft zu reden es sich nicht für ihn verlohnte. Doch er freute sich, wenn er ihr frohes Lachen hörte, oder wenn sie ihm in Backfischausdrücken von ihren täglichen Erlebnissen erzählte.

Was ihn wirklich berührte, trug er immer allein, denn des alten Harder Phlegma oder sein ironisches Lächeln lud nicht zu Bekenntnissen ein. Der wurde nur warm, wenn es auf Musik ankam, da hatte er mit dem Lehrer, der Organist war, oft lange Beratungen. Oder auch, wenn die Stundenbrüder ihm allzu nah auf den Leib rückten und ihren alten Pfarrer bekehren wollten. Da verstand er keinen Spaß.

Vikar Erdmann war immer ein wenig das Gewissen der Familie; er dämpfte jede laute Fröhlichkeit, er erinnerte an jede Morgenandacht, die in Gefahr schien, vergessen zu werden, und er sah mit innerem Mißfallen auf jeden bescheidenen Luxus, der sich in Mahlzeit oder Kleidung entfalten wollte.

«Eigentlich wäre er ein ganz unausstehlicher Kerl», sagte Gertrud eines Tages, «wenn er's nicht so ungeheuer ehrlich meinte.»

«Ich finde ihn trotz seiner Ehrlichkeit unausstehlich», meinte Frau Harder absprechend.

Johanne lachte beifällig.

«O ihr», rief Hellmine stürmisch, «ihr seid ungerecht, er ist ein ganzer Mann.»

«So, was weißt denn du von ganzen Männern?» fragte Johanne spöttisch.

«Grad soviel wie du. Und er ist doch ein rechter Mann; er hat Mut, er sagt immer, was er denkt – sogar bei Mama.»

«Na hör, bin ich so ein Drache?» fuhr die Pfarrerin entrüstet auf.

«Ach nein, Mama, ich meine ja nur so – aber er fürchtet sich nicht vorm Prälaten und nicht vor dem betrunkenen Kiefer, der doch neulich gedroht hat, er wolle ihm das Messer in den Leib rennen, weil er ihm die Meinung gesagt hatte – –»

«Und nicht einmal vor Schullehrers zornigem Puterhahn und vor des Schmieds bockiger Kuh», neckte jetzt der Vater Harder.

«Ach ihr», verteidigte Hellmine sich mit kläglicher Stimme, «ich hab' eben auch kein Männerherz, und die Kuh ist wirklich bös, sie hat schon dreimal den Melkkübel umgestoßen... Und übrigens bist du ein ganz schlimmer Vater, du, und ich werde dich zur Strafe totküssen.»

Damit hing sie ihm auch schon am Hals und schlang ihre schmächtigen Arme um seine breiten Schultern und küßte ihn stürmisch auf den Mund, fünf-, sechsmal, bis der Vater pustete und lachte und ihr die Handgelenke festhielt.

«Mädel, du drückst einen ja zusammen wie einen Gummiball, ich hab' doch auch Knochen im Leib.»

«Na Helle, wenn das der Vikar sähe», meinte Gertrud.

«Ist mir ganz wurscht, ich werd doch meinen eigenen Vater totküssen dürfen!» Und dann schüttelte sie ihr krauses Haar aus dem erhitzten Gesicht zurück und sah sich kriegerisch in der Stube um.

Vikar Erdmann aber, dem dieser Blick galt, war weit vom Schuß, der ging durch den keimenden Frühling und vergaß, daß die Welt ein Jammertal ist. Diese weichfeuchte linde Luft mit dem kräftigen Tannengeruch, die lustigen weißen Anemonen im Moos und in den grünen Wiesen, die gelben Himmelsschlüssel mit den wolligen Blättern, die schmeichelten sich alle in sein Herz hinein. Er dehnte und streckte seine Arme und nahm den Hut ab, daß der Wind mit seinen langen, schlichten Haaren spielte. Von den Haselbüschen stäubten die gelben Kätzchen, als er darunter herging, und überschütteten ihn mit Blütenstaub, während es in den Bäumen zwitscherte und jubilierte, daß das Freuen ansteckend war.

Gottfried Erdmann blickte ganz verträumt in die Welt; das veränderte sein Gesicht und gab ihm eine fremde Weichheit. Da hörte er das Bimmelglöckchen in Hohenwald Vesper läuten, und langsam wich der Schein aus seinen Augen, und eine Sorgenfalte grub sich auf seine Stirn. Er hatte einen schweren Gang vor, den er in heiligem Richterernst tun zu müssen glaubte. Er galt dem Elias, der mit der Kathrine zusammenlebte und sie doch nicht zu seinem Eheweib machte.

Vor Hohenwald führte der Weg seitwärts durch einen Wiesenpfad zu der halb verfallenen Hütte des Elias, die malerisch unter dunklen Schirmtannen lag. Sie war wohl die ärmlichste unter den ärmlichen; roh aus Balken gezimmert, der Boden innen aus gestampftem Lehm, das Strohdach zottig und zerfetzt, von Gras und Moos durchwuchert. Ein wackeliger Zaun von Knüppelholz faßte ein verwahrlostes Gärtchen ein, in dem die jungen Gemüse neben aufschießenden Brennesseln friedlich ihr Dasein fristeten. Ein paar verwaschene und zerrissene bunte Hemden hingen über dem Zaun in der Sonne, im Gras saß ein schmutziges dickköpfiges Kind mit weißgelbem Haar und furchtsamen Augen. Der Vikar betrachtete es mit innerem Widerwillen und klopfte an die lose in den Angeln hängende Tür, hinter der zorniges Kindergeschrei ertönte, das plötzlich verstummte. Es hörte ihn niemand; da klopfte er noch einmal.

«Herein», sagte eine müde Stimme.

Der junge Mann bückte sich unter der niederen Tür und trat ein. Ein blasses, verblühtes Weib, das nicht ohne Spur ehemaliger Schönheit war, saß auf einem niederen

Holzschemel; sie hatte die verblichene Kattunjacke über der Brust geöffnet, an der ein halbjähriges, kränklich aussehendes Kind lag. Das wirre blonde Haar hing ihr in das hagere Gesicht, und sie richtete ein Paar scheue blaue Augen auf den Eintretenden. Als sie den Vikar erkannte, flog eine glühende Röte über das verhärmte Gesicht, und sie beugte sich tief über das Kind an der Brust.

«Grüß Gott», sagte der junge Geistliche ernst.

Sie erwiderte flüsternd den Gruß und rührte sich nicht.

«Ist der Elias Großhans zu Hause?» fragte er.

«Nei, er isch im Wald.»

Das war dem Vikar lieb, er fand es leichter, mit den Menschen unter vier Augen zu reden. Es war ihm nicht ganz wohl bei der Sache, und er wünschte ein paar Jahre älter und erfahrener zu sein. Zögernd holte er sich einen wackeligen Holzstuhl herbei, denn die Frau blieb stumm auf ihrem Schemel hocken, und setzte sich etwas von ihr entfernt nieder.

«Wieviel Kinder haben Sie?» fragte er endlich.

«Fünf», antwortete leise die Frau und zog die Jacke zusammen über der offenen Brust.

«Wie lange leben Sie schon mit dem Elias zusammen?»

«Siebe Johr.»

«Haben Sie nie daran gedacht, was Sie Ihren Kindern antun?»

Der Frau rollte langsam eine Träne über das Gesicht, die auf dem flaumigen Haar des Säuglings liegenblieb.

«Mein Mann hat's net anders wolle.»

«Aus welchem Grund?»

«Er hot en Haß g'het uf de Staat und d'Kirch'.»

«Und Sie? Hatten Sie da kein Wort mitzusprechen?»

«I han müsse froh sei, daß er mi net verlasse hot», antwortete sie leise.

«Wehe dem, der sein Haus mit Sünden bauet und sein Gemach mit Unrecht.»

Die Frau schwieg in Pein und legte ihre blasse Wange an die des Kindes.

«Wie ist es Ihnen gegangen in allen diesen Jahren?»

«Net guet.»

Der Vikar nickte ernst, dann sagte er mit schwerer Betonung: «Im Hause der Gottlosen ist der Fluch des Herrn.»

Da weinte das Weib laut heraus und konnte nicht sprechen, denn der Kummer ihres ganzen Lebens fiel über sie mit einer Wucht wie ein Gottesgericht. Ihre schmalen Schultern zuckten und bebten, sie zog die schmutzige Schürze über ihren Kopf und wimmerte darunter wie ein Mensch in heißer Qual.

Der Vikar saß still auf seinem Stuhl, er hielt den Kopf tief gebeugt, das Weinen der Frau schnitt ihm ins Herz. Aber durfte er anders reden? War das nicht ein Leben in Sünde, eine Schmach für jede christliche Gemeinde?

Die Frau weinte immer heftiger, alles Elend ihrer Ehe schob sie jetzt auf ihren Mangel an Selbstzucht, damals, als sie noch ein junges unschuldiges Mädchen war. Des Mannes ungezügeltes Temperament, seine Trunksucht, die Verachtung der Gemeinde, ihre kränklichen verängstigten Kinder, die Armut und der Mangel und ihr eigenes hungerndes Herz, sprach das nicht alles dafür, daß Gottes Fluch und Zorn auf ihrem Hause lag?

Der Geistliche ließ seine Augen im Zimmer herumgehen – Schmutz, Armut, Verkommenheit, wohin er sah. Das Kind von draußen schob sich zur Tür herein und kroch wie ein geschlagener Hund zur Mutter hin; es hatte ein blödes Gesicht und geschwollene Gelenke. Kein Wunder, dachte der Vikar, der Vater ist ein Säufer. Und die Mutter? Sie sah elend und verhärmt aus, aber nicht gemein.

«Denken Sie doch an Ihre Kinder», sagte Erdmann endlich mit milder Stimme zu der Weinenden, «und versuchen Sie es, ob der Vater ihnen nicht wenigstens einen ehrlichen Namen geben will. Wenn Sie es nicht aus Gehorsam gegen Gott tun wollen, so tun Sie es aus Mutterliebe.»

Die Frau preßte ihr kleines Kind mit einer leidenschaftlichen Bewegung an sich und stieß unter Schluchzen hervor: «Er schlägt mi halwer zu Tod, wenn i ebbes sog.»

«Ich will mit ihm reden», sagte der junge Mann tröstend und erhob sich zögernd. Die Frau erbarmte ihn.

Sie sah ihn verängstigt an. «Tent Se's net, 's könnt e Unglück gebe, er isch so jach.»

«Was meine Pflicht ist, werde ich tun; um mich sorgen Sie nicht, ich wäre froh, Ihnen helfen zu können.»

Die Frau stand auf, sie war groß und gut gewachsen. Er gab ihr die Hand, halb gegen seinen Willen; es stieg heiß in seinem Herzen auf, als sein Blick noch einmal die Menschen vor ihm umfaßte. Dem Kind, das sich an die Mutter drängte, strich er sanft übers Haar. «Arme Kleine.»

Dann ging er. Das Weib sah ihm nach, wie er rasch durch den flimmernden Sonnenschein über die Wiese schritt. Sie seufzte tief auf und trat in die dumpfige Hütte zurück. Mit leeren Augen blickte sie sich um. Wie sah es da aus, schmutzig und unordentlich wie in einer Höhle. Das alles hatte der Pfarrer gesehen. Sie schämte sich. Lange schon war sie daran gewöhnt, von niemand beachtet zu werden und ihr Leben als verloren anzusehen, so daß sie alle Hoffnung weggeworfen hatte und damit zugleich allen Sinn für das, was das Leben schmückt und veredelt.

Nun kam's ihr plötzlich, daß es wie ein Wille in ihr aufstieg, wie der dumpfe Wille der Pflanze, die zum Lichte strebt. Sie legte das schlafende Kind in den zerfetzten Korb, der ihm als Wiege diente, und begann die Stube aufzuräumen und zu reinigen. Erst griffen ihre Hände nur mechanisch zu, aber allmählich kam Schaffensfreude über die Frau. Ihre schmalen Wangen röteten sich vor Eifer, schon blinkten die Fensterscheiben hell auf und ließen die Sonne hereinfluten, bald schimmerten Tisch und Bänke weiß unter der fegenden Hand.

Die größeren Kinder kamen heim vom Spiel und wollten Vesperbrot. Mit großen erstaunten Augen sahen sie dem Scheuerfest zu. Da wollten sie mittun, sie schleppten Wasser und freuten sich, denn die Mutter lächelte sie an.

Die Sonne sank. Andächtig schauten sich die Kleinen in der Stube um. Wie schön sie war, und so sauber! Und nun kämmte sich die Mutter gar noch das wirre Haar. Feine Haare hatte die Kathrine, lang und blond, wie ein goldener Mantel hingen sie über die zerfetzte graue Jacke. Nekkend haschte der große Junge darnach, und die Mutter ließ es still geschehen. Eins der Kinder brachte Wiesenblumen und junges Buchenlaub, das stellten sie in einen zerbrochenen Milchtopf auf den noch feuchten Tisch. Durch die Fenster floß das Abendrot und legte Rosenschimmer auf die Menschen, daß sie jung und froh aussahen und ihre Augen glänzten. Milde Frühlingsluft kam durch die offene Tür und mischte sich mit einem Geruch von Seife und nassem Holz.

Da fiel ein Schatten in das Zimmer, der Vater trat ein. Scheu drückten sich die Kinder zur Seite, um seine Aufmerksamkeit nicht zu erregen, und unruhig folgten ihm ihre Blicke. Er war nicht häßlich: ein schwarzer langer Bart fiel auf die breite nackte Brust und deckte ein Paar sinnliche Lippen; die Nase war stark gebogen, die Stirne klug, die Augen scharf. Aber sein Blick hatte etwas Finsteres, Trotziges, und die Haut war fahl und ungesund.

«No, wie sieht's denn do aus?» fragte er verwundert. «Mer meint 's wär Kirwe, oder du wollst Hochzig mache.»

Er ging an der erschrockenen Frau vorbei, die mit zitternden Händen die Haare zu flechten versuchte. Mit seiner rauhen Hand streifte er wie von ungefähr die blonde weiche Masse und sagte mit einem kurzen Lachen: «Wie die Genoveva.»

«Vater, wer isch dees, d'Genoveva?» fragte der kecke Fritz, der schon zur Schule ging und ein kluger Bub war. Die Mutter huschte eilig in die Küche, um das Abendbrot zu richten, sie hatte sich verspätet.

«Die Genoveva?» Der Mann sah in die Augen seines Jungen, die sich erwartungsvoll auf ihn hefteten. Das Kind hatte gleich gemerkt, daß der Vater noch nicht vom Wirtshaus kam, und wurde zutraulich.

Da fing der ehemalige Schulmeister an zu erzählen von der schönen guten Gräfin mit den langen goldenen Haaren. Die anderen Kinder schlichen langsam näher, friedlich atmete der Säugling in seinem Korb, und als die Mutter mit der Milchsuppe hereinkam, fiel ihr beim Anblick der friedlichen Gruppe fast die Schüssel aus der Hand vor freudigem Schreck, und es stahl sich ein hoffnungsvolles Lächeln wie ein blasser Sonnenstrahl über ihr vergrämtes Gesicht.

An diesem Abend ging der Elias nicht ins Wirtshaus, sondern er saß mit der Kathrine noch vor der Türe der Hütte, als die Kinder schon lange schliefen. Der Mond kam silbrig und geheimnisvoll hinter dem schwarzen Wald hervor und stieg langsam an dem blaudunklen Himmel hinauf, daß die Sterne vor seinem Glanz erblichen.

Die beiden Menschen saßen schweigend auf ihrem Holzklotz und träumten in die lichtflimmernde Nacht hinaus. Das strenge gerade Profil der Frau hob sich weiß von dem Tannengebüsch ab, um den Mund lag eine fremde Weichheit.

Da zog der Elias plötzlich mit rascher Bewegung die Nadeln aus dem Haar seines Weibes, daß die schweren Massen niederrollten und sich auflösten.

Die Kathrine hielt still und rührte sich nicht. – Alles, was es je Gutes zwischen ihr und diesem Mann gegeben hatte, zog ihr durchs Gemüt, wie vor nur wenig Stunden alles Böse, was er ihr getan, und der Gedanke an dies Gute machte ihr Gesicht so sanft und demütig, daß der Elias sie staunend ansah, wie sie so still im Mondschimmer saß und mit glänzenden Augen in den Himmel blickte.

«Genoveva», sagte er leise und faßte ihre Hand.

In den Schirmtannen aber rauschte der laue Frühlingswind, aus dem verwilderten Gärtchen umschmeichelte sie Veilchenduft, und eine starke Männerhand hielt ihre Finger umschlossen... und sie vergaß alles, denn sie hatte ihn lieb...

Neuntes Kapitel

«Wie ist's, Gertrud, willst du heute abend nicht endlich einmal in die Bibelstunde gehen, ich glaube, Erdmann nimmt es dir übel, wenn du so konsequent seine Gottesdienste meidest.»

Um Gertrud Harders Mund zuckte es ein wenig spöttisch. «Hast du den Eindruck, Vater, daß er mir etwas zu sagen hat?»

Pfarrer Harder brummte etwas Unverständliches in seinen Bart und nahm seine Wanderung durch die Stube wieder auf. Dann mischte sich die Pfarrfrau ins Gespräch, die mit der Brille auf der Nase am Fenster saß, einen Korb voll Flickwäsche neben sich am Boden.

«Ich finde, der Vater hat ganz recht, das soll nur so etwas heißen von dir. Pfarrerstöchter sollten der Sitte folgen und mit gutem Beispiel vorangehen.»

«Ach was, das besorgt Hellmine und Johanne für mich mit, gelt, Kleine?»

«Du», sagte Hellmine zutraulich und stand von der

Nähmaschine auf, «geh nur hin, du wirst es gar nicht bereuen, er ist mir lieber als Märkel, wenn er auch nicht so elegant spricht. Und dann – ich glaube, es freut ihn.»

«Aha, jetzt appelliert der Schlaukopf an meine Gutmütigkeit. Na, jetzt quält mich nicht...»

Sie ging dann aber doch, als die Glocke in den dämmernden Frühlingsabend hineinläutete. Es war nicht weit zur Schule, nur ein paar Häuser die Dorfstraße hinauf. Eine weiche versonnene Stimmung lag über dem Dorf und den bewaldeten Höhen, alle scharfen Kanten und Ecken waren gemildert, alle grellen Farben gedämpft. Es hatte am Mittag geregnet, und am Himmel trieben sich noch schwarze, zerfetzte Wolken herum, zwischen denen die ersten blassen Sterne aufschimmerten. Nur im Westen hing düsterrote Glut über dem dunklen Waldstreifen.

Auf der ausgetretenen Schultreppe wurde Gertrud von einigen Weibern eingeholt und mit verwundertem, freudigem Blick gegrüßt. Das eine war die Nähkarlene, die einzige alte Jungfer des Dorfes, ein krumm gezogenes Weibchen, dessen Haupttalent nicht gerade das Kleidermachen war; dafür aber gehörte sie zu den Frommen und versäumte keine Betstunde und keine Kinderlehre. Im Schulzimmer hatte sie ihren festen Platz am Ofen, es mochte Sommer oder Winter sein, und keine wagte ihn ihr streitig zu machen.

Der mittelgroße Raum war gefüllt; im dunklen Hintergrund die paar Männer, die es nicht als Schande empfanden, für fromm verschrien zu sein; dann die Weiber, den Stallgeruch noch stark in den Kleidern und an den Schuhen, gerade von der Arbeit weg, nur schnell eine bessere schwarze Jacke angetan und mit Wasser den Scheitel glatt gestrichen. Die vordersten Bänke, über denen eine tropfende Erdöllampe brannte, waren noch leer, nur ein schwarzhaariges Mädchen drückte sich in eine Fensterecke. Gertrud stutzte einen Augenblick, als sie sich daneben setzen wollte, und sie rückte ein klein wenig, fast instinktiv, von dem Bauernmädchen ab.

Wie kam die hierher? Gertrud dachte es, und die Weiber hinter ihr hatten es bereits eingehend erörtert. Schafhirts Ernestine? Sagte man der nicht nach, daß sie zu haben sei – für Geld?

Scheu blickte Gertrud nach ihr hin, sie sah nur das kecke Profil und den breiten roten Mund. Da wandte sich Ernestine kurz um, denn der Vikar trat ein; nun sah Gertrud auch die schwarzen Haare, die in Locken gebrannt bis in die dunklen Augen hingen, die mit flimmerndem Glanz nach dem jungen Mann hinstarrten und sich dann senkten, als er an ihr vorüber zum Pult schritt.

Gertrud wurde es sonderbar zumut in dieser Umgebung; tausend Kindheits- und Jugenderinnerungen wurden in ihr wach. In dieser Stube hatte sie als Kind gesessen und gelernt, das waren die alten Bänke noch, nur zerkratzter und mürber als vor zehn Jahren. Den jungen Lehrer, der mit malerisch gekreuzten Beinen am Fenster lehnte und die Augen nicht von ihr wandte, kannte sie noch nicht. Er hörte mit einem leise ironischen gelangweilten Ausdruck zu und gedachte offenbar vor der klugen, interessanten jungen Doktorin dadurch seine Bildung darzutun. Er hielt lässig seine Geige in der Hand, denn er war von Berufs wegen anwesend, um den Gesang zu begleiten.

Hellmine hatte richtig gesagt – Gertruds Anwesenheit freute den Vikar, er wunderte sich selber wie sehr. Und er fand, daß sie sehr angenehm und vertrauenerweckend aussah, wie sie so dasaß unter den Weibern, wie eine Blume aus einem andern Land. Von oben her fiel heller Lampenschein auf ihr welliges blondes Haar und beleuchtete die feinen Züge, aus denen die Augen ihn groß und dunkel anblickten. Dann streifte sein Blick magnetisch angezogen über ihre Nachbarin. Er schrak zusammen. Wer war das, was bedeutete der Ausdruck, mit dem das Mädchen an seinen Lippen hing? Was war das für eine Not, und welch eine Bitte sprach aus den unruhigen Augen, die sich an ihm festgesaugt hatten und ihn nicht losließen?

Aber dann wendete er seine Gedanken gewaltsam ab. Jetzt wollte er nur Prediger sein und seiner heiligen Aufgabe gerecht werden. Er begann stockend und langsam, wie wenn sich erst etwas aus der Tiefe herauftasten müßte, dann aber erfaßte ihn nach und nach die Glut der Gedanken und riß ihn fort.

Er ist ein ehrlicher Mensch, dachte Gertrud und freute sich der Verwandtschaft trotz der Kluft der Anschauungen, denn im Grunde war sie eine religiöse Natur. Aber durch ihren Bildungsgang und die Umgebung, in der sie jahrelang gelebt hatte, war sie aus der Enge herausgetreten und hatte Schranken zerbrochen, die dem Vikar als unumstößliche Pfeiler der Wahrheit erschienen und ihr Umwerfen Frevel und Sünde. Sie aber hatte dahinter eine weite, sonnenhelle, grenzenlose Gotteswelt gefunden, die sie mit Entzücken durchforschte und mit Liebe umfaßte, die er nicht kennen wollte oder gar fürchtete. Dafür aber konzentrierte sich seine religiöse Leidenschaft mehr auf einen Punkt und gewann dadurch an Tiefe, Kraft und Glut. Das machte ihn auch interessant für das junge Mädchen, wozu noch kam, daß Askese beim Mann immer anziehend für die Frau ist, die einen feinen Instinkt für Kraft hat. Unwillkürlich glitten Gertruds Gedanken zu Theobald Frey, aber sie fühlte den scharfen Schmerz nicht mehr wie einst, er hatte sich verklärt zu einem Stück köstlicher Vergangenheit; das Leben war stärker als die Trauer um Verlorenes.

Gottfried Erdmann hatte noch nicht lange gesprochen, als sich noch einmal die Tür öffnete und ein verspäteter Besucher eintrat, und zwar ziemlich lärmend. Unwillig wandte sich Gertrud um und erkannte den Kieferphilipp, der neulich den Vikar bedroht hatte. Aber Erdmann sprach ruhig weiter, ohne ihn zu beachten, obgleich er ihn gesehen hatte.

Der Mann schien betrunken; er machte keine Anstalten sich zu setzen, sondern stellte sich breitspurig an die Tür und blickte sich suchend um. Schafhirts Ernestine drückte sich noch tiefer in die Ecke und sah nicht auf. Plötzlich hatte der Kieferphilipp sie entdeckt, er machte einen Schritt nach ihr hin und sagte laut: «Do isch se jo.»

Ärgerliche Blicke trafen ihn.

«Setz dich oder mach, daß d' fortkommst», flüsterte ihm ein Mann zu, in dessen Nähe er stand. Aber er kehrte sich nicht daran, sondern deutete mit dem Finger nach dem erschreckten Mädchen.

«Du brauchst em net nachz'laufe, der will doch nix von dir.»

Eine kräftige Männerhand streckte sich aus der Bank und zog ihn auf seinen Sitz hin.

«Obscht still bisch!»

Der Betrunkene kehrte sich nicht daran.

«Weischt, Pfaff, i laß mir nix gefalle, paß no uff und komm mir net in die Quer», sagte er drohend und schüttelte die Faust.

Erdmann hatte ihn wohl gehört, wenn ihm der Sinn seiner Worte auch dunkel war. Er sprach ruhig weiter, aber mit erhöhter Stimme. Die Zuhörer blickten sich ängstlich um. Der Unterlehrer trat näher und sagte scharf: «Auf Störung eines Gottesdienstes steht Gefängnis, verstanden?»

Der Philipp sah ihn tückisch an und sagte weinerlich: «Dees Mädle soll mit.»

Da stieß ihm sein Nachbar den Ellbogen in die Seite, er solle schweigen.

«Himmelherrgottsakrament», fluchte der Betrunkene. Aber dann war er still; zuletzt legte er den Kopf auf den niedrigen Tisch und fing laut an zu schnarchen.

«Maulheld», dachte Erdmann verächtlich; die Empörung kochte in ihm über die häßliche Störung – und gerade heute mußte Gertrud da sein.

Aber dann vergaß er den Zwischenfall und setzte alle Kraft der Seele ein, um das Mädchen in seinen Bann zu ziehen. Seine sonst so sanften Augen glühten vor innerster Leidenschaft, die Linien seines Gesichts waren gespannt von dieser Arbeit des Geistes und Willens, die Züge hart und doch von innen durchleuchtet – kein schöner Mann, aber ein Mann.

Gertruds blasses, kühles Gesicht jedoch rötete sich nicht, die Flamme seines Glaubens schlug nicht zündend hinüber. Wohl blickten ihre Augen ihn voll gespannten Interesses an, aber sie verloren nicht das Beobachtende, und er bemerkte wohl, wie der feine Mund manchmal nervös zuckte, wenn er ihrer Meinung nach allzu massiv Dinge angriff, die gar keine Berührung vertrugen. Da verlor er den Mut für diesen Abend und schloß die Andacht. Aus den Augen aber des scheu zusammengeduckten Mädchens neben Gertrud war der Strahl aufgeleuchtet, den er bei der jungen Ärztin vergeblich gesucht hatte; doch Gottfried Erdmann sah ihn nicht.

Vom Schlußgesang erweckt, fing der betrunkene Kiefer wieder zu krakeelen an, und als das Zimmer sich entleerte, war er nicht dazu zu bringen mitzugehen.

«I mueß em Pfarrer ebbes soge», dabei blieb er.

Im Gedränge kam Gertrud nahe an Ernestine und plötzlich fühlte sie, wie eine heiße Hand die ihre angriff und eine Stimme ihr zuflüsterte: «Bleibet Se um Gotteswille, lasset Se net de Herr Vikar mim Kiefer allei, er hot ebbes im Sinn.»

Gertrud blickte verwundert in die angstvoll flackernden Augen und schaute rückwärts. Richtig, da näherte sich der Betrunkene dem Pfarrer, der mit gekreuzten Armen und verschlossenem Gesicht den Abziehenden nachsah.

Langsam löste sich Gertrud aus dem Knäuel und trat zur Seite; dabei ließ sie den Mann nicht aus den Augen. Jetzt verließ auch Erdmann seinen Platz, um hinauszugehen, Kiefer aber stellte sich ihm in den Weg.

«Wollen Sie etwas?» fragte der Vikar kurz.

«Dees Mädle isch mei Schatz, Sie dürfets net verhetze, i laß mers net wegnehme.»

«Sie sind betrunken, schämen Sie sich, in diesem Zustand hierherzukommen und Lärm zu machen», sagte er scharf.

«I weiß ganz guet, was i sog, i bin no lang net betrunke.»

«Um so schlimmer, dann sind Sie frech.»

«Wos bin i? sog dees noch emol du – du – scheinheiliger Pfaff!» Sein Gesicht entstellte sich im Zorn, und ein tückisches Funkeln kam in seine Augen. In seiner Hand blitzte etwas auf, Gertrud stürzte mit einem Schrei vorwärts, aber mit starker Hand und sicherem Blick hatte Erdmann dem Wütenden das Messer entwunden und schleuderte ihn beiseite, daß er taumelnd zu Boden fiel. Dann sah er das Mädchen mit blassem, entsetztem Gesicht neben sich stehen.

«Sind Sie erschrocken, Fräulein Gertrud?» fragte er ruhig, «das ist mir leid.»

«Gehen wir heim.» Sie zitterte.

Sie stiegen zusammen die finstere Treppe herunter, oben schimpfte der Betrunkene ihnen nach.

«Das ist Ihr Feind», sagte sie, in der Nachtkühle zusammenschaudernd.

«Ja», sagte er nachdenklich, «und ich verstehe nicht einmal recht warum.»

Gertrud ahnte etwas: «Es sieht aus wie Eifersucht.»

Da lachte der junge Geistliche fast bitter. «Auf mich war noch nie jemand eifersüchtig. Nein, eher glaube ich, es ist die Feindschaft aller Finsternis gegen das Licht.»

«Was werden Sie jetzt tun?»

«Ich? – Nichts.»

«Aber wenn der Kerl ein andermal glücklicher ist?»

«Wenn mich Gott schützt, soll ich da Menschenschutz anrufen? Und wenn er mich nicht schützt...», er lächelte seltsam, fast verzückt, «sollte ich da nicht gerne sterben?»

Sie erwiderte nichts, der Schrecken zitterte immer noch in ihr nach, und Erdmanns Auffassung war ihr zu exaltiert. Sie streifte ihn unsicher mit einem halben Blick, er war ihr plötzlich wieder so fremd.

«Sehen Sie doch, wie klar heute die Sterne scheinen.» Er wollte sie ablenken, damit sie ihrer Erregung Herr werde.

Gertrud blickte auf: vom blauschwarzen Himmel herab funkelte es in flimmerndem Glanz.

«Schaudert Sie's nicht auch», sagte sie nach längerem Schweigen, «wenn Sie daran denken, wieviel Welten da oben kreisen, das ist so unfaßlich, so grenzenlos... Was ist der Mensch?»

«Schaudern? Nein – ich glaube an Gott den Vater, den allmächtigen Schöpfer des Himmels und der Erde.»

«Trotzdem – es ist so schwer zu begreifen.»

«Wir müssen uns bescheiden – – –»

Die Syringen dufteten schwer, als sie durch den dunklen Garten schritten, des Mädchens Kleid bewegte im Vorbeigehen die Büsche. Sie brach einen Zweig ab, der ihr die Wange gestreift hatte, und nun schwebte der süße Duft mit ins Haus und begleitete den jungen Pfarrer in sein Zimmer, und auch dort kam er in betäubenden Wellen zum offenen Fenster herein und machte ihm schwere, bange Träume.

Zehntes Kapitel

Gertrud liebte es, allein durch die Wälder zu streifen. Sie war viel kräftiger geworden, und zartes Rot begann ihre Wangen zu färben. Auch froh war sie. Aber mit wachsender Gesundheit begann sie nach Arbeit auszuschauen; sie hatte allerlei Pläne. Da war einer ihrer Lehrer in Zürich, der sie gern zur Assistentin an sein Spital genommen hätte. Es war eine schöne Stelle, mitten im anregenden Strom des geistigen Lebens, nicht allzu anstrengend, auskömmlich, und was am schwersten bei ihr wog – es war viel dort zu lernen für sie.

Aber sie hatte noch einen anderen Plan: der Arzt, der Tannheim, Hohenwald und die umliegenden Dörfer und Weiler zu versorgen hatte, war alt und wohnte recht weit ab. Nach Hohenwald kam er selten, denn diese abgelegenen Armen konnten schwer das Honorar für einen Besuch erschwingen und hatten sich deshalb nie daran gewöhnt, den Arzt zu rufen, sie wurden geboren, lebten, litten und starben, ohne helfende und lindernde Hand. Auch nach Tannheim kam er nur einmal in der Woche, und er seufzte schon lange nach einer Hilfe; aber niemand wollte sich in dem rauhen abgelegenen Gebirg mit seinen armen Holzarbeitern und Köhlern vergraben. Nun hatte Gertrud mit ihm ihren Plan besprochen, und er war mit Freuden aufgenommen worden. Vom ersten Juli ab wollte Doktor Goldschmidt ihr die Praxis «hinten im Wald» übertragen, wenn sie sich zum Hierbleiben entschloß.

Und sie schwankte kaum mehr. Sie liebte ihre Heimat und die knorrigen Bewohner der Wälder, und sie war solch ein starker, mütterlicher Mensch, daß gerade die schwere Arbeit sie anzog, weil sie dort am unersetzlichsten war. Dann konnte sie dabei auch im Elternhaus sein und brauchte das trauliche Leben in der Familie nicht zu entbehren.

So sinnend und denkend schlenderte sie an einem Maitag hinaus in den Wald. Sie freute sich an der herben Süßigkeit des Gebirgsfrühlings. Die Tannen trugen hellgrüne Triebe, und an ihren rauhen Stämmen glitzerten goldklare Harztropfen. Die zarten Waldfarne begannen sich aufzurollen und die verrunzelten Wedel in der hellen Sonne zu glätten, zwischen dunklem Stechpalmengebüsch und bläulichen Weymutskiefern nickten weißblühende Reiser von Schlehen und wilden Kirschen. Die Ferne war hell und blau, die Wiesen an den Berghängen lichtgrün und mit Blumen durchwachsen, alle Wasser sprudelten und rauschten, und flinke Forellen schossen eilig hin und her, daß ihre silbernen rotgetupften Leiber in den raschen Wellen glitzerten.

Jetzt bog sie von der breiten Straße ab, die nach Hohenwald führte, und folgte einem schmalen Pfädchen, das über Baumwurzeln und glatte braune Tannennadeln zu einem schmalen Wiesentälchen hinabging. Niemand, der fremd war, konnte das lauschige Plätzchen so nah vermuten. Ein lebhafter geschwätziger Bach mit starkem Gefälle durchschnitt die Wiese, auf der vereinzelte Basaltblöcke lagen. Von allen Seiten drängte der Hochwald her und ließ nur schmale Streifen Gras auf beiden Seiten. Nach Westen zu öffnete sich das Tälchen und zeigte blaue langgestreckte Berge ruhevoll hingelagert, ein glitzerndes Wasser und in der Ferne ein zusammengeschmiegtes Dörfchen, aus dem ein spitziger Kirchturm aufragte. Das lag alles so weltabgeschieden und von warmer Sonne übergossen da, wie eine Insel der Seligen.

Gertrud war nicht nur gekommen, um in Natur zu schwelgen, sie hatte ihr Netz mitgenommen, um aus dem klaren Wasser Brunnenkresse mit heimzunehmen zum gewürzigen Salat. Auf einer einzelnstehenden Samenkiefer am Waldrand saß ein Buchfink und schmetterte sein Lied heraus, daß die Federn an seinem Brüstchen zitterten. Das Mädchen nickte ihm fröhlich zu.

«Du kannst's, kleiner Gesell, wart, ich tu mit.» Dann hob sie mit klarer ungeschulter Stimme an: «Wenn 's Mailüfterl weht, geht im Wald drauß der Schnee...»

Das klang so schalkhaft und doch so innig und stahl sich wie Schmetterlingsgegaukel durch die Bäume durch und flatterte wie weiße Blumenblätter um den schnell dahinschreitenden Vikar, der von Hohenwald her auf der Straße kam und den Blick nicht von dem schmutzigen Weg wandte. Als die Töne sein Ohr trafen, stockte sein Fuß. Aber er machte ein finsteres Gesicht dazu. Wenn er von Hohenwald kam, war er gereizt und konnte kein lustiges Lachen vertragen. Alles, was er dort sah und hörte, drückte ihn nieder und machte ihm in seiner Ohnmacht die Seele krank. Nun konnte er der Versuchung nicht widerstehen, einen Teil der Last auf das singende Mädchen zu wälzen und ihre weltliche Fröhlichkeit damit zu ersticken.

Mit wenigen raschen Schritten bog er in den Wald ein und hatte die kleine Schlucht erreicht. Da sah er auch schon Gertrud mit bloßen Füßen mitten im Bach auf einem flachen Stein stehen, die Röcke fest zusammengenommen, damit die hüpfenden Wellen sie nicht benetzten. Sie hatte aufgehört zu singen und bückte sich nach den fiedrigen grünen Blättern, die im weißen Bachsand wuchsen. Da sah sie die dunkle Gestalt des jungen Mannes am Waldrand stehen, wie er unbeweglich und fast erschrocken zu ihr herüberschaute. Sie winkte ihm mit dem nassen grünen Strauß, den sie schon gepflückt hatte und von dem ein Tropfenregen auf ihre dünne weiße Bluse stäubte.

«Kommen Sie herüber, ich habe Vesperbrot da und schöne Brunnenkresse.»

Aber er antwortete nicht, er sah immer noch die weißen zierlichen Mädchenfüße auf dem glatten Stein und blickte beiseite. Plötzlich kam ihr das zum Bewußtsein; sie ließ den Rock fallen und sprang ans Ufer nach Strümpfen und Schuhen. Dann kam er langsam näher. Mit freundlichem

Aufblick reichte sie ihm die Hand; als sie sein steinernes Gesicht sah, wurde sie ernst.

«Haben Sie Verdruß gehabt?»

Er nickte schweigend.

«Kommen Sie, Sie sollen ihn ein wenig vergessen.»

Er lächelte bitter. «Ich kann nicht so rasch meine Pflichten und Sorgen vergessen.»

«Das sollen Sie auch nicht, aber Sie sollen sich jetzt einmal mit den Fröhlichen freuen. Schauen Sie sich um, Sie betrübtes Menschenkind, alles lacht – Himmel und Erde.» Dabei streckte sie den Arm aus wie eine kleine Königin, die einem Fremdling ihr Reich zeigen will. Die Sonne flimmerte auf ihrem krausen Haar und lachte spitzbübisch über die Tannen herüber; aber das merkte der junge Pfarrer nicht; er sah nur, daß alles hell und sonnig und farbig war und daß eines schönen Mädchens Augen ihn freundlich anblickten. Und da vergaß er wirklich, daß hinten im Wald Hütten ohne Sonne und Menschen ohne Freude waren, daß sie dort Lasten schleppten, an denen sie fast erlagen und die sie sich gegenseitig noch schwerer machten durch Sünde und Schuld.

«Kommen Sie.» Gertrud faßte schwesterlich die Hand des jungen Mannes und führte ihn zu einer jungen Weißtanne. Ihr Wesen hatte etwas Frisches, Reines; alle Koketterie hatte sie sich in dem kameradschaftlichen Verkehr mit jungen Männern abgewöhnt, so daß er bald sein Gleichgewicht wieder fand.

Sie packte zwei Butterbrote aus und bot ihrem Gefährten das eine mit einem Sträußchen der scharfen gewürzigen Brunnenkresse.

«Das gibt gutes Blut», sagte sie aufmunternd und steckte ein Blätterbüschchen in den Mund.

Er war hungrig geworden durch den langen Marsch und biß tapfer ein.

«Setzen wir uns!» Gertrud streckte sich anmutig auf

den moosdurchwachsenen Wiesenfleck. Er tat es ihr nach und wußte nicht recht wohin mit den Beinen. Seine Schuhe und Kleider waren bestaubt. Er warf den weichen Hut ins Gras und strich sich über die heiße Stirn, an der die schwarzen Haare klebten. Es war ihm etwas beklommen in dieser Einsamkeit zumut, er mußte immer auf Gertruds Füße sehen, die nun in leichten gelben Schuhen unter dem Kleidersaum hervorsahen. Zwei weiße Schmetterlinge gaukelten um ihn herum und versuchten sich zu haschen: da riß er einen Fetzen Moos aus und warf damit nach ihnen, daß sie erschreckt über den Bach hinüberflatterten.

«Sie Barbar», sagte Gertrud unmutig; «was haben Ihnen die lustigen Sonnenvögel getan?»

Er antwortete nicht, sondern sah sie nur seltsam an. Zuerst hielt sie seinen Blick aus, dann fuhr ihr plötzlich der Gedanke durch den Kopf: Wie diese Augen in Liebe leuchten mögen! Da wandte sie sich ab und griff mechanisch nach einer purpurfarbenen Orchidee, die ihre Wange gestreift hatte.

«Orchis morio», sagte sie mit ganz sachlichem Ton, so daß der junge Mann nicht den Gedanken ahnen konnte, der ihr eben durch den Sinn gehuscht war und über den sie selber im geheimen lächeln mußte.

Der junge Pfarrer sah sie immer noch selbstvergessen an, obgleich sie sich halb abgewendet hatte, aber sie fühlte seinen Blick. Da hörte sie ihn plötzlich aufseufzen.

«Was machen Ihre Kranken?» fragte sie und legte ihren Kopf zurück, daß die langen Grashalme und die rosa Federnelken über ihr zusammenschlugen und sie nur noch den blendenden Himmel über sich sah.

«Interessiert es Sie wirklich?» fragte er mit verschleierter Stimme.

«Würde ich sonst fragen?» erwiderte sie erstaunt.

Aber er antwortete nicht, sondern sah nur träumend in

die Ferne und fühlte mit Wonne und Weh, wie ein seltsamer Schmerz ihm das Herz so schwer machte, daß er fast ein Stöhnen unterdrücken mußte.

Gertrud fragte nicht weiter, die Stille des Waldes spann sich um die beiden. Sie sahen rote Käfer an schlanken Grashalmen emporklettern, summende Bienen, die in den duftenden Blüten des Weißklees hingen, spielende Mükken, die ihren Reigen tanzten. Und in alles das hinein sangen die Buchfinken und Drosseln, vom nahen Wald rief unermüdlich der scheue Kuckuck, und zu ihren Füßen rauschte und plauderte der klare Waldbach.

Endlich sprang das junge Mädchen auf und schüttelte die Grashalme von dem blauen Tuchrock. «Ich glaube, wir müssen heim.»

«Ja?» fragte der Vikar und sah sie geistesabwesend an. Dann erhob er sich verwirrt und griff nach seinem Hut.

Nun waren sie wieder auf dem breiten Fahrweg, zu dessen Seiten die alten Weißtannen wie Grenadiere standen. Gottfried Erdmann sah seine Gefährtin an, wie sie so hell und jung und ihrer selbst sicher mit federnden Schritten neben ihm her ging. Diese Unabhängigkeit reizte ihn heute. Nicht daß er zu den Männern gehörte, denen es bange wird, das Weib könnte dem Mann über den Kopf wachsen, wenn es gleiche Bildung hat wie er. Dazu war er zu sehr Mensch und hatte zu wenig egoistische Männerinstinkte. Wollte Gott die Herrschaft von dem Mann nehmen, weil er sie mißbraucht – wer wollte mit Gott da rechten? Die Erde sah einem Gottesreich verzweifelt wenig ähnlich. Gertrud war sehr verblüfft, als er ihr zum erstenmal seine Anschauung von der Frauenfrage auf diese Weise klargelegt hatte. Aber daran dachte er heute nicht. Er fühlte sich nur an diesem linden Frühlingsnachmittag so unsicher diesem Mädchen gegenüber, so beklommen, daß fast etwas Feindseliges gegen sie in ihm aufstieg. Das lauerte auch in allen Gesprächen; er war absprechend, überlegen, nervös.

Gertrud blieb zuerst ganz sanftmütig bei seiner plötzlichen schlechten Laune. Das aber reizte ihn noch mehr, so daß er ausfallend und unausstehlich wurde. Schließlich ging sie mit geröteten Wangen und kriegerischen Augen neben ihm her. Er hatte gerade allerlei Ausfälle gemacht, die eine deutliche Spitze gegen Pfarrer Harder hatten, und die Tochter fühlte sich im Vater gekränkt, obgleich sie selber oft im stillen an dem guten bequemen Mann kritisierte. Aber den jungen Vikar ging das nichts an, er hatte sich das nicht zu erlauben. Trotzdem war sie ziemlich einsilbig in ihren Antworten und schlug nur einen hochfahrenden Ton an, der ihm so neu war, daß er betroffen schwieg. Endlich wechselte er das Thema.

«Wissen Sie auch, daß mich der Elias Großhans heute gewissermaßen aus dem Hause geworfen hat?»

«Er wird gewußt haben, warum», platzte sie heraus.

Er ignorierte das Herausfordernde in ihrer Antwort und fuhr fort: «Ich suchte ihn zu bewegen, sein Weib ehrlich vor Gott und der Gemeinde zu machen, da wurde er sehr grob.»

«Wäre ich auch geworden auf solche Zurede», sagte sie schadenfroh.

Jetzt wurde er eifrig. «Fräulein Gertrud, das ist nicht Ihr Ernst, Sie als fein empfindende Frau muß das doch empören!»

Sie zuckte die Achseln. «Mich als fein empfindende Frau empört manches, was Sie vielleicht nicht einmal abstellen würden.»

«Aber offenbare Unsittlichkeit?»

Sie sah ihn mit einem langen Blick an, den er ruhig aushielt. Etwas besänftigt erwiderte sie: «Lieber Herr Vikar, ich habe als Ärztin in ganz andere Abgründe geblickt als diese Ihre ‚offenbare Unsittlichkeit'. Aber Sie sind eine anima candida, Ihnen eine Philippika halten, hieße...» Sie vollendete nicht.

«Sie würden keine so erhabene Miene aufstecken, wenn Sie das Elend in dem Hause sähen», sagte er erregt. «Der Mann trinkt, mißhandelt sein Weib, die Kinder sind blöd, kränklich – – –»

«Das geschieht in den hochsittlichen Ehen auch», sagte sie trocken.

«Aber das Weib bricht unter der Schande zusammen.»

«Sie haben dem armen Geschöpf wohl noch recht eingeheizt?» fragte sie unwillig.

«Ihre Bemerkungen sind geradezu – – geradezu roh», sagte der Vikar empört. Ein sonderbarer Wunsch, weh zu tun und zu verletzen, bemächtigte sich seiner.

«Ich kann mir lebhaft vorstellen», lachte sie spöttisch, «wie Sie ihn angepredigt haben und sich aufs hohe Roß gesetzt in heiligem Zorn. Herrgott, wenn ich ein Mann wär, grad tät ich's dann nicht, Ihnen zum Trotz, der ganzen Welt zum Trotz.»

«So sind Sie?»

«Ja, so bin ich, mein Herr Vikar, wenigstens, wenn ich mich im Recht fühle.»

Kampflustig kreuzten sich ihre Augen.

«Und glauben Sie wirklich, daß der Mann im Recht ist?»

«Er glaubt's.»

«Und wie würden Sie ihn behandeln?»

«Am Guten, das er hat, würde ich ihn anpacken und das zu stärken versuchen, dann würde das Wilde absterben.»

«Sehr einfach», höhnte er.

«Allerdings, wie alles Wahre.»

Jetzt traten sie in die Dorfstraße ein mit heißen Köpfen und mußten sanftmütig die Grüße der Dorfleute erwidern. Ernestine Strobel kam vom Brunnen ihnen entgegen. Sie trug anmutig den schweren Kübel auf dem Kopf und wiegte sich leise in den Hüften. Als der Vikar an ihr vorüberging, bekam sie einen dunkelroten Kopf, schlug erst die Augen nieder und erhob dann wieder die Lider und sah ihn mit einem eindringlichen Blick an. Ihren demütigen Gruß erwiderte er kalt und verwundert, denn er wußte jetzt, wer sie war.

«Kennen Sie die?» fragte Gertrud, unangenehm berührt. «Was will sie von Ihnen, sie blickte so seltsam her?»

«Soll ich mit dieser etwa auch Ihr einfaches Experiment machen?» fragte er spöttisch.

Sie sah ihn groß an. «Wenn Sie es können... warum nicht?»

Im Flur des Pfarrhauses trennten sie sich, stumm, ohne Gruß.

«Helle, er ist wirklich ein unausstehlicher Mensch», rief Gertrud und schlug die Tür des Wohnzimmers zu, um ihren Gefühlen Luft zu machen.

«Oh – du hast ihn gewiß gereizt.» Die Kleine sah ganz betrübt aus.

«Na ja, jetzt verteidige du ihn auch noch!»

«Ich hab's ja immer gesagt», mischte sich Johanne ein mit wohlweisem Ton, «Märkel schrieb, daß er sich schon in Tübingen unmöglich gemacht habe; was hast du denn mit ihm gehabt?» Dabei hob sie prüfend ihre Arbeit gegen das Licht und begann Maschen zu zählen.

«Ach, nichts Besonderes.» Gertrud hatte keine Lust, Rede zu stehen.

«Hast du die Kresse?» rief Frau Harder aus dem Nebenzimmer herein.

«Ja, Mama, ganz schöne und genug für uns alle.»

«Belies sie gut und laß keine Schnecken drin, euch gelehrten Frauenzimmern trau ich nicht viel Sorgfalt zu.»

«Liebe Mama, wenn wir nicht Sorgfalt gelernt hätten, dann stünd's schlecht um unsere Patienten. Vertrau mir nur getrost den Salat an, reinlich bin ich.» Sie sagte es gelassen, ohne Schärfe.

Während sie den Salat putzte und die drei Mädchen zusammen plauderten, rannte der Vikar oben über ihren Köpfen wie ein gereizter Löwe in seinem Käfig umher.

«Horch nur», sagte Hellmine, «was er nur hat?»

Aber Gertrud hörte nicht darauf. «Fertig.» Damit nahm sie die Salatschüssel und ging hinaus.

*

Unten im Studierzimmer des alten Pfarrers ging unterdessen ein Gericht über den Schullehrer. Der hitzige Pfarrer rannte mit der brennenden Pfeife in der Hand auf und ab und stieß gewaltige Dampfwolken aus. Der Lehrer saß auf der Stuhlkante und ließ den Sturm ergeben über sich ergehen, sein Blut kochte nicht so leicht, und der Pfarrer war in allem der beste Mann, wenn man nur auf seine musikalischen Absichten einging.

«Wie konnten Sie vor Ihrem musikalischen Gewissen verantworten, am Karfreitag – ausgerechnet am Karfreitag beim Abendmahlsumgang dieses Potpourri aus englischen Methodistenliedern zu spielen?»

«Die Bauern mögen die leicht faßlichen Melodien so gern, und Sie hatten keine bestimmten Wünsche geäußert.»

«Sie mögen's gern!» Der Pfarrer fuhr sich aufgeregt durch die grauen Haare, daß sie nach allen Seiten starrten. «Sie mögen's gern! Mensch, Lehrer! Ach, sie mögen ihn gern, den Schnaps, lassen wir ihn den lieben guten Bauern. Sind Sie Erzieher, oder was sind Sie?» Dabei tippte er dem also Angepredigten mit der Pfeifenspitze auf die Brust und funkelte ihn mit den lebhaften Augen an.

«Allerdings, freilich, man muß den Geschmack bilden.» Er lächelte schwach.

«Am Karfreitag: ‚Sicher in Jesu Armen, sicher an seiner

Brust...'» Er sang die sentimentale Melodie parodierend mit hoher Fistelstimme und wiegte den starken Körper hin und her im Takt. «Mensch, für was hat denn Bach gelebt?»

«Gewiß, gewiß – Bach, da geht nichts darüber.»

«Geht nichts drüber? O freilich, ‚Sicher in Jesu Armen...', das geht drüber, und ‚Es ist ein Born, draus heil'ges Blut...', bei dem kann man sogar schuhplatteln, oder ‚Der große Arzt ist jetzt uns nah...' und all das süße religiöse Tingeltangelzeug, das geht all drüber. Afterkunst!» Er drehte sich kurz ab und sog kräftig an seiner Pfeife, die auszugehen drohte.

«Wenn mir der Herr Pfarrer als raten wollten, ich gehe ja gern auf alle Intentionen ein», besänftigte der Schullehrer. «Zum Beispiel, bei der Hochzeit von Waldhornwirts Bethe, da kommen auch Auswärtige, und auf das Vorspiel kommt's da bei dem Brautzug an.»

«Nehmen Sie doch den Brautmarsch aus dem Lohengrin.» Der Pfarrer rauchte wieder friedlich und suchte in einem Notenpack.

Der Lehrer blickte betreten auf. «Aus dem Lohengrin?»

«Na ja, geht das etwa gegen Ihr kirchliches Stilgefühl?»

«Nein, nein», beeilte sich Fischer zu versichern, «nur – wenn jemand die Melodie erkennte...»

«Na, dann nehmen Sie ‚Vorwärts, Christi Streiter, auf zum heil'gen Krieg'», sagte Harder grimmig, «das paßt ja herrlich zu dem künftigen Ehestand des Brautpaares, hat eine einschmeichelnde Melodie, marschmäßig und von einer frommen Herkunft, die über allen Zweifel erhaben ist. Vielleicht ist's sogar auch noch englisch, hä?»

«Ach, Herr Pfarrer, spotten Sie doch nicht, ich meine ja nur, und wenn Sie denken, will ich gern...»

«Hier sind die Noten.» Der alte Mann wurde sofort guter Laune. «Fein wird sich's machen, Sie sollen schon sehen.»

«Ich hoffe.» Das klang kleinlaut.

«Und Ihr religiöses Gewissen dürfen Sie beruhigen; lieber Herr Schullehrer, Sie ahnen gar nicht, aus welchen Liedern manche unserer frömmsten Choräle entstanden sind.»

«Wenn nur der Herr Vikar nichts merkt.»

«Der? So wenig als Ihr schwarzer Minorkagockel. Meinen Sie, der kann Wagner von Bach, oder Mozart von Beethoven unterscheiden? Ein guter Prediger ist er, gewiß; aber ein sehr schlechter Musikante.»

In demselben Augenblick trat Gertrud ein, und der Lehrer nahm Gelegenheit sich zu entfernen. «Der Unterlehrer wird doch hoffentlich nicht...», sagte er noch einmal zögernd beim Abschied.

«Ach was, wenn Sie Angst haben, so lassen Sie's halt bleiben, aber dann fragen Sie mich auch nicht.»

«Nein, nein, ich hoffe Sie zufriedenzustellen.»

Pfarrer Harder schüttelte ihm darauf sehr freundlich die Hand, Gertrud nickte ihm lachend zu: «Hat er Sie wieder mal zu einer musikalischen Tat, oder zu einem Attentat veranlaßt?»

«Zu beidem, Fräulein Gertrud.»

«Na, dann viel Glück.»

Der Alte begleitete ihn hinaus, dann kehrte er zurück und setzte sich in den Lehnstuhl.

«Nun, Trudel, was willst du von deinem alten Vater? Denn wenn ihr in meine verräucherte Höhle kommt, wollt ihr doch immer etwas. Geld, neue Kleider, Bücher, oder wenigstens mein Taschenmesser. Komm her und beichte.»

«Nichts will ich, Väterchen, aber ich bringe etwas.»

«Hoffentlich etwas Gutes?» fragte er mißtrauisch.

«Ich hoff's auch. Nämlich mich selbst. Ich stelle mich hiermit vor als praktischer Arzt für Tannheim, Hohenwald, Klingenberg, Weiler und Teufelsbruch.»

«Mädel», rief der Vater, «du bleibst?»

Sie nickte strahlend. «Sintemal mein alter Vater mir's angetan hat.»

«Komm her», sagte er gerührt, und dann küßte er den feinen Blondkopf und streichelte ihr die Wangen und konnte sich nicht satt sehen.

«Ich hätt meinen Liebling doch sehr schwer hergegeben.»

«Und ich meinen alten guten Vater. Da – und jetzt ist ihm die Pfeife ausgegangen.»

«Tut nichts, Kleine. Weiß es die Mutter schon?»

«Nein, ich wollte erst mit dir im reinen sein, denn ich mache auch Ansprüche. Mutter muß mir die Bügelstube und die Apfelkammer einräumen zum Warte- und Ordinationszimmer.»

«Kleinigkeit, das wird alles gemacht.»

«Und ein Fahrrad brauch ich auch.»

«Solch ein schneidiges Mädel! Kannst du auch fahren?»

«Nein, aber ich lern's; das ist billiger als ein Wagen. Denn weißt du, Väterchen, große Reichtümer bringt mir der hintere Wald nicht, und –», sie errötete leicht, «ich habe auch kein Talent, bei armen Leuten Geld zu machen. Gelt, das weißt du und schiltst nicht; mein Brot verdien ich schon und auch noch die Butter dazu.»

«Liebes Trudel», sagte der Vater zärtlich, «weißt du, was ich möchte? Nimm deine Geige, ich muß jetzt Musik haben, sonst heul ich wie ein altes Weib.»

Gertrud lächelte sanft und ging; als sie mit dem Instrument wieder eintrat, stimmte der Vater schon.

«Das Andante aus der C-Moll-Sinfonie.»

Sie nickte, und süß und rein klangen die zwei Geigen durch den Frühlingsabend. Dem Alten aber rannen verstohlen die Tränen in den grauen Bart.

«Hast du famos gespielt, Trudel.»

«Zum Essen!» rief es draußen auf der Treppe, und Gertrud legte den Arm um des Alten Schulter und ging mit ihm hinauf ins Wohnzimmer.

Elftes Kapitel

In den nächsten Tagen ging Gottfried Erdmann einsame Wege, und man sah ihn nur zu den Mahlzeiten.

«Er sieht aus wie wenn er Spinnen gegessen hätte», bemerkte Johanne hinter ihm drein.

Auch Gertrud gab keine weitere Auskunft, ihre Gedanken waren von ihrem Beruf ausgefüllt; er sei neulich schon sonderbar gereizt gewesen, vielleicht habe er eine schlechte Verdauung. Sie entsetzte gern ihre Schwestern durch ein kräftiges Wort, das sie nur so nebenbei hinwarf, denn sie haßte die Zimperlichkeit ästhetischer Damen.

Die Predigten und Unterrichtsstunden des Vikars bekamen in dieser Zeit etwas Leidenschaftliches, Gequältes, Asketisches, sein Gesicht magerte ab und wurde noch kantiger. Er nahm nur die notwendigste Nahrung zu sich, verzichtete auf Fleisch und Wein und brachte dadurch Frau Harder in helle Wut, denn sie fühlte sich in ihrer Küchenehre gekränkt. Aber das half nichts. Er saß kühl und schweigsam bei Tisch mit seinem verschlossenen Gesicht und stocherte in seinen Rüben und Kartoffeln, während die anderen sich den saftigen Kalbsbraten schmecken ließen.

Gertrud kümmerte sich nicht viel um den jungen Mann, denn der Oberamtsarzt nahm sie eben täglich auf die Praxis mit, um sie bei seinen Patienten einzuführen. Sie zürnte ihm schon lange nicht mehr und ließ es ihn auch merken, aber er war eigentümlich scheu gegen sie und machte lange Gänge ins Gebirge, von denen er abends todmüde heimkam. Als man ihre ärztliche Autorität gegen Erdmanns plötzlichen Vegetarismus aufrief, zuckte sie nur die Achseln und meinte: «Ich glaube, der Herr Vikar wird sich keiner Autorität unterwerfen, am wenigsten der meinen; im übrigen essen meine Hohenwälder auch kein Fleisch und sind sehr leistungsfähig.»

An einem Sonntag gab es große Aufregung seinetwegen in Tannheim. Waldhornwirts Bethe sollte heiraten, und zwar einen Auswärtigen. Nun war diesem Mädchen vor fünf Jahren ein «kleines Malheur» passiert, das in Gestalt eines strammen Bübchens herumlief; aus diesem Grund hatte die Bethe das Recht auf den Brautkranz verscherzt, nach alter Sitte. Pfarrer Harder hatte diese Sitte zwar lax gehandhabt und oft beide Augen zugedrückt, wenn sich eine noch des Kranzes für würdig erachtete und dann nach drei Monaten taufen ließ. Unglücklicherweise aber war nun der alte Pfarrer ins Bad gereist und hatte seinem Vikar alle Geschäfte übertragen, und dessen Ansichten kannte man. Deshalb schickte die Bethe am Samstag nach dem Abendläuten ihren Vater ins Pfarrhaus, er solle doch mit dem Vikar reden.

Nach etlichem Brummen erklärte der sich auch bereit und ging.

«Was führt Sie zu mir?» fragte Erdmann den stattlichen Bauern, der in ungewohnter Verlegenheit die Kappe zwischen den Fingern zerdrückte.

«D'Bethe schickt mi.»

«Hat sie besondere Wünsche, vielleicht wegen des Textes oder des Liedes?»

«He nei, sell werdet Sie selbst am bescht wisse... 's isch wege dem Jungfernkränzle.»

Erdmanns Gesicht wurde ernst. «Wir richten uns natürlich nach der ehrwürdigen christlichen Sitte.»

«Freili», sagte der Alte, «'s isch no so schenierlich, der Bräutigam isch von der Stadt, jedes Mädle hot do sei Kränzle und do frogt keiner. D'Bethe meint, si müss' sich z' Tod schäme vor dene fremde Leut.»

«Man muß immer die Folgen seiner Sünden tragen.»

«Herr Vikar, des Bethle isch kei schlecht's Mädle», fuhr

der Wirt heftig auf, «'s isch fleißig und rechtschaffe, und das Konrädle isch e bravs Büeble.»

Der junge Geistliche schwieg.

«Wann Sie meiner Tochter ihren Ehrentag verhunze wolle, dees vergiß i Ihne net», sagte der reiche Mann aufgeregt und stellte sich breitspurig vor den andern hin. «Sie werdet au kei weißgewäsches Engele sei», fügte er mit bösem Blick hinzu.

Als der Bauer zu drohen anfing, richtete sich Erdmann steif auf; wenn er je geschwankt hätte, so wäre es jetzt entschieden gewesen. Aber er verlor seine Ruhe nicht, sondern sagte kalt: «Also wie gesagt, wir bleiben bei der Ortssitte; ich gedenke keinen Unterschied zwischen der reichen Bauerntochter und der Armenhäuslerin zu machen; will Ihre Tochter sich dem nicht fügen, kann ich sie nicht trauen; und jetzt muß ich bitten, mich zu verlassen, da ich an meiner Predigt zu arbeiten habe.»

Ohne Gruß, mit schweren, dröhnenden Schritten ging der Bauer hinaus und murmelte nur zwischen den Zähnen: «Du sollst an mi denke.»

Am andern Tag war die Hochzeit. Strahlend stand die Sonne am Himmel, und die Tannheimer wallten zur Kirche im schönsten Hochzeitsstaat; die Weiber mit den schwarzen Häubchen, von denen lange seidene Bänder fast bis zum Rocksaum hingen, die Männer in Wasserstiefeln und Lederhosen und langen blauen Tuchröcken, an denen silberne talergroße Knöpfe in dichter Reihe blitzten.

Vikar Erdmann war schon in der Sakristei, in der er ruhelos auf und ab schritt. Die Glocken dröhnten im Turm und ließen die bleigefaßten Scheiben leise klirren. Der junge Geistliche sah blaß aus, wie nach einer schlaflosen Nacht, und der Mesner guckte ihn scheu von der Seite an, während er ihm das weiße, feierliche Chorhemd zurechtlegte.

«Das brauche ich heute nicht, es ist ja keine Kranzhochzeit.»

«Herr Vikar, i mein halt, der Herr Pfarrer Harder...»

«Der bin ich nicht.» Es klang abweisend.

Der kleine Mann wurde noch kleiner; er hängte das frischgebügelte bauschige Chorhemd wieder in den Schrank und zögerte immer noch auf der Schwelle, ohne daß er sich etwas zu sagen getraute.

«Ich weiß, daß Sie's gut meinen, Federmann», sagte jetzt der Vikar freundlich, «aber das hier können Sie nicht beurteilen. Ich werde die Braut nicht trauen, wenn sie der Sitte ins Gesicht schlägt und im Kranz kommt, der ihr nicht gebührt. Es ist sowieso schwere Zeit», murmelte er zum Schluß, mehr zu sich selbst, als zu dem alten Mann gewandt.

Der Mesner nickte nicht ganz überzeugt und schlich in die Kirche zurück, um noch einmal nachzusehen, ob die schöne neue rote Altardecke auch keine Falten werfe, und ob auch sonst nichts fehle.

Nun gab es unten auf der Straße eine Unruhe. Vikar Erdmann hielt mit seiner Wanderung inne und blickte durch die verstaubten kleinen Scheiben auf den Weg hinunter, der zu der hochgelegenen Kirche führte. Jetzt waren sie so nah, daß man alles genau sehen konnte. Die Braut, ein breithüftiges Mädchen mit rotem Gesicht, hatte ein schwarzes Seidenkleid an und auf dem Kopf eine breite Myrtenkrone, von der ein weißer Tüllschleier herabwehte.

Der junge Pfarrer wich zurück und nagte an der Unterlippe. «Sie wagt es zu trotzen!»

Der Bräutigam war kleiner als die Braut, mit einem käsigen Gesicht und aufgedrehtem blondem Schnurrbart.

Hinter ihm drein kam der Waldhornwirt mit seiner dicken, watschelnden Frau; zwischen den beiden trottete ein rotbackiges, blondes Bübchen, das «kleine Malheur», das doch bei dem frohen Familienfest nicht fehlen durfte und ein künstliches Sträußchen an seinem grünen Hütchen trug.

«Auch das noch!» murmelte Erdmann empört; er war blaß, und eine tiefe Falte stand auf seiner entschlossenen Stirn. Er tat es nicht gern, was er tun zu müssen glaubte.

Das Brautpaar war in die Kirche getreten, und mit gewaltigen, wuchtigen Akkorden klang der Brautmarsch aus dem Lohengrin von der Orgel, man merkte ihm nicht an, daß er von einem zaghaften Schullehrer mit einem bösen Gewissen gespielt wurde. Aber der Vikar achtete nicht auf die Melodie; er lehnte mit gekreuzten Armen an dem runden Bogenfenster und blickte ruhig vor sich hin.

Auch der Gemeindegesang war verhallt, der junge Mann rührte sich nicht.

Aufgeregt schoß der Mesner herein, die Angst stand in seinem runzeligen kleinen Gesicht. «Herr Vikar, se wartet.»

«Sagen Sie der Braut, daß ich sie im Kranz nicht traue, es tue mir leid, daß sie die Sache durch ihren Ungehorsam so verschärft habe.»

Der Alte wankte zurück.

Drinnen war es totenstill, und es lag eine Gewitterschwüle in der Luft. Der Mesner trat an den Stuhl der Braut und flüsterte ihr die Botschaft zu. Das Mädchen bekam einen dunkelroten Kopf, und die Tränen schossen ihr in die Augen; sie wendete sich zurück zu ihrer Mutter und fragte flüsternd um Rat. Ihr kleiner Junge zupfte sie am Schleier: «Mamme, wos heulscht?»

Mit zornglühendem Gesicht traten der Waldhornwirt und der Bräutigam aus dem Männerstuhl zu den Frauen hinüber.

«Wos geits?» herrschte er den Mesner an.

«Der Pfarrer will net traue, er häb gewarnt.»

«No gehe mer heim und lasse de Pfaff Pfaff sein, dees tun viel in der Stadt», schlug der Bräutigam vor.

«Ha nei, dees wär!» riefen die Weiber entsetzt.

«Mir ischs ei's», sagte der Wirt und sah sich herausfordernd um.

«Mädle, geh du selber und bitt schön de Herr Vikar», flüsterte die Mutter. «Gelt Ma, i han dir's glei g'sagt, der spaßt net, aber du hascht net uf mi gehört.»

«Nette Zuständ», höhnte der Bräutigam.

Die Gemeinde wurde unruhig. Der Lehrer begann wieder die Orgel zu spielen, aber kein Mensch hörte auf ihn.

«Geh doch, Bethle», drängten die Brautjungfern, die in den gestärkten weißen Kleidern neben der Braut saßen.

Zögernd erhob sie sich und schritt gesenkten Kopfes durch die Kirche. Nun stand sie in der Sakristei.

«Herr Vikar, i bitt recht schö, kommet Se doch zur Trau, i hans net bös g'meint, und jetzt bin i' s Gespött von de Leut.»

«Sie kennen ja meine Bedingungen», sagte ruhig der Pfarrer mit mitleidiger Stimme, «ich kann jetzt nicht mehr zurück, und ich will auch nicht; Ihr Vater hätte Ihnen das ersparen können.»

«Ach, i bitt recht schö, Herr Vikar, kommet Se doch, mer wollet uns Ihne gern erkenntlich zeige.»

Da blitzte es in Erdmanns Augen auf: «Nein, legen Sie erst den Kranz ab», sagte er hart, «und wissen Sie, daß ich meinem Gewissen und nicht dem Geldbeutel Ihres Vaters gehorche.»

Jäher Zorn schoß über das Gesicht des Mädchens und entstellte es; sie begriff nicht, daß ihr Versprechen den Vikar verletzt hatte. Mit zitternden Fingern riß sie Kranz und Schleier ab und schleuderte sie dem Pfarrer vor die Füße, und ohne ihn anzublicken, stürzte sie in die Kirche zurück, indes Tränen des Zorns ihr über das wütende Gesicht liefen.

Gleich darauf trat der Pfarrer an den Altar; er war sehr blaß, nur seine Augen flammten. Die Orgel schwieg, auch das Flüstern der Leute verstummte. Aber der junge Mann sah in lauter zornige, haßerfüllte oder schadenfrohe Gesichter, und der kleinen Hellmine, die mit Johanne im Pfarrstuhl saß, standen die Tränen in den Augen.

Seine Stimme zitterte leise, als er die Liturgie begann, die Braut schluchzte in ihr Taschentuch hinein und sah und hörte nichts, der Bräutigam zwirbelte seinen Schnurrbart und sah zum Fenster hinaus, die Brautjungfern saßen geduckt da und schauten nicht auf, nur der Waldhornwirt blickte ihn mit einem steinernen Gesicht an, und aus seinen Augen sprühte der Haß und die Wut.

Mit leiser Stimme las der Pfarrer das Trauungsformular, es war ihm nicht möglich, jetzt eine Predigt zu halten, es hätte auch niemand der Beteiligten aufgepaßt. Das kleine Konrädchen fing laut an zu heulen, als es seine Mutter schluchzen sah; niemand führte es hinaus.

Als das Brautpaar vor dem Altar niederkniete und der Pfarrer die Hand zum Segen erhob, zuckte die Braut zusammen, wie wenn ein ekles Tier sie berührt habe, und fing heftiger an zu weinen.

«Die reinste Hinrichtung», flüsterte Johanne der Schwester zu.

«Wie konnte er nur!» antwortete Hellmine trostlos.

«Dem Waldhornwirt geschieht's ganz recht, er meint immer, er sei eine Ausnahme», gab Johanne zurück.

«Das ist alles so häßlich, und die Bethe dauert mich und der Vikar auch.»

Die Trauung war zu Ende, die Orgel setzte ein, und alles drängte, aufgeregt schwatzend, zur Kirche hinaus.

«I tränks em ei, i geh ans Konsistori», versicherte der Waldhornwirt jedem, der es hören wollte.

In der Sakristei lehnte Gottfried Erdmann am Fenster und sah dem Ausströmen der Menge zu. Er war nicht mit sich zufrieden, wenn er sich auch sagte, daß er vor seinem Gewissen nicht anders hätte handeln können. Gertrud werde natürlich gegen ihn sein und alle im Pfarrhaus und im Dorf; Hellmine allein werde Mitleid mit ihm haben, denn die kannte keine Theorien, sondern nur Personen.

Er fühlte sich so schrecklich allein; wenn wenigstens Frey dagewesen wäre, mit dem hätte er reden können. Er blickte zum strahlenden, lachenden Himmel auf, aber von dort kam heute keine Antwort; er quälte sich in der Einsamkeit und der Dunkelheit und mußte allein fertig werden.

Langsam legte er den schwarzen Chorrock ab und hängte ihn über den Stuhl. Der alte Mesner kam leise herein und stellte die Fußkissen in den Schrank, er sah nicht nach dem jungen Pfarrer hin, sondern machte ein sorgenvolles Greisengesicht. Als Erdmann aus der Kirchentür trat, fand er Ernestine Strobel neben einem Grabe stehen, in städtischer bunter Kleidung mit blitzenden Glasdiamanten in den Ohren. Der Vikar wunderte sich flüchtig, daß er das Mädchen bei jeder Gelegenheit sah. Sie schien geweint zu haben, aber sie blickte ihn an und grüßte ehrfurchtsvoll. Das tat dem jungen Mann wohl, und er dankte ihr freundlicher als sonst.

Als er ins Pfarrhaus kam, wurde er von Frau Harder mit Vorwürfen empfangen. Er ließ alles über sich ergehen, und als sie kein Ende fand, sagte er kurz: «Ich werde mich dem Herrn Pfarrer gegenüber verantworten.»

«Wenn Sie das können!» Sie mußte das letzte Wort haben und damit rauschte sie hinaus.

«Ist Fräulein Gertrud zu Hause?» fragte er Hellmine, die mit betrübtem Gesichtchen, das Gesangbuch in der Hand, an ihm vorüber in ihr Zimmer stieg. Er wollte mit ihr darüber sprechen, immer noch könnte er am ersten Verständnis bei ihr für seine Handlungsweise finden, wenn auch keine Billigung. Und er sehnte sich nach einem guten

Wort, diesem Sturm von Haß gegenüber, den er heute ausgehalten hatte.

Aber Gertrud kam erst spät am Abend, sie war bei Doktor Goldschmidt zum Essen gewesen und dann zu Fuß heimgegangen. Er hörte unten ihre klare, helle Stimme aus den anderen heraus, als er nach dem Abendessen in sein Zimmer gegangen war. Warum saß er hier allein und hatte keine Seele, die zu ihm gehörte und gehören durfte? Die Eltern schon lange tot und keine Geschwister, auch keine Freunde. Warum war sein Weg so steinig und voller Dornen?

Als Pfarrer Harder von der Reise zurückkam, wurden ihm Erdmanns Schandtaten brühwarm von seiner Frau und Johanne berichtet. Die starke Empörung dieser beiden stachelte seinen Widerspruchsgeist an. Er sagte nicht viel über den verweigerten Kranz: «Dumm ist's gegangen, aber was geschehen ist, ist geschehen. Die Folgen müssen Sie auf sich nehmen.»

Gertrud empörte sich über die barbarische Sitte, die ja doch nicht nach Recht und Gerechtigkeit gehandhabt werden konnte, fand aber, weil es den unbeliebten Bauernprotzen betraf, ihre demokratischen Neigungen befriedigt. Im übrigen fühlte Erdmann, daß keines von allen in Wahrheit ihn und seine tiefsten Beweggründe in dieser Sache verstand, und er verschloß sein Inneres.

Zwölftes Kapitel

Die Familie Harder war für einige Tage verreist, die Mutter der Frau feierte ihren siebzigsten Geburtstag und wollte alle Kinder und Enkel zu diesem Tage um sich haben. Nun war der Vikar alleiniger Herr im Pfarrhaus, denn seine Feindin Agathe klatschte meistens in den Bauernhäusern herum, damit doch die Abwesenheit der gestrengen Herrin recht ausgenützt wurde. Eigentlich freute er sich dieses Alleinseins; er hatte so ein dumpfes Gefühl, als wäre er lange nicht mehr bei sich zu Hause gewesen, als ob es Winkel in seiner Seele gebe, in die er noch nie hineingeleuchtet habe. Er war so unruhig und traurig in dieser letzten Zeit gewesen, er wäre gern fortgewandert, weit über die Berge bis dorthin, wo die Alpen sich an klaren Tagen wie ein Gebilde aus blauem Glas vom hellen Himmel abhoben. Und dann zog es ihn auch wieder zurück in die dunklen Tannenwälder, wo der moosgrüne weiche Boden zum Ruhen und Träumen einlud, und wo die melodischen Kirchenglocken ihn heimriefen zu willkommener Arbeit und lieber Gesellschaft.

Nun strich er ruhelos durch das einsame Haus, immer meinte er die Stimmen der Mädchen aus dem Garten zu hören, besonders die Gertruds. Das fröhliche Lachen und Plaudern, über das der junge Asket so manches Mal die Stirn gerunzelt hatte, fehlte ihm, alles erschien ihm öde und freudlos. Er vermißte selbst die Musik, die ihn oft gestört und geärgert hatte als weltliches Treiben. Nun ging er ruhelos durch die leeren Familienzimmer, als suche er etwas. Auf Gertruds Nähtisch lag ein Strickzeug, an dem sie noch zuletzt gearbeitet hatte; er strich über die weiche Wolle liebkosend und zart. Dann preßte er plötzlich sein Gesicht hinein und blieb so einige Sekunden in einem wilden süßen Schmerz. Von der weißen Wolle stieg ein leiser Duft von trockenem Waldmeister auf, wie er an Gertruds Kleidern haftete, und er trank ihn mit Entzücken.

Da erkannte er klar, daß er das Mädchen liebgewonnen hatte, und nicht so mit einer christlichen Liebe, wie nur die Heiligen lieben, oder mit einem lauen Empfinden, wie die Menschen, die Buttermilch statt Blut in den Adern haben, sondern mit dem unverbrauchten starken, stets zurückgedrängten Gefühl des Jünglings, der sehnsüchtig das ganze Weib besitzen will, Seele und Körper.

Er erschrak, als er sah, wie die Leidenschaft in ihm groß geworden war, und es überfiel ihn eine große Traurigkeit. Diese Liebe schien ihm eine Versuchung zum Abfall zu sein von seinen heiligsten Idealen. Er wollte doch nicht um ein armes kurzes Menschenglück die ewige Siegerkrone geben. Er durfte keine Frau hineinziehen in seine Arbeit, denn seine Arbeit würde nicht ruhiges Leben und sattes Behagen sein, seine Arbeit führte in Entbehrung und Enttäuschung; er mußte bereit sein, jeder Not zu begegnen auf seinem Weg, von keinem Bittenden sich zu wenden; er war ein Krieger in eines Herrn Dienst, der niemand neben sich duldete.

Und Gertrud war keine Frau für ihn, das sagte er sich immer wieder: nicht eines Sinnes im Heiligsten, sie steckte voll Schalkheit und Weltsinn und war eine selbständige, eigenwillige Person. Er mußte entsagen, so hold ihm ihr Wesen und ihre Erscheinung auch vorkam.

Er fürchtete sich förmlich vor sich selbst, so fremd erschien er sich; was ihn sonst gefreut, hatte allen Reiz verloren, an was er nie gedacht, das schlich ihm jetzt heimlich durch die Gedanken, selbst in seinen Beruf hinein huschte das Bild des Mädchens. Er verzweifelte fast, aber er war ein Mann mit eisernem Willen. Sein hungerndes, einsames Herz zuckte wohl unter dem harten Griff, mit dem er es hinunterzwang; aber er beugte sich, wenn er auch aufstöhnte in heißer Qual und sich die Lippen blutig biß.

Aber nicht so willig schwiegen heute die aufgeschreckten Sinne. Die Frühlingsnacht blickte mit sammetschwarzen, lockenden Frauenaugen zum Fenster herein und schüttete ihren ganzen Zauber über den einsam kämpfenden Mann. Mit Fingern, so zärtlich weich, strich sie ihm über sein hartes, eckiges Gesicht und spielte kosend mit seinem Haar.

Und den ganzen Blütenduft schöner Frauen hauchte ihr warmer Atem ihm entgegen, daß vor Bangigkeit sein Herz klopfte und die Schläfen brannten. Er wollte beten, sich sammeln, aber er war zerstreut, die Gedanken zerflatterten ihm wie rote Rosenblätter und lösten sich in sehnsüchtige Empfindungen, die wie ein starker allgewaltiger Strom sein Herz durchrauschten und alles in ihren Fluten begruben.

Was schlich da durch das verlassene Haus? Ein Huschen und Gleiten? Ein Rascheln wie von Frauenkleidern – jetzt stockte es – nun kam es näher den Gang herunter. Er bebte wie im Fieber.

«Apage Satana!»

Es hielt vor seiner Tür... es klopfte zaghaft und leise. Er schwieg und umklammerte die Lehne seines Stuhles, wie um eine Waffe zu haben.

Es klopfte noch einmal.

«Herein», rief er laut mit rauher Stimme.

Ein Mädchen trat ein und stand scheu von ferne. Als sie den Kopf hob, erkannte er Schafhirts Ernestine. Ein heißer Schrecken durchzuckte ihn, kein Mensch im Hause.

«Guten Abend», sagte sie leise.

«Was wünschen Sie von mir? Der Herr Pfarrer ist nicht da.» Sein Ton klang kalt.

«Ich weiß», sagte sie demütig und strich sich die schwarzen Haare aus der Stirn.

«Sie müssen ein andermal wiederkommen.»

Ernestine schüttelte den Kopf und trat einen Schritt näher. «I muß mit Ihne rede.»

«Nein, ich kann heute nicht – ich – ich – habe zu arbeiten.»

«Schicket Se mi net fort, Herr Vikar, sunscht han i nimmer d'Mut zu komme. I – i bin e schlechts Mädle, i weiß, und Sie wisset's au, i han's wohl gemerkt, aber helfet Se mir, Sie allein könnet's.»

Und ehe er's hindern konnte, hatte sie sich vor ihm niedergeworfen und umfing mit weichen Frauenarmen seine Knie, weinend und schluchzend.

«Was kann ich tun», stammelte Erdmann, «stehen Sie auf, ich bin kein Heiland – – ich bin ja selbst ein sündiger Mensch.»

«I brauch kein Heiland, und i will kein Heiland, wann Se mi no net wegstoße.»

In angstvoller Verwirrung blickte der junge Mann auf die Kniende, die sich an ihn schmiegte. Nein, er war kein Heiland, der alles selbstsüchtig Menschliche niedergezwungen hatte; heiß rollte ihm das junge Blut durch die Adern, süß und lockend riefen Stimmen in seinem Herzen, die er stets erstickt, und die nun alles Denken auslöschten. Wo war sein Wille? War er denn gelähmt unter diesem inneren und äußeren Ansturm?

Nun hatte das Mädchen seine Hand erfaßt und bedeckte sie mit Küssen und Tränen. Da tauchte plötzlich Gertruds blasses Gesicht vor ihm auf mit den großen, ernsten, klaren Augen. Da zerrann der Spuk... jäh riß er sich los und stieß mit einer letzten Kraftanstrengung die Weinende zurück.

«Geh, geh, Teufelin, ich habe dich erkannt! Fort, ich will nichts mit dir zu schaffen haben!» rief er aufgeregt.

Das Mädchen senkte den Kopf und rührte sich nicht.

«Hast du mich gehört? Soll ich die Nachbarn rufen und sagen: Schafft mir die Dirne hinaus? Schleichst dich als Büßende hier ein und willst mich zum Genossen deiner Schande machen! Geh, geh... und befreie mich von deinem Anblick, du bist mir verhaßt wie die Kröte am Weg.»

Da erhob sie sich langsam und taumelte zur Tür. «So han i's net gemeint mit Ihne», sagte sie beschämt und schlich leise hinaus.

Er lauschte ihr nach. Dann atmete er tief auf und trocknete die glühende Stirne.

Sieg – aber um welchen Preis? Er frohlockte nicht. Seine Erregung verflog.

«Wenn ich ihr doch unrecht tat?» stöhnte er leise. «Ewiges und Menschliches mischt sich so oft, wer kann da scheiden?»

Ein schwacher, sündiger Mensch – keiner, der seiner selbst sicher ist und den andern ein Halt... Kein Herz voll Liebe, das so brennend wäre, daß es sich selbst vergäße – kein Helfer in heißer, tiefer Menschennot – – –

Er würde das zerstoßene Rohr nicht zerbrechen und den glimmenden Docht nicht verlöschen. – Er!

Und wessen Bild hatte ihn vor dem Fall bewahrt? War es das seines gekreuzigten Heilands gewesen?

Gottfried Erdmann legte den Kopf auf die Arme und weinte die bittersten Tränen seines Lebens. – – –

Zwei Tage waren vergangen; Erdmann hatte sie in Zweifel und Reue zugebracht. Bald sagte er sich: du tatest recht, bald überhäufte er sich mit Schmähungen und zerquälte sich in Reue. Da erschien eines Vormittags eine alte Frau bei dem Vikar. Sie sah aus wie eine Hexe; graues Haar hing ihr in Strähnen in ein gelbes vertrocknetes Gesicht, die Kleider waren schmutzig und übelriechend, der Ausdruck gemein. Sie gab dem jungen Mann einen verschlossenen Brief mit einer mühsam gemalten Adresse.

«Von wem?»

«Von meiner Ernestine.»

Der Vikar erblaßte und zögerte den Brief zu öffnen.

«Sie isch fort heut morge in d'Stadt, noch Berlin will se später – so weit. Zu still und langweilig seis do hinte bei uns, hot se g'sait.»

Die Alte ging wieder, sie schien sich nicht um die Tochter zu grämen.

Nun riß er den Umschlag auf und zog ein Blatt heraus, das man aus einem alten Schulheft gerissen hatte. Darauf stand mit steifen Buchstaben geschrieben:

«Geehrter Herr Vikar!

Ich bin schlecht gewesen und wollt gut werden. Ich hab nichts Böses im Sinn gehabt mit Ihnen. Ich will jetzt lieber ganz schlecht sein, dann hab ich doch was davon. Mir helft ja keiner.

Hochachtungsvoll
Ernestine Strobel.»

Stöhnend stützte er die Stirne in die Hand. «Ungetreuer Hirte», murmelte er.

Agathe sah ihn bedenklich an, als er zum Essen herabkam und dabei fast nichts anrührte.

«Heit Obed kommet se», sagte sie aufmunternd.

Erdmann neigte nur den Kopf zum Zeichen, daß er verstanden habe. Unwirsch räumte die Magd das Geschirr zusammen, sie fühlte sich gekränkt, denn sie hatte es gut gemeint.

Harders kamen erst spät, gegen zehn Uhr. Das Haus war voll Unruhe und Lärm, Lichter wurden durch die Zimmer getragen, Füße liefen treppauf und -ab, Türen schlugen zu, und durch all den fröhlichen Lärm hindurch tönte helles Mädchenlachen und Plaudern.

Als Gertrud allein nach oben stieg, erblickte sie den Vikar auf der Treppe, der mit dem blassen Gesicht wie ein Gespenst im Halbdunkel stand. Sie rief erschreckt: «Sind Sie krank? Was fehlt Ihnen?»

Er wich ihren Augen aus. «Nichts, nichts!» sagte er rauh.

«Doch», rief sie ungestüm, «ich sehe es doch – keine Ausrede. Haben Sie Kopfweh? Fieber? So reden Sie doch!»

Erdmann schüttelte den Kopf und sagte fast abweisend: «Ich bin nicht krank, lassen Sie mich, das geht vorüber...»

«Dann haben Sie irgendeinen Kummer?» fragte sie warm.

«Ja», stieß er endlich gequält heraus, «aber Sie können mir doch nicht helfen.»

Sie standen vor seinem Zimmer, die Tür war offen, heller Lampenschein fiel auf den Flur. «Sagen Sie mir, was Sie drückt», bat sie und sah ihn teilnehmend an.

«Wie kann ich das?»

«Warum nicht? Denken Sie, ich sei Ihre Schwester, Ihre Freundin. Denken Sie, ich sei Theobald Frey, den Sie lieben...»

Sie trat in sein Zimmer und stellte sich abwartend an den Schreibtisch. Erdmann ging unschlüssig auf und ab; er fühlte sich schwach und sehnte sich nach einem guten Wort, nach einer Aussprache, die dunklen Mädchenaugen blickten so herzlich, so mütterlich – da erzählte er. Nur leise andeutend, sie erriet das meiste, manches blieb ihr dunkel, aber sie wollte nicht näher fragen.

«Und nun muß ich mit dieser Schuld durchs Leben gehen, ich, der Seelsorger, bin zum Seelenverderber geworden.»

Gertrud ließ ihn ausreden, dann sagte sie in die Stille hinein mit ihrer weichen, tiefen Stimme, die von Bewegung zitterte: «Dachten Sie, Sie könnten durch dies Leben gehen, ohne sich die Füße zu beschmutzen? Und denken Sie, daß Gott um Ihrer Schwäche willen eine Menschenseele zugrunde gehen läßt?»

Erdmann antwortete nicht, aber er seufzte tief auf. Gertrud trat zu ihm und erfaßte seine kalte Hand. «Machen Sie's gut an anderen und überlassen Sie das Mädchen...», sie zögerte ein wenig, «überlassen Sie es Gott.»

«Ich habe auch an Theobald Frey geschrieben und ihn gebeten, nach ihr zu forschen.»

«Das ist gut, er wird tun, was er kann.»

«Aber ich habe keine Hoffnung für sie.»

Unten im Wohnzimmer riefen sie nach Gertrud, der

Tee sei angegossen. Zögernd wandte sie sich zum Gehen, er begleitete sie zur Treppe.

«Wie froh bin ich, daß Sie wieder da sind», sagte er plötzlich dankbar. Sie sah ihm mit einem guten Blick in das traurige Gesicht. Da kam er ihr so jung vor, wie wenn er ein Knabe wäre und sie seine Mutter.

«Gute Nacht», sagte sie sanft und ging langsam die Treppe hinunter. Er sah ihr stumm nach. Unten wendete sie sich noch einmal um und nickte ihm zu.

Dreizehntes Kapitel

Frau Harder hatte eine große Johannisbeerzucht in ihrem Garten, und es war eine besondere Haushaltungsspezialität von ihr, Weine daraus zu fabrizieren, die nach jahrelangem Lagern von liebenswürdigen Gästen für schwere Südweine gehalten wurden. Das Abernten dieser vielen Sträucher und Bäumchen war ein ordentliches Stück Arbeit, bei dem sich die ganze Familie beteiligte, von der Magd bis zum Hausherrn, der allerdings nur mehr dekorativ wirkte; denn er suchte sich bald ein schattiges Plätzchen, wo er seine Pfeife anzündete, und beschränkte sich dann darauf, mit lobenden Bemerkungen den Fleiß der andern anzufeuern und mit seinem trockenen Humor ihnen die langweilige klebrige Arbeit zu versüßen.

Vikar Erdmann hatte große Augen gemacht, als die Hausfrau ihn nach Tisch bat, seinen ältesten Rock anzuziehen, um bei der Beerenernte zu helfen.

«Ja, da kommen wir Mannsleut nicht drum herum», lachte der alte Pfarrer, «denn wir sind nachher auch die Hauptkonsumenten des Weins.»

Gottfried neigte zustimmend den Kopf, er war zu jeder

Arbeit, selbst der demütigsten, bereit; sein Selbstgefühl war stark erschüttert, und er peitschte täglich wieder die Reue wach, damit er sich nicht mehr überhebe. Er hatte gesehen, daß es nicht leicht sei, Priester zu sein als irrender Mensch.

«Aber am Abend feiern wir dann das Beerenfest», tröstete Hellmine, die des Vikars bedrückte Miene gesehen, aber falsch gedeutet hatte.

«Diesem Kind wird unter den Händen alles zu einem Fest», sagte Gertrud und legte zärtlich den Arm um die rundliche Gestalt der jungen Schwester.

«Arbeit ist kein Spiel.» Johannes Stimme klang wohlweise.

«Oho», erwiderte Hellmine rasch, «du tust grad, als wär's eine Strafe.»

«Das ist sie auch», fiel der Vikar hart ein, «die Strafe Adams und aller Adamskinder für die verlorene Unschuld. Und die Strafe ist gerecht.»

«Dann wünschte ich Ihnen, Sie würden in der Erfahrung lernen, daß die Arbeit ein Segen ist, unser größter Segen», rief Gertrud entrüstet.

«Vielleicht, daß sich unter Seiner Hand selbst der Fluch in Segen verwandelt, wenn wir treu sind», sagte Erdmann feierlich.

Die Familie Harder hatte eine Empfindlichkeit, die allen Gliedern gemeinsam war, es war der Abscheu vor der religiösen Phrase, selbst vor der ehrlich gemeinten. Nie sprachen sie zueinander von religiösen Dingen, das wurde fast als unschicklich empfunden. Selbst Vater Harder spendete allen geistlichen Trost, sofern seine Familie dessen bedurfte, nur von der Kanzel, so gewissermaßen durch die Blume. Dabei waren der Vater und Gertrud nicht ohne echte religiöse Empfindung, aber sie war so scheu wie ein kranker Vogel und getraute sich nie ohne Hülle unter die Menschen. Wenn Vikar Erdmann «Sachen» sagte, wurden sie immer nervös oder verlegen und gingen nie darauf ein.

«Also an die Arbeit», rief drum Hellmine laut, «und heut abend sorgt Johannes feine Torte und Mutters ,Madeira' für den Segen der Arbeit.» Damit nahm sie einen Korb und machte einen allerliebsten Knix vor dem jungen Mann, der düster am Fenster lehnte.

«Darf ich Ihnen einen Korb geben?»

Er nahm ihn schweigend und merkte nicht den Doppelsinn, der in des Mädchens Worten lag und der die andern leise lächeln machte.

Unten im Garten brannte die helle Mittagsonne auf die ausgetrocknete Erde.

«Der reinste Backofen», stöhnte der Vater und suchte sich den schattigsten Busch aus, während Erdmann in der brennenden Sonne stehenblieb und mit zögernden Händen an die ungewohnte Arbeit ging.

«Essen dürfen Sie so viel Sie mögen», sagte Hellmine wohlwollend, «aber nehmen Sie sich in acht, sonst kriegen Sie schrecklich Leibweh.»

«Hellmine», rief Johanne halblaut und ganz empört.

«Nun ja, das vorigemal hab ich Leibschmerzen gekriegt, das ist nur menschenfreundlich, wenn ich jetzt andere warne.»

«Praesente medica...», sagte Gertrud und verbiß ihr Lachen.

Die Kleine hatte nun doch einen roten Kopf bekommen und verbarg ihre Verlegenheit, indem sie Träubchen auf Träubchen in den Mund steckte, trotz der bösen Erfahrung vom vorigen Jahr.

Das Plaudern und Lachen verstummte allmählich im Eifer der Arbeit, ein diskreter Tabakgeruch stahl sich durch die Büsche und verriet, daß das Haupt des Hauses sein Arbeitsteil für erledigt ansah. Der Vikar pflückte mit hingebendem Eifer; man fühlte ihm förmlich an, wie er die Pflicht empfand und das leichte Kind mit ganz unnötigem Kräfteaufwand auf die Schultern nahm. Er ließ kein Beerchen aus, und in seinem Korb fand sich kein Blatt oder sonst etwas Ungehöriges. Seine Finger klebten aneinander und waren rot von Saft, die Sonne brannte ihm auf den Rücken, und die Schweißtropfen standen auf seiner Stirn, aber er getraute sich nicht, sie wegzuwischen.

Endlich kam Gertrud und erlöste ihn; er habe genug für heute gearbeitet, alle Körbe seien voll.

«Kinder, wir kriegen ein Gewitter, im Westen zieht's ganz schwarz herauf», sagte Hellmine kleinlaut. Ihr dunkles Haar hing zerzaust in das erhitzte Gesicht, und an ihren Kleidern war die Arbeit nicht spurlos vorübergegangen, sie zeigten rote Flecke, auf die Johanne schulmeisternd hinwies. Frau Harder kam auch herbei, aufgelöst von Hitze und unförmig anzusehen in dem losen Hauskleid.

Gertrud hatte indessen Erfrischungen in die Gartenhütte getragen, die am Ende des Gartens stand, dicht von wilden Reben umwachsen. Man hatte einen prächtigen Blick von hier aus. Zuerst kam eine sanft abfallende Wiese, die von einer Tannenhecke eingefaßt war, dahinter zog sich der Hochwald hin; vom Dorf sah man nichts. Eine weiße Landstraße, von der der Staub aufwirbelte, schlängelte sich den Berg hinauf. Die ferneren Höhenzüge lagen in blaugrauem Dunst, und die Sonne hatte ein fahles weißliches Licht.

«Über Hohenwald zieht's herauf», sagte Hellmine; sie hatte sich neben Gertrud gesetzt und drückte sich eng an die Schwester. «Ich verlob mich einmal bei einem Gewitter», fuhr sie dann fort, «da getrau ich mich nicht nein zu sagen und bin froh, wenn mich einer beschützt.»

«Es donnert schon», sagte Frau Harder, «der Blumenkohl hat's sehr nötig und auch die Stangenbohnen.»

«Hat Agathe Kübel aufgestellt fürs Regenwasser?»

fragte Johanne. In Tannheim fehlte es im Hochsommer an Wasser, und man war froh um jeden Regenguß.

«Du gibst mal eine vorzügliche Hausfrau», lobte Gertrud aufrichtig.

Ein kleines selbstbewußtes Lächeln spielte um der Schwester Mund.

Der Wind wühlte in den Blättern an der Rebenwand, und sein dumpfes Brausen klang vom Wald herüber. Dort bogen sich die dunklen Wipfel, daß die Edeltannen bläulich weiß schimmerten, wie Schaumkronen auf einem sturmgepeitschten Meer. Am Haus schlug krachend ein Laden an die Hauswand, und eine Staubwolke fegte den Gartenweg herunter.

Es gab einen eiligen Aufbruch. Johanne wollte für die Kübel unter der Dachtraufe sorgen. Hellmine flog ins Haus, vor dem Vater her und fürchtete sich. Die Mutter ging die Läden schließen, Gertrud wollte mit dem Geschirr nachkommen. Der Vikar sah starr nach Hohenwald hinüber und ließ den Wind mit seinen langen Haaren spielen. Gertrud räumte die Teller zusammen und trat dann neben ihn. Als ihr Kleid ihn berührte, zuckte er zusammen und wich zurück.

«Ich mag Gewitterstürme», sagte sie freudig und reckte ihre jungen Arme, als wollte sie den Sturm zum Ringkampf herausfordern.

«Kennen Sie den achtzehnten Psalm?»

Gertrud schüttelte den Kopf.

«Er neigte den Himmel und fuhr herab, und Dunkel war unter seinen Füßen. Und er fuhr auf dem Cherub und flog daher; er schwebte auf den Fittichen des Windes. Sein Gezelt um ihn her war finster, und schwarze dicke Wolken, darin er verborgen war. Vom Glanz vor ihm trennten sich die Wolken mit Hagel und Blitzen.»

Wie eine Antwort fuhr jetzt ein Blitz aus der dunkeln Wolke, die wie ein riesiger Vogel mit ausgebreiteten Flügeln über dem Walde schwebte, und der Donner murrte wie ein gereizter Riese, der vom Schlaf erwacht.

«Wie schauerlich es dort über Hohenwald aussieht», sagte Gertrud mit leisem Grauen in der Stimme, «wie ein furchtbares Schicksal, das über dem Dorfe hängt und sich herabstürzen wird.»

«Und wir sind nicht dort.»

«Ist's nicht sonderbar, wie wir uns für dieses Dorf verantwortlich fühlen? Sie für die Seelen und ich für die armen gequälten und mißhandelten Körper.»

Es wurde fast finster in der kleinen Hütte, nur die Gesichter leuchteten blaß aus dem Dämmer.

«Ich glaube, wir müssen hinein», sagte Erdmann plötzlich, und Gertrud begann das Geschirr auf das Brett zu stellen. Da prasselte es aber schon aufs Dach der Hütte, große schwere Tropfen und dann Ströme. Im Nu waren die Gartenwege in Bäche verwandelt, die bis in die Hütte drangen und den Fußboden netzten. Das Wasser schlug bis zu den beiden Eingeregneten hin, die sich eilig in die Tiefe der Laube flüchteten. Gertrud kauerte sich auf die Bank und zog die Füße herauf, denn der Boden war ein See; der Vikar stand dicht daneben, und ihre krausen Haare streiften seinen Ärmel. Dabei blitzte und krachte es, und der Sturm stieß an das leichte Häuschen, daß Gertrud unwillkürlich näher zu ihrem Gefährten rückte.

Der stand ganz stumm und blaß und kerzengerade aufgerichtet und sah auf das blonde Köpfchen und das nachdenkliche Gesicht, das ihm so nah war. Gertrud blickte mit einem weichen Ausdruck in den Aufruhr draußen, als ob sie das Toben und Wüten gar nicht bemerkte, sondern sonnige holde Bilder an ihrem Geist vorüberzögen.

Mit zusammengepreßten Lippen sah der Vikar auf das Mädchen nieder, und er wünschte den Arm um sie zu legen und sie nah, ganz nah an seinem Herzen zu halten.

Aber er durfte ja nicht – –. Täglich sagte er sich's aufs neue, und mit jedem Tag dünkte es ihn schwerer.

Auch Gertrud beschlich ein sonderbares Gefühl in dieser Einsamkeit. So weich und zärtlich war's ihr zumut, als müßte sie jetzt den Kopf ein wenig an ihren Gefährten anlehnen, wie zur kurzen Rast auf dem mühsamen Lebenspfad. An weiteres dachte sie nicht, und in ihrer natürlichen Art hielt sie es für eine leise Empfindungsschwankung in dem kameradschaftlichen Verhältnis, das sie mit dem jungen Pfarrer verband. Die Einsamkeit umspann sie wie mit einem Netz von goldenen Fäden, immer dichter und immer enger, mit jedem Atemzug kam sie sich unentrinnbarer an ihn gekettet vor.

Mit einem scheuen Blick streifte sie sein bronzehartes Gesicht und dachte, daß er doch ein echter Mann sei, der echteste Mann, der ihr je nahe gekommen, im Guten wie im Bösen. Tapfer, stark, selbständig und uneigennützig, daneben aber eigensinnig, hart, dominierend, gewalttätig und unerbittlich. Es schauderte sie ein wenig. Ein bequemer Ehemann würde das nicht sein, wenn er überhaupt je zu dieser Würde käme. Aber was ging sie das an? Sie freute sich ihrer Freiheit und Selbständigkeit und ihres Berufs, der sie unabhängig von jedem Mann machte, und sie fand, daß es eine herrliche Stellung sei, als freies Weib dem Manne gegenüberzustehen und sich einst königlich zu schenken in Liebe. Aber nur Siegfried dem Starken, für andere wollte sie mütterliche Helferin sein. Kam Siegfried nicht, so sollte kein Gunther an die Stelle treten.

Während sie so sann, löste sich der zauberhafte Bann, der über ihr lag, und mit heller frischer Stimme sagte sie zu dem jungen Manne: «Der Regen läßt nach, ich glaube, wir können's wagen.»

Gottfried Erdmann schrak zusammen und sah verwirrt auf. Dann faßte er sich. «Ich gehe allein und bringe Ihnen einen Schirm», damit sprang er in großen Sätzen den überströmten Weg hinauf zum Haus. Als er mit dem Schirm zurückkam, sah er sehr ernst aus.

«Es ist ein Bote da aus Hohenwald, Sie möchten sofort hinauskommen, es seien mehrere Leute erkrankt, und der Elias meine, so fange der Typhus an – der verstehe sich auf solche Sachen, er habe ein Doktorbuch.»

Gertrud lief voraus, und Erdmann sprach hinter ihr drein: «Mit dem Rad können Sie unmöglich bei dem Wetter fahren, ich werde rasch zum Waldhornwirt gehen und den Wagen für Sie bestellen. Wenn Sie erlauben, begleite ich Sie.»

«Ihnen wird er den Wagen nicht geben, schicken Sie Agathe, indes ich den Boten ausfrage. Wenn es Typhus ist, werde ich in Hohenwald über Nacht bleiben müssen.»

Eine halbe Stunde später rollte des Waldhornwirts Korbwagen mit zwei jungen Pferden bespannt die Straße nach Hohenwald hin. Auf dem Bock neben Waldhornwirts Knecht saß der Köhlersamuel und unterhielt sich über die Seuche, und was alles der Elias gemeint habe. Dabei rauchte er einen barbarischen Knaster, der, je nachdem der Wind ging, den im Wagen Sitzenden um die Nase wehte.

Alle Traumseligkeit war nun von Gertrud und dem Vikar gewichen; mit ernsten gespannten Gesichtern dachten sie nach, und wenn sie sprachen, so berieten sie, was ihrer warten möge und was sich tun lasse, um eine geeignete Pflege und Absperrung zu beschaffen. Wie zwei treue Waffengefährten wollten sie Schulter an Schulter kämpfen, eins das andere stützend, um den Kranken desto besser zu dienen.

«Das Kommando haben Sie für die nächste Zeit», sagte er trocken, «und ich hoffe, Sie werden mit mir zufrieden sein.»

Sie sah ihn warm an und ergriff seine Hand. «Ich danke Ihnen, ich bin sehr froh, daß ich Sie zur Seite habe, es gibt schwere Arbeit und mir ist angst darauf. Zum ersten Male allein die ganze Verantwortung...»

Es wurde dunkel, der Knecht zündete die Laterne an. Die Pferde griffen aus, daß der Schlamm hoch aufspritzte. Es hatte aufgehört zu regnen, und vereinzelte Sterne traten aus dem zerrissenen Gewölk. Die Luft war kühl und feucht, aber von köstlichem Tannengeruch erfüllt. Endlich sah man Hohenwald daliegen, in mehreren Häusern schimmerte noch Licht, trotz der späten Stunde. Dort erwartete man mit Sehnsucht die junge Ärztin.

Vierzehntes Kapitel

Die Hohenwälder machten sich keine großen Gedanken, daß sie jetzt eine weibliche Ärztin haben sollten. Frauenfrage gab's bei ihnen nicht, Männer und Weiber arbeiteten und verdienten, wo sie konnten. Unterschiede in der Bildung gab es auch nicht, warum sollte das in den höheren Ständen anders sein? Die Frauen aber freuten sich; denn ein Weib, dachten sie, wird uns und unsere Nöte verstehen.

Als der Wagen in die Dorfstraße bog, löste sich vom ersten Haus eine Frauengestalt los, die ins Dunkel hinausgelauscht hatte.

«Samuel, seid Ihr's?»

«Ja, ja, wie geht's?» antwortete Gertrud.

«Oh», fing das Weib zu jammern an, «grauslich isch's.»

Der Wagen hielt, und Gertrud sprang herunter. Langsam folgte der Vikar.

«Sind Sie's, Frau Wurster? Wie geht's Ihrem Mann?»

«Gott Lob und Dank, Fräule Gertrud, daß Sie do send, er isch gor net bei sich. Mir könnet ihn net allei halte, mei Maidle und i, der Elias isch do und hilft.»

Die Frau ging voraus, und Gertrud tappte sich mit ihrem Begleiter durch den finsteren Hausflur. Als sie in die Stube traten, schlug ihnen eine dicke, verbrauchte Luft entgegen: die ganze brütende Hitze des Sommertages war hier eingeschlossen. Als der Vikar stillschweigend das Fenster öffnete, meinte die Wursterin zögernd: «Mir hen gfürcht, er tät sich verkälte.»

Beim Eintritt des Vikars war der Elias aufgestanden und ohne ein Wort hinausgegangen. Der Kranke lag leise murmelnd im Bett, und Gertrud begann die Frau auszufragen. Wortreich gab sie Bescheid: Bei Besenbinders Christiane hab's grad so angefangen, die liege auch im Fieber, und des Sägmattheis Hannele schleiche auch seit gestern mit Kopfschmerz und Gliederweh herum und habe sich heut mittag gelegt.

Das junge Mädchen folgte aufmerksam dem Bericht und trat dann geräuschlos an das Bett. Der Wurster Gottlieb, ein Mann in den besten Jahren, lag mit dunkelrotem Kopf und rissigen Lippen da, die er beständig bewegte. Plötzlich öffnete er die Augen und sah Gertrud groß an, im Hintergrund stand der Vikar, der in der spärlichen Beleuchtung dunkel und unheimlich aussah.

Da schrie der Kranke laut auf, begann die Augen zu rollen und wollte aus dem Bett springen. Aber blitzschnell hatte Gertrud ihn gepackt und hielt ihn fest.

«Mei Beil, Weib, wo isch mei Beil! Mörder, Dieb, helft, helft! Se wolle mi umbringe!»

Im Nu war Erdmann an des Mädchens Seite und half ihn beruhigen.

«Aber Gottlieb, kennschten Pfarrer net und Fräule Harder?» jammerte sein Weib, «wos kreischst denn? Die wolle dir jo helfe, d' bisch doch krank.»

Mißtrauisch glotzte der Bauer sie mit glühenden Augen an, besonders der Vikar schien ihm nicht geheuer, aber er blieb ruhig liegen, als Gertrud mit ihrer klaren, sanften

Stimme zu ihm redete. Nun fing er statt dessen laut an zu stöhnen. Sein Kopf brenne so und alle Glieder, und ärger sei's nicht in der Hölle.

«Seid still, Wurster, das Feuer löschen wir mit Wasser», sagte ermutigend das Mädchen und tauchte ein Tuch in kaltes Wasser und legte es ihm wie einen Turban um den Kopf. Er seufzte erleichtert.

«Und jetzt kühlen wir den ganzen Körper.»

Alle drei halfen, den fiebernden Mann, der sich wehrte, in einen nassen Wickel schlagen. Als das schwere Werk getan war, wurde der Kranke ruhiger. Die Bauersfrau, die sehr ängstlich war über die «Gäulskur», wie sie im stillen meinte, wurde zuversichtlicher, als sie den Erfolg sah, und gelobte, alle ärztlichen Anordnungen die ganze Nacht durch pünktlich zu befolgen; sie hatte Vertrauen bekommen.

«Morgen früh komme ich wieder, ich bleibe über Nacht hier. Das Fenster lassen Sie nur auf, und alle halbe Stunde den Wickel wechseln, außer wenn er schläft. Im Notfall finden Sie mich in der Nacht beim Sägmattheis. Nur guten Mut, der Mann hat eine starke Natur, er reißt's schon durch.»

«Ischt's richtig der Typhus, wie der Elias sait?»

«Das kann ich noch nicht sicher sagen, aber möglich ist's.»

«Adje, Fräule Gertrud.»

«Gott wird Ihnen durchhelfen», sagte der Vikar.

«Jo, jo», seufzte das Weib, «mer wolle drum bete.»

Nun gingen sie schweigend durch die Dorfstraße, auf der große Pfützen standen, in denen sich die Sterne spiegelten.

«Drei Fälle», sagte nachdenklich das Mädchen.

«Einer ist wohl unsicher?»

«Ja, das kann schließlich auch ein Schnupfen sein, aber ich muß erst sehen.»

«Hier sind wir bei der Christiane.»

Durch das unverhüllte Fenster fiel Lichtschein auf die Straße. Ein krüppeliger Apfelbaum reckte seine Äste bis zu dem bemoosten Strohdach, und mit heiserem Gekrächz flog ein Nachtvogel aus seinem Wipfel, so daß Gertrud zusammenschrak.

Als sie ins Haus traten, drang ihnen die laute Stimme einer Frau entgegen, die einen Choral sang. Sie klopften, aber man antwortete nicht, so traten sie ein.

Im Zimmer saß die Beerenhanne auf der Bank, den grauen Kopf auf der Brust, und stieß laute Schnarchtöne aus. Der Gesang, der ununterbrochen weiterging, kam aus einem blaugewürfelten Federbett, aus dem nur ein roter Kopf mit wirren weißen Haaren hervorragte.

In einer Ecke lag ein Haufen fertiger Besen, in dem großen Kachelofen kochte ein Topf mit Kaffee, auf einer Stange, an der notdürftig gereinigte Wäschestücke zum Trocknen hingen, saßen vier Hühner; sie hatten den Kopf in die Federn gesteckt und schliefen. Ein schmieriges Erdöllämpchen mit verrußtem Zylinder erhellte schwach das niedere überheizte Zimmer.

Der Vikar trat zu der Schläferin und legte ihr schwer die Hand auf die Schulter, daß sie zusammenzuckte und mit offenem Mund den Eingetretenen anstarrte.

Endlich erkannte sie ihn und erhob sich eilfertig.

«I han e bisle g'schlofe.»

«Ja, das haben wir gesehen. Wie geht's der Kranken?»

«Alleweil singe tut se. Sie meint 's wär Kirch und sie sollt vorsinge.»

Gertrud war stillschweigend an das Bett getreten und fühlte den Puls der Frau. Ihr Gesicht war sehr sorgenvoll. «Seit wann liegt die Christiane?»

«So vier Täg werdet's sei.»

«Da hätte man bälder zu mir schicken sollen.»

«Die Christiane hot neamed, seit der Ma umkomme

isch; i bin aus lauter Christelieb komme, 's isch kei leichte Pfleg.»

Gertrud machte ein skeptisches Gesicht, als die Beerenhanne von ihrer Christenliebe sprach, aber sie sagte nichts. Die Kranke schwieg jetzt erschöpft, sie hatte keine Stimme mehr, aber sie merkte nicht, daß jemand bei ihr war. Ihre Lippen waren schwarz und zerrissen, und ihre Zähne sahen wie mit Ruß bedeckt aus dem halbgeöffneten Mund heraus. Ihre Haut war trocken und hart, an dem mageren Hals traten die Adern wie blaue Stränge hervor, und man hörte das Herz klopfen.

«Die Christiane hat immer ein schwaches Herz gehabt, ob sie das rasende Fieber aushält?» wandte sich Gertrud leise an Erdmann.

«So haben Sie keine Hoffnung?»

«Was heißt Hoffnung? Die muß man immer haben, aber mit dem Wurster steht's besser.»

Dann tat sie, was zu tun war. Die Kranke ließ alles mit sich geschehen, völlig apathisch.

«Sind Sie auch nicht zu müde zum Wachen?» wandte sie sich an die Beerenhanne, deren graue glanzlose Augen mit kaltem Neugiersblick auf der Kranken hafteten.

«O nei, i trink ebe Kaffee.»

«Meine Anweisungen müssen ganz genau befolgt werden», sagte das Mädchen eindringlich.

Das Weib machte ein mürrisches Gesicht. «I tu scho alles, bloß um de Gotteslohn.»

Sie gingen.

«Von der möchte ich nicht gepflegt werden», sagte Gertrud draußen zu ihrem Gefährten. «Gotteslohn? Ich müßte im Gesicht der Beerenhanne schlecht lesen, wenn die sich nicht bezahlt machte...»

«Meinen Sie? Wie widerlich dann all diese Beteuerungen von Christenliebe und Gotteslohn sind!»

«Ach, da muß man sich als Pfarrer dran gewöhnen,

der Bauer hält das für die einzig passende Art, mit dem offiziellen Vertreter des Christentums zu reden.»

Der Vikar schwieg nachdenklich, dann meinte er: «'s ist doch hart, so allein zu sterben, und besonders so ohne alles Bewußtsein über die Schwelle zu gehen. Das hat für mich etwas ganz Beängstigendes.»

«Ist aber ein angenehmer Tod.»

Eine dunkle Gestalt löste sich von einem Hausschatten. «Sie möchte doch gleich ins Sägmattheise Haus komme, des Hannele ist schlimmer.»

Es war der Köhlersamuel, und seine Zähne klapperten vor Aufregung. Gertrud ließ einen Moment ihre elektrische Taschenlaterne aufflammen und sah dabei den Burschen aufmerksam an.

«Was hast du, Samuel?» fragte Gertrud freundlich. Die zwei waren einst zusammen konfirmiert worden, und das Mädchen duzte den alten Kameraden noch. Das helle Licht beleuchtete ein dunkles, trotziges Gesicht mit zusammengewachsenen Augenbrauen und einem wilden schwarzen Haarschopf.

«Was i han? Arg isch mers ums Hannele», stieß der Bursch hervor.

«Magst es so?»

«Und ob i's mag!»

«Ist's dein Schatz?»

«I han mi no net traut 's zu froge.»

Der Vikar wunderte sich im stillen über die rasche Offenherzigkeit des jungen Mannes der Pfarrerstochter gegenüber, aber die schien es selbstverständlich zu finden. Es gefiel ihm auch nicht, daß sie «Schatz» sagte, es klang so leichtfertig.

Von dem Kirchturm, der schwarz und plump aufragte, schlug es Mitternacht.

«Weiß man gar nicht, wie die Krankheit entstand?» fragte der Vikar, dem das angeschlagene Thema unangenehm war.

«Es hat wo, die soge, sie sei eigeschleppt von die Zigeuner, und des Wurstergottliebsmine meint ällbott, ob net ebber 's Wasser verhext hätt. Der Elias aber sait, dees käm von der Mischtbrüh, die seit Johanni schon beis Sägmattheise d'Gass' runter lauf, und wo doch en Brunne dabei isch. Aber sell glaub i net; der Elias isch e Sozialer und e liederlicher Mensch, wo kein Glaube hot; Mischtbrüh isch doch nix Schädlichs!»

«'s wird schon die Jauche sein, Samuel», sagte Gertrud, ohne sich über die verschiedenen Vermutungen aufzuregen.

«Auf jeden Fall ist's ein Gericht Gottes zu ernster Buße und Umkehr unserer Herzen», erwiderte der Vikar, denn er meinte, es sei seine Pflicht, das dem Burschen zu bedenken zu geben.

Der Samuel blickte finster vor sich hin. «Herrgott, wenn wegen meiner Sünden das Hannele...», er sagte es nicht laut, sondern sah nur verstört den Vikar an, dessen Profil sich ernst und feierlich vom mondhellen Himmel abhob.

«Samuel, morgen machst du ein Plakat an den Brunnen und schreibst darauf: Kein Trinkwasser.»

Der Köhler fuhr aus seinen Gedanken auf und kratzte sich bedenklich in seinem Haarwald.

«Schreibe kann i nemme recht, seit i aus der Schul bin, mir Hohewäller sind net viel in Stund gange.»

«Dann gehst du zum Elias.»

«Der ka's.»

«Und dann sorgst du, daß die Jauche ausgeleert wird, verstanden?»

«Dees kann i», sagte er freudig.

«Und daß im Dorf herumkommt, daß keiner ungekochtes Wasser trinkt.»

Sie traten in die leere Wirtsstube. Es roch nach kaltem Tabak und schlechtem Fusel, auf der Bank hinter dem Tisch saß der Wirt. Er hatte eine Flasche Bier vor sich stehen, die halb geleert war, und duselte so vor sich hin. Als die Türe knarrte, ermunterte er sich und schlurfte den Eintretenden mit schweren Schritten entgegen. Er hatte niedergetretene Pantoffeln an den nackten Füßen, und sein grobes Leinenhemd klaffte über der Brust, trotzdem standen ihm die Schweißtropfen auf der Stirne. Er begrüßte Gertrud sehr devot; als er auch den Vikar sah, machte er ein mißvergnügtes Gesicht und dankte nur oberflächlich für dessen zurückhaltenden Gruß.

«Wie geht's denn bei Ihnen?»

«O, Fräule Doktor, dees isch so e Schade fürs Geschäft mit dere Kranket, net emol der Elias geht mer in d'Wirtschaft. Die Arbeiter trinket no so en Schnaps stehend, eh sie in Wald gehe, am ganzen Obed ischs leer gwä, no zwei Handwerksbursche hen en Käs gesse und e Bier trunke. Die Bagasch fürcht sich.»

Das Mädchen sah ihn groß an und fragte: «Und Ihre Tochter?»

«Obe isch se in der Kammer.»

«Wir müssen hier übernachten, Herr Wirt; richten Sie mir irgendeine Matratze an einem luftigen Ort.»

«Wohl, wohl; und der Herr Vikar? I han no die ei Wirtsstub, mir sind net für Loschiergäst eigericht.»

«Ich schlafe im Heu oder auf dem Dachboden.»

Dann gingen sie hinauf. Der Wirt machte sich unten in der Stube zu schaffen. Draußen im Flur drückte sich der Samuel im Dunkel herum.

«Ich möcht no höre, wie's dem Hannele geht.»

Die Kranke lag in einer schmalen Dachkammer; man hatte sie von den Geschwistern getrennt, das alles war vom Elias angeordnet worden; zu dem war man in der Not, als der Intelligenz des Ortes, gelaufen, und es tat ihm wohl, daß man was von ihm wollte; er hielt sich nüchtern und fühlte sich gehoben durch das Vertrauen, obgleich er die Hohenwälder sonst verachtete; lumpen konnte er ja später wieder, wenn man ihn nicht mehr brauchte.

Durch die offene unverschließbare runde Dachluke der Kammer kam kühle Nachtluft, zwischen den rohen Dachsparren flatterte es, dort hatten Vögel ihr Nest. Man sah, daß der Raum sonst andern Zwecken diente, Maiskolben hingen in Büscheln von der schrägen unverschalten Decke und daneben heilsame Kräuter für Mensch und Vieh, die die Wirtin gesammelt und zum Trocknen aufgehängt hatte. In den Winkeln lag allerlei Gerät herum, wie man's so aus dem Weg schafft: eine zerbrochene Beerenpresse, ein Stuhl, der bei einer Rauferei durch den Köhlersamuel ein Bein eingebüßt hatte, Wäscheseile und leere Kisten, defekte Töpfe, die auf einen herumziehenden Kesselflicker warteten, und ähnliches Gerümpel.

In dem schmalen Bett lag das Hannele in verwaschenen bunten Kissen mit heißem Kopf und halbgeschlossenen Augen, ein wirrer blonder Zopf hing über den Bettrand hinunter. Kurz und eilig ging der Atem der Kranken, die kleinen hartgearbeiteten Hände zuckten auf der Bettdecke. Am Fußende stand die Mutter; ihr verhärmtes Gesicht sah noch elender aus als sonst. Sie glättete mechanisch an der Decke, während Gertrud nach der Kranken sah. Vikar Erdmann blieb unschlüssig an der Tür stehen, ungewiß, ob man ihn brauche oder nicht.

«Wollen Sie dem Samuel sagen, daß das Hannele auch die Krankheit habe, er solle sich aber nicht ängstigen, es habe eine gesunde Natur.»

Der Vikar entfernte sich sofort, man hörte ihn unten sprechen.

Der Rosine stürzten die Tränen aus den Augen.

«Oh, mei Maidle, mei liebs Maidle», jammerte sie leise.

«Nur Mut, das Hannele kommt schon durch.» Und dann wickelte Gertrud die glühenden jungen Mädchenglieder in nasse Tücher und tröstete die Frau, die ganz außer sich war.

Es war ein hübsches Mädchen, halb noch ein Kind, aber so feingliedrig, wie eine kleine Prinzessin, in den groben Bauernkleidern hatte man's nie so gesehen. Bedauernd wog Gertrud den schweren Blondzopf in der Hand. «Wir müssen ihn abschneiden, sonst verliert sie alle Haare.»

«O Maidle, arms Maidle, die scheene Hoor!»

«Sie wachsen wieder», tröstete die Ärztin.

Knirschend fuhr die Schere durch die blonde Pracht, die Mutter heulte laut auf, das Haar fiel zu Boden und lag da wie eine gleißende goldene Schlange, tot und leblos.

Endlich konnte Gertrud zur Ruhe gehen; sie war erschöpft, und ihre Glieder schmerzten. Im Osten hinter dem Wald lag ein grauer Schein, dort kam schon der neue Tag herauf.

Unten in der Wirtsstube hatte man ihr ein Lager bereitet, der Vikar war schon zur Ruhe gegangen. Es war Gertrud leid, daß sie ihm kein freundliches Wort mehr sagen konnte. In den Kleidern warf sie sich auf die harte Matratze und fiel sofort in einen bleiernen Schlaf.

Fünfzehntes Kapitel

Die Morgensonne schien schräg durch die vorhanglosen Fenster und gleißte in den Branntweinflaschen auf dem Bordbrett, daß diese rote und gelbe Blitze schossen und bunte zitternde Kringel an die verräucherte Wand malten.

Vor der Zimmertür murmelten Stimmen. Verschlafen richtete Gertrud sich auf und blickte in dem fremden Raum umher. Da hörte sie, wie Erdmanns Stimme fragte: «Wann ist sie gestorben?»

Da fuhr das Mädchen auf, strich sich mit zitternden Händen über das wirre Haar und öffnete die Tür. «Was ist?» fragte sie nervös, «es ist doch nichts mit dem Hannele?»

«Nein, die Christiane ist gestorben heute nacht.»

Ein Schatten flog über des Mädchens Gesicht, aber sie sagte ruhig: «Ich dachte mir's gestern schon, das Herz war zu unruhig. Ich will gleich hin.»

«Erst frühstücken Sie», sagte der Vikar mit plötzlicher Energie. Er fand Gertrud blaß aussehend, wie sie so im flimmernden Sonnenlicht im Rahmen der Türe stand. «Sie können dort ja doch nicht helfen.»

Mit einem verwunderten Lächeln sah sie den jungen Mann an, der so väterlich für sie zu sorgen begann. «Sie haben recht», sagte sie; und zur Beerenhanne gewendet: «In einer halben Stunde bin ich dort, um den Totenschein auszustellen. Ist sie schwer gestorben?»

«Ha nei, gseufzt hot se und sich umgelegt und weg war se. Ihr isch wohl.» Sie ging.

Der Wirt kam mit einer Kanne kuhwarmer Milch und weichen Eiern.

«Die Frau geht net fort vom Mädle», sagte er mißmutig. Von oben tönte Kindergeschrei.

«Ich habe für Sie bestellt», sagte der Vikar entschuldigend.

«Sie erraten meine Wünsche voraus. Wie haben Sie geschlafen im Heu?»

«Eigentlich gar nicht, es war mir alles so ungewohnt.» In seinem Haar hingen noch ein paar Halme.

Gertrud hatte nur halb auf die Antwort geachtet. Es wurde lebendig im Haus; sie hörte den Wirt schelten und Kinder weinen. Es trappte über der Zimmerdecke von schweren Männerschuhen und weichen nackten Kinderfüßen. Dann flog die Tür auf, und ein dreijähriges verheultes Bübchen kam herein. Als es die Fremden sah, blieb es verschüchtert stehen und hielt sich das Ärmchen über die Augen.

Gertrud lockte ihn mit sanften Mutterlauten. Langsam ließ der kleine Mann den Arm sinken und wagte der Gefahr ins Auge zu schauen. Dann sah er ein fettes Butterbrot, das ihm entgegengehalten wurde. Diese Zeichensprache vollends überzeugte ihn von den friedlichen Absichten der schönen jungen Dame, und er kam zögernd näher.

Gertrud strich ihm über die wirren Flachshärchen, während er mit den kleinen weißen Zähnen in das Brot einhieb und die runden Blauaugen starr auf das Mädchen gerichtet hielt, das mit weicher Stimme zu ihm sprach. Der Vikar wunderte sich, wie zärtlich diese Stimme klang; fast regte sich in ihm ein Gefühl wie Eifersucht gegen das Kind. Wie hold im Ausdruck war das feingeschnittene Gesicht des Mädchens, als es sich zu dem Kind neigte! Unter aller Geistesbildung, diesem Wissen, der Selbständigkeit und Sicherheit der bewußten Persönlichkeit kam mit einem Schlag die schlummernde Mütterlichkeit ihrer Natur zum Vorschein, und dem jungen Mann wurde dabei das Herz warm. Wie gebannt hingen seine Augen an der lieblichen Gruppe, bis der Kleine auf ihn aufmerksam wurde und mit seinem rosigen, dicken Fingerchen auf ihn deutete.

«Mann?» sagte er ein wenig ängstlich und sah zu seiner Beschützerin auf.

Die nickte ihm zu. «Guter Mann, ganz guter Mann.» Und um ihren Worten Nachdruck zu geben, streichelte sie dem Vikar leicht über den Arm; das Bübchen war nun versichert, daß er nicht beiße.

«Dute Mann», wiederholte der Kleine zutraulich und berührte vorsichtig den schwarzen Ärmel mit dem weichen Händchen, um gleich darauf wieder zu Gertrud zu flüchten.

«Dute Mann?» sagte er noch einmal fragend.

«Ja freilich, ein guter Mann», sagte sie lächelnd und blickte Erdmann lieb an, der verlegen und unbeholfen auf seinem Platz saß.

*

Diese Wochen waren glückliche Zeit für Gottfried Erdmann. Das Zusammensein und Zusammenarbeiten mit dem geliebten Mädchen gab seinem Wesen etwas Natürlicheres, Weicheres. Alle Gewissensbisse, Entsagungsgedanken, Theorien und Anfechtungen traten zurück hinter der schweren Arbeit, die ihn zu keiner Grübelei und Quälerei kommen ließ. Das Persönliche in seinem Leben hatte jetzt keinen Raum neben den Gedanken an seine Gemeinde; er fühlte sich wie ein Soldat in der Schlacht. Eine Welle trug ihn mit sich fort, löste ihn von sich ab, und er durfte sich ihr überlassen ohne Reflexion, denn dazu war gar keine Zeit.

Der Typhus wütete furchtbar in Hohenwald. Außer dem Hause des Elias, das abseits lag, blieb keines im Dorf verschont, in manchen lagen sie zu zwei und drei.

Gertrud blieb ganz in Hohenwald, die Patienten in den umgebenden Dörfern bedurften ihrer wenig, es war Hochsommer, und da hat der Bauer keine Zeit zum Kranksein.

Auch der Vikar widmete sich ganz den Hohenwäldern, und es war dem Pfarrer Harder ein angenehmer Gedanke, seine Tochter nicht so allein und ohne Beistand zu wissen. Auch der Oberamtsarzt kam einmal heraus, nannte Gertrud eine tapfere kleine Frau, lobte ihre Anordnungen, beriet mit dem Gemeindevorstand, besuchte ein paar Kranke und war froh, daß er die Privatpraxis im hinteren Wald zur rechten Zeit abgegeben hatte.

Gertrud aber war nicht nur Ärztin, sie legte auch als Pflegerin überall Hand an und durchwachte manche kritische Nacht an den Krankenbetten. Ihr zur Seite standen der Vikar und der Elias, mit dem sie wunderbar gut umgehen konnte; auch die Beerenhanne half mit, besonders beim Reinigen der Krankenwäsche, aber dafür wurde sie bezahlt.

Eines Tages, als die junge Ärztin gerade todmüde in der brennenden Mittagsonne nach dem Wirtshaus ging, trat ihr frisch und froh Hellmine entgegen in einem weißen Kleid und großem Strohhut, an dem wilde Hopfenranken herunterhingen. Sie flog der Schwester an den Hals und küßte sie stürmisch auf beide Backen.

«Wo kommst du her?»

«Ausgekniffen.»

«Ausgekniffen, wieso?»

«Ja, Gott, das ist sehr einfach. Gestern kam der Vikar nach Tannheim und erzählte, was du alles tuest und wie wenig Hilfe du habest, ganz schmal seist du geworden. Daß er wohl mit dem Elias bei den Männern sei und auch der Samuel helfe mit, aber daß du bei den Frauen nur ein ekliges altes Weib habest und eine Krankenschwester mal wieder nicht gleich zu bekommen sei.»

«Nun?»

«Ich sagte dann, ich wollte mit und dir helfen, und die Mutter meinte, es sei Unsinn...»

«Und?»

«Na ja, das ist doch sehr einfach, da bin ich eben ausgekniffen. Dem Vater habe ich übrigens Adieu gesagt... nur so ganz schnell, daß er mich nicht zurückhalten konnte. Bis er aufstand, war ich schon die Straße hinunter. Ach, dem ist's ganz recht, das hab ich ihm gleich angesehen.»

«Kind, du weißt nicht, wie arg es hier zugeht.»

«Um so nötiger hast du mich.»

Der Vikar trat aus der Tür des nächsten Hauses und kam auf die Schwestern zu. Auch er sah hohläugig und überwacht aus.

«Sag's ihm nicht», drängte Hellmine, «sonst schleift er mich eigenhändig heim.»

«Grüß Gott, Herr Vikar», rief sie ihm mit glühenden Wangen zu, «da bin ich!»

«Gottlob, Sie kommen gerade recht.»

«Das ist doch mal ein netter Empfang», sagte sie erleichtert. «Geben Sie mir keine Hand?»

Der junge Mann wich zurück. «Nicht», sagte er erschrocken, «ich komme eben vom Wurster, ich muß mich erst waschen.»

Gertrud und Erdmann traten an den Brunnen, Hellmine sah ihnen betroffen nach. Ein wenig angst wurde ihr doch über ihre Eigenmächtigkeit, und das Abenteuer sah recht ernst aus. Aber dann blickte sie auf die Schwester, die in schlaffer Haltung am Brunnen stand, und ihre kleine Gestalt reckte sich mutig in die Höhe. Feig wollte sie nicht sein.

Die Straße herunter kam der Samuel, kerzengerade aufgerichtet, mit einem Kübel Wasser auf dem Kopf. Er ging ins Wirtshaus und sah schwarz und finster aus; Hellmines freundlichen Gruß erwiderte er rauh, wie wenn ihm etwas in der Kehle steckte.

«Habt ihr hier auch Kranke?» fragte sie Gertrud, die jetzt herankam und Hände und Gesicht mit ihrem Taschentuch trocknete.

«Ja, das Hannele.»

«Schlimm?»

«Heute entscheidet sich's. Es ist mir sehr lieb, daß du da bist, ich muß die ganze Nacht oben bleiben, dann mußt du bei Kusterers sein, dort ist die Frau und die Tochter krank und der Mann in der Genesung.»

Des Mädchens rosiges Gesicht wurde ernst. «Ich werde mich bös anstellen», sagte sie zaghaft.

«So lernst du's. Der Vikar wird einmal nach dir sehen, der ist mir unschätzbar gewesen in dieser Zeit.»

«Das freut mich so, Trudel», sagte Hellmine enthusiastisch und schaute strahlend dem jungen Mann nach, der eben in der Tür des Wirtshauses verschwand.

«Nicht zu ermüden», fuhr Gertrud mit glänzenden Augen fort, «scheute sich vor dem niedrigsten Dienst nicht und achtete dabei immer noch darauf, daß ich mein Essen bekam und zur rechten Zeit ruhte. Wann *er* schlief, weiß ich nicht. Dabei hatte er doch auch zwei Beerdigungen, am Sonntag predigte er, gestern ging er zur Apotheke nach Winterlingen; die Lebenden klammern sich an ihn, und die Sterbenden verläßt er nicht. Nur der Elias weicht ihm finster aus; selbst in dieser schweren Zeit vergißt der trotzige Mensch seinen Groll nicht. Sobald Erdmann hereinkommt, geht er hinaus mit einem stummen, feindlichen Blick.»

«Und was macht sein Weib, die Kathrin?»

«Die kocht mir für die Kranken jeden Tag einen großen Kessel Haferschleim, und die Kinder kommen mit ihren Töpfchen und verteilen ihn in die Häuser. Nachmittags sammelt sie all das Kleinvolk um sich und gibt acht auf sie, denn um die kümmert sich eben kein Mensch. Erst wollten die Weiber ihr die Kinder nicht lassen, besonders die Beerenhanne keifte und hetzte, da hab ich ihnen aber die Meinung gesagt.»

Sie aßen am gedeckten Tisch, auf dem eine Schüssel Reisbrei stand; die Wirtin hatte keine Zeit, große Kochkünste zu machen neben der Krankenpflege. Müde lehnte sich Gertrud an die harte Wand, sie rührte ihr Essen nicht an.

«Warum essen Sie nicht?» fragte Erdmann.

«Ich bin zu erschöpft dazu.»

Ohne ein weiteres Wort ging der Vikar hinaus und brachte nach einiger Zeit ein Glas Zitronenlimonade, die er selbst gemischt hatte, und stellte es vor das Mädchen hin.

Sie blickte ihn nur dankbar an und trank durstig. Dann fing sie auch an zu essen.

Der Wirt ging ab und zu, auch die Kinder liefen herbei, verwahrlost und schmutzig, und ließen sich die Reste des süßen Breis schmecken. Einen Augenblick steckte der Samuel den Kopf herein.

«I mueß jetzt noch em Meiler, sunscht kommt 's Feuer aus, zur Nacht bin i wieder do. Wasser isch obe und au Trinkwasser von der Waldquell. Kann i noch ebbes...»

«Nein, Samuel, danke. Nur im Vorbeigehen tust du mir noch einen Kübel Wasser zum Kusterer, gelt?»

«Jo, jo, dees kann i.»

*

Der Abend kam herbei. Hellmine hatte mit Zittern die Wacht bei Kusterers angetreten, nachdem Gertrud ihr alles gezeigt hatte, was sie tun müsse. Der Vikar war am Ende des Orts, wo er vom alten Köhler zum Schneiderjul ging und vom Jul wieder zum Köhler. Gertrud hatte am Nachmittag ein wenig im Wald auf dem Moos geruht, denn beim Sägmattheis war am Tag nicht an Schlaf zu denken; da trippelten die Kinder herum, stritten sich und weinten, der Vater schimpfte und schlug drein, Waldarbeiter und Kohlenbrenner tranken stehend einen Schoppen oder ließen sich die Schnapsflasche füllen, und die Fliegen summten in der dumpfigen Stube mit dem Fuselgeruch herum und krochen über Gesicht und Hände und waren nicht zu verjagen. Im Wald aber war's kirchenstill und köstlich zum Ruhen. Die Tannen breiteten sich Schatten spendend über die Schläferin, Schmetterlinge flatterten um die Wacholderbüsche, und vom Waldboden stieg es auf wie Leben und Kraft, sänftigte die erregten Nerven und gab neuen Mut auszuhalten.

Ganz frisch war sie mit sinkender Sonne ins Dorf gekommen, hatte noch einmal alle ihre Kranken besucht und überall die Spuren ihrer Helfer gefunden. Als sie den Elias beim Wurster fand, wie er gerade mit Hilfe der Frau den schweren Mann umbettete, legte sie ihm freundlich die Hand auf die Schulter.

«Wenn ich Sie jetzt nicht hätte, Elias... Kann das nicht immer so sein?»

«Ach», sagte der rauhe Mann wegwerfend, «wer frogt denn sonst noch mir!»

«Weib und Kinder, und wenn Sie wollen, eine ganze Gemeinde.»

«Jetzt brauche se mi, später spucke se aus vor meim Weib und mir.»

«Das glaub ich nicht, das wird ganz auf Sie ankommen.»

«Wolle's abwarte. Lasse Sie nur erst mal den Bekehredich wieder Zeit habe.»

Gertrud machte ein trauriges Gesicht und sagte leise: «Er meint's so gut.»

Aber der Elias lachte, ein schneidendes Lachen. Da ging Gertrud ohne ein Wort hinaus.

Nun stand die junge Ärztin in der Kammer des Sägmattheisen Haus. Mit sanfter Gewalt hatte sie die Bäuerin vermocht, sich zur Ruhe zu legen, die Pfleger mußten haushalten mit ihren Kräften.

Sie trat an die Fensteröffnung; man hatte noch ein Brett herausgenommen, um mehr frische Luft zu bekommen, worein sich der Wirt nur brummend gefügt hatte, er war ziemlich gleichgültig Weib und Kindern gegenüber. Er hatte nur eine Leidenschaft, das war die Herrschsucht; um Macht zu haben, scharrte er Geld zusammen, denn Geld ist Macht, auf dem Dorf noch mehr als in der Stadt. Dem Vikar stellte er sich fast feindlich gegenüber, denn er fühlte die innere Gegnerschaft, die bei jedem Anlaß auch nach außen trat; zu Gertrud war er katzenfreundlich, um sie auf seine Seite zu ziehen. Aber die Pfarrerstochter konnte ihn nicht leiden; sie sah wohl, wie Frau und Kinder unter ihm litten, und wie er den schlechten Instinkten der Menschen schmeichelte, um ihnen desto sicherer den Fuß auf den Nacken zu setzen. An des Kindes Krankenbett hatte sie ihn nie getroffen, und im Fieber noch war das Hannele zusammengezuckt, wenn sie seine scheltende Stimme gehört hatte.

Jetzt war es ganz still im Hause. Es ging auf Mitternacht. Der Brunnen draußen rauschte durch die Nacht, im Stall klirrte eine Kette, der Wald lag wie eine schwarze Masse hinter den mondbeglänzten Wiesen und rührte sich nicht, ein paar Sterne funkelten dicht darüber, die anderen hatten allen Glanz eingebüßt vor dem Mond, der am schwarzblauen Himmel schwamm und sein kühles Licht in Strömen über die Erde goß. Im Gebälk klopfte leise der Holzwurm, und ein Vogel zwitscherte im Schlaf in den Dachsparren.

Die kleine Lampe war durch ein Tuch verhüllt und erhellte nur schwach den kahlen Raum. Das kranke Mädchen warf sich fiebernd und stöhnend im Bett herum. Wieder und wieder kühlte die unermüdliche Pflegerin die glühende Stirn, bedeckte sie die zuckenden Glieder mit feuchten Tüchern. Wenn sie die trockene Haut der Kranken anrührte, schrak sie zurück, wie wenn sie sich verbrannt hätte, die Pulse flogen, die Lippen und Zähne waren schwärzlich, wie verbrannt. Immer wieder führte Gertrud den kühlen Trank zu den Lippen, die nicht mehr empfanden, wie sie dürsteten. Das junge Gesicht war schrecklich abgemagert, und die aschblonden Haare hingen in kurzen Büscheln in die Stirne. Manchmal flüsterte das Mädchen vor sich hin, einmal rief es angstvoll: «Samel, der Meiler brennt, Wasser, Wasser!»

Gertruds Gesicht wurde düster. Immer wieder fühlte sie nach dem Puls, der in rasender Eile in den blauen

Adern klopfte, immer wieder strich sie über die Stirne, ob sich kein Schweiß zeigen wollte, aber sie war trocken und brennend. Die junge Ärztin fühlte sich machtlos dem Wüten des tückischen Feindes gegenüber. Aber sie gab nicht nach. Mit gefalteten Brauen und scharfem Blick beobachtete sie jede Bewegung, fühlte sie jedes Bedürfnis der Kranken, hielt sie die armen unruhigen Hände fest und kühlte sie in den eigenen.

Das weiße Mondlicht lag breit auf dem rissigen Bretterboden und mischte sich mit dem gelben Licht der Öllampe. Langsam schlug die Turmuhr Mitternacht. Da hörte Gertrud Schritte auf der Straße, ein leiser Pfiff ertönte; sie trat ans Fenster. Ein Mann stand unten.

«I bin's, der Samel», rief's gedämpft, «wie geht's drobe?»

«Immer gleich.»

«Herrgott im Himmel», stöhnte der Bursch.

«Wo kommst du her, du hast doch keine Wache heut?»

«Vom Meiler komm i, der Josef mag aufs Feuer passe. Und wenn mir die ganz Kohl verbrennt, wenn 's Hannele stirbt, isch mir alles gleich.»

«Sie lebt ja noch, Samuel», tröstete Gertrud.

Der Bursch setzte sich auf den Brunnenrand und stützte den Kopf in beide Hände; Gertrud trat wieder zurück. Langsam rannen die Stunden dahin. Schon graute im Osten der Tag, der Mond war untergegangen, immer noch saß die schwarze Gestalt im dämmernden fahlen Licht vor dem Wirtshaus und wartete auf ein tröstendes Wort der Ärztin.

Gertrud versank in Träume. Die Müdigkeit machte sich jetzt geltend; die Kranke war ruhiger. Das junge Mädchen dachte an ihre Helfer: an die kleine warmherzige Schwester, die mit beiden Händen eine schwere Aufgabe ergriff, ohne viel Erwägen; an Samuel, den trotzigen rauflustigen Burschen, den nur die Liebe zu dem Hannele zu den Kranken getrieben hatte; an Elias, den Ausgestoßenen, den Trinker, der plötzlich alles Gute in sich zusammengerafft hatte; zuletzt dachte sie an Gottfried Erdmann. Wie nahe er ihr doch gekommen war in diesen Tagen! Hand in Hand mit solchem Kameraden durchs Leben zu wandern, mit ihm zusammen arbeiten, für ihn sorgen und sich von ihm beschützen lassen, das mußte Glück sein...

Gertrud lehnte den müden Kopf an die Kalkwand. Plötzlich schrak sie zusammen; sie hörte unterm Fenster flüstern. Hastig sprang sie auf, fast hätte sie ihre Kranke vergessen über Mädchenträumen. Das Hannele lag ganz still und regungslos auf seinem Bett. Voll banger Ahnung riß Gertrud das verhüllende Tuch von der Lampe und leuchtete dem Kind ins Gesicht. Blaß lag es da, leise ging der Atem, und auf der Stirne glänzte Tropfen an Tropfen. Da stürzten ihr Tränen der Freude aus den Augen: der erste Patient, den sie dem Tode abgerungen hatte! Vorsichtig setzte sie die Lampe hin und trat ans Fenster.

Dort saß der Samuel ganz in sich zusammengesunken auf dem Brunnenrand, und der Vikar sprach ernst auf ihn ein. Der arme Kerl blickte nicht auf, sondern stöhnte nur vor sich hin wie ein wundes Tier.

«Samuel», rief Gertrud mit freudestrahlender Stimme, «das Hannele ist gerettet.»

Die beiden Männer blickten auf. Im fahlen Morgenlicht stand das Mädchen an der Fensteröffnung, bleich und überwacht, aber mit einem Glanz des Glücks in den feuchten Augen.

Der Köhlersamuel sprang auf. «Isch's wohr, sie wird gesund?»

Gertrud nickte ihm zu. «Wenn nichts dazwischenkommt, so kannst du in vier Wochen sie hier im Sonnenschein auf dem Bänkchen sitzen sehen.»

Dem Burschen wurde es ganz schwindlig, der Übergang

war zu jäh. Der Vikar drückte ihm die Hand und freute sich mit ihm, da fing der lange Mensch plötzlich an zu schluchzen und zu heulen wie ein kleines Kind; Ruß und Tränen mischten sich in Bächen und flossen über die rauhen Wangen; und von Scham ergriffen über die Tränen, deren er nicht Herr werden konnte, stürzte er mit langen Sätzen quer über die Wiesen zum Wald hinauf.

Sechzehntes Kapitel

Die Epidemie in Hohenwald war am Erlöschen. Gertrud hatte um das Leben jedes einzelnen gerungen mit der ganzen Leidenschaft und dem Mut der Jugend. Heftig war der Kummer bei jeder Niederlage, stürmisch die Freude über jede Rettung. Mit ihr trauerten und freuten sich ihre Helfer. Die kleine Hellmine hatte wacker ihre Pflicht getan und wurde besonders wertvoll an den Betten der Genesenden, wo ihre Heiterkeit und Frische der Sonnenschein in den trübseligen Krankenzimmern war.

Am Tag nach ihrer Flucht war Vater Harder in Hohenwald erschienen, und als er Hellmine so selbstverständlich an der Arbeit sah und die Freude Gertruds über der Schwester Hilfe, gab er nachträglich seinen Segen zu dem Streich und gestand der ältesten Tochter halb verlegen, daß er der kleinen Ausreißerin den Rücken bei der Mutter gedeckt habe, indem er die plötzliche Abreise als mit seiner Bewilligung geschehen hingestellt habe.

Nun war Hellmine wieder zu Hause, der Elias ging seiner Arbeit nach, die Beerenhanne war von Vater Harder mit einem reichlichen Geldgeschenk bedacht worden, auf das sie durch breites Hervorheben ihrer Verdienste hingezielt hatte, und auch Gertrud und der Vikar dachten allmählich ans Heimgehen. Beiden war es fast leid, wieder in die engen Verhältnisse und den täglichen Trott zu kommen, sie hatten wohl ein schweres, aber ein großzügiges Leben gehabt, und sie fürchteten sich vor der innerlichen und äußerlichen Kleinheit, der der Mensch im Alltag so leicht verfällt. Auch die Hohenwälder hängten sich an die beiden, wie wenn sie sich nicht mehr getrauten, ohne sie zu bleiben.

Nur der Sägmattheis freute sich, daß sein Haus von den Gästen leer wurde, er hatte einen Groll auf den jungen Pfarrer. Daß der Schwarzrock ihm das Geschäft verderben wollte, indem er seine ganze Autorität und Kraft gegen die Trunksucht einsetzte, das hätte er ihm noch eher verziehen; aber daß er ihm ein Konkurrent wurde im Einfluß auf die Hohenwälder, daß diese «Schwachköpfe» anfingen, dem Manne, der sich so bewährt hatte, nach den Augen zu sehen, seinem Rat zu folgen, und ihn, den Wirt, gar nicht erst zu fragen, das verzieh er dem Pfarrer nicht, denn das untergrub den Boden, in dem sein Selbstgefühl wurzelte; und solche Menschen haßt man.

Nur ein einziger war im Dorf, der des Sägmattheis Gefühl teilte, das war der Elias. Vielleicht hätte der über den Pfaff und sein Gewäsch nur gelacht, wenn er nicht gemerkt hätte, welchen Einfluß Erdmann auf sein Weib gewonnen hatte. Zuerst hatte sich der Elias gefreut, als er sah, wie die Kathrine das Haus plötzlich so sauber und nett hielt und auch nicht nachließ, wenn er ihr wüste Szenen machte. Aber dann sprach ihn manchmal etwas aus den Augen der verschüchterten Frau an, das ihm Unbehagen machte. Er schüttelte es ab und betrank sich, aber es kam immer wieder und wurde greifbar, als er den Pfarrer, der als unbequemer Bußprediger erschienen war, mit Flüchen aus dem Haus geworfen hatte. Auch bei ihm hatte jetzt einer gerüttelt und seinen Frieden gestört, was um so leichter war, als der Elias nie ein Selbstzufriedener wie der Wirt, sondern ein Trotziger, Verzweifelter war, dem sein letzter Halt, nämlich der Trotz, genommen werden sollte.

Auch seine aufopfernde Hilfe bei den Kranken war ein guter Teil Trotz.

«Will der Lumpenbagasch doch zeigen, daß der versoffene Elias im kleinen Finger mehr Verstand hat als der Mattheis in seinem ganzen Dickschädel», so hatte er zu seinem Weibe gesagt. Aber das kannte ihn besser und sah neben dem Trotz und dem Hochmut der Verkommenheit, den er allein eingestand, den guten Funken, den er mit einem gotteslästerlichen Fluch ableugnete, als die Kathrine schüchtern darauf hinwies.

Sein Haß aber gegen den Vikar wuchs; und nicht Erdmanns Reden machten das, sondern sein Handeln, das unermüdliche treue Denken an andere, die mutige männliche Verachtung der Gefahr, wie sie dem Elias täglich entgegentrat. Er konnte seinen Gegner nicht verachten, wie er so brennend wünschte, also mußte er ihn hassen, wenn er ihm nicht recht gegen sich selbst geben wollte. Und er haßte ihn. Der breitschultrige starke Mann mit dem schwarzbuschigen Kopf schoß glühende Blicke nach der vornübergebeugten müden Gestalt des jungen Pfarrers, und wenn der ihn offen anblickte, bei gemeinsamem Begegnen, dann mußte der Elias sich abwenden, um den kalten Strahl des Hasses zu verbergen, der ihm aus den Augen brach.

Da verhärtete sich auch das Herz des jungen Geistlichen, und er begann den Holzhacker zu behandeln wie der Reine den Sünder; er zog sich zurück und vermied jede Gemeinschaft und Berührung, und wo es sich nicht vermeiden ließ, sah er mit eisigem Blick an ihm vorüber. Damit kam er den Wünschen des Elias entgegen und erbitterte ihn zugleich noch stärker. Um aus diesem Zwiespalt herauszukommen, griff der ehemalige Schullehrer wieder zur Flasche, er vernachlässigte die Kranken, es waren glücklicherweise nicht mehr viele, und Gertrud und die Kathrine sahen mit großem Kummer, wie es wieder abwärts ging, nachdem sie schon so große Hoffnungen gehegt hatten.

Der Sägmattheis sann und sann, wie er den Vikar aus der Gegend bringen könne, und zwar möglichst rasch, ehe sein Einfluß eine festgewurzelte Opposition gegen ihn zustande brächte. Er kannte seine Bauern: sie waren wie Kinder und liefen dem nach, der ihnen imponierte; war der aber weit weg, so verfielen sie wieder in ihre alten ausgetretenen Wege, und die führten alle in des Sägmattheis Wirtshaus und unter seinen Herrscherstab. Auch in Tannheim gärte es, das merkte er wohl; die Geschichte mit dem Brautkranz war in seiner Wirtsstube reichlich besprochen worden und auch, daß sie sich dort beklagen wollten. Aber er dachte: doppelt genäht hält fest; nur wollte er seine Hände mit der undankbaren Näharbeit nicht zerstechen, ein anderer mußte also vorgeschoben werden. Von den Hohenwäldern kam aber nur der Elias in Betracht.

*

Es war ein brennend heißer Nachmittag, Ende August. Im Klingwald war Holzversteigerung gewesen, der Förster hatte gerade die letzten Raummeter Tannenholz dem Köhlersamuel zugeschlagen, der im rußigen Arbeitskleid an einem harzigen Tannenbaum lehnte, und war dann mit seinem Gehilfen gegangen. Ein paar Bauern schlossen sich an und auch die andern verliefen sich: der weißhaarige Gärtner aus dem Städtchen, der zweihundert kerzenschlanke Tännchen gekauft hatte zu Bohnenstangen und nun mit dem frommen Tannheimer Schreiner zusammen den Heimweg einschlug, der Bäcker von Klingenberg, dessen Haus stets von einer Doppelwandung langer Tannenscheiter geschützt war gegen Winterkälte und Sonnenbrand, und der Hirschwirt von Weiler, der es unter seiner Würde fand, im Winter Weib und Kind ins Holzlesen zu schicken.

Rasch war der Platz, der mit Spänen und Rindenstücken bedeckt war, leer; nur der Sägmattheis drehte sich suchend um und trocknete den Schweiß mit einem bunten Taschentuch von der Stirne. An einem der festgefügten Holzhaufen stand der Elias, das Beil lässig in der Linken, mit einem Farbstift in der Hand, mit dem er Zeichen auf die weiße Schnittfläche einer Tanne machte.

Langsam schob sich der Wirt zu ihm hin.

«Heiß heut», begann er.

«Hm», brummte der Elias nicht allzu höflich.

«Gehscht mit heim? I han en feine Kümmel heut kriegt, den mußt versuche.»

Der Elias schnipfelte noch ein wenig unschlüssig mit dem Beil an der Rinde herum, dann sagte er mürrisch: «Gehe mer.»

Schweigend stapfte er neben dem dicken Wirt her.

«No, wie goht's daheim?» fragte dieser endlich.

«Wie wurd's gehe? 's isch wieder eis unterwegs.»

Der Mattheis zog die Brauen hoch. «Da wird dir der Vikar wege der Tauf schön 's Haus einlaufe, der gibt sich net so schnell z'friede wie der Harder.»

«Der soll mer no komme», drohte der Elias finster.

«Deim Weib isch's, glaub i, net ulieb, wenn's Sukkurs kriegt; die Weiber hents immer mim Pfarrer, die mei au.»

«Er sollt vor seiner Tür kehre und ander Leut ug'schore lasse.»

«Dees mein i au, und vollends der, der Scheinheilig.»

Der Elias machte große Augen, dann spuckte er aus; aber er sagte nichts.

«Ander Leut predigt er», fuhr der Wirt fort, «und er

selber... dees isch do net zum Angucke gwä mit dem und 's Pfarrers Gertrud. Ganze Nächt sind se allei z'samme gwä und no so Kranke, wo net bei sich sind, dabei. I weiß, was i weiß, i kenn die Mensche.»

«Do hauscht danebe, Wirt, die Gertrud isch e rechts Mädle.»

«So? Ehnder wollt i mei Hannele tot sehe, als daß se so mit nackete Mannsbilder rumhantiert, dees isch schamlos.»

«No, dees tont alle barmherzige Schwestern. Meinscht, weil mir Mannsleut sind, wollte mer verrecke? Du tuscht dem Mädle bitter Unrecht.»

«Narr du, wann dees Gered mit der Doktore ufkommt, no kimmt der Vikar weg.»

«'s isch jo doch net wohr.»

«Wohr oder net, fort kommt er doch, von wegem Anstoß errege. D'Hauptsach isch, daß mir Anstoß nehme. Der gute Ruf isch älles für en Pfarrer.»

«Dees isch e dreckige Sach», murrte der Elias unschlüssig.

«No, du brauchscht net so heikel z' sei, mein i. Überhaupt, mir isch gleich, weller Pfaff uns kuranzt; dei Kathrin guckt en so schon als Heilige an, und du wirsch alleweil schwärzer danebe. Nächstens bekehrt se sich. Dann goht se weg von dir, denn ihr hent e usittliches Verhältnis.»

Der Elias bekam einen dunkelroten Kopf, er sagte aber nichts.

«Außer wennste zu Kreuz kriechst und heirotscht; dees wär e Triumpf für den Schwarze.»

«D'Kathrin kennt gor net d' Kinder ernähre, die isch froh, wann i se net verlaß.»

«Oh, do bischt irr, die Fromme send wie d'Klette. D' Kinder komme in barmherzige Anstalte; wann so e Schäfle sich bekehrt, lasset se's net stecke.»

Der Elias knirschte mit den Zähnen. Der Wirt sah ihn lauernd mit seinen schlauen, zusammengekniffenen Augen an.

«No, und die Kathrin isch kei übels Weib, die scheene Hor, wo se hot, und wenn se satt z'esse kriegt und keine Hieb – – die blüht wieder uf und find no en Ma. Fleißig isch se au – –»

Jetzt schwoll dem Elias die Zornader; er schlug das scharfe Beil in der Wut in einen gesunden Baum am Weg, daß es steckenblieb, und packte den Wirt an der Schulter. «Fort muß er, Mattheis», keuchte der leidenschaftliche Mann.

«Ha freili, dees sag i au.»

«Un bald.»

«Gehscht heut no noch Tannheim? Wenscht im Waldhorn eikehrscht, brauchscht no e paar Wörtle beim Wirt und de Gäscht falle z' lau, dees macht dann sein Weg. D' Zech zahl i und au sonscht kommt mer's uf e paar Schoppe Schnaps net an.»

«Davor bin i dir net feil; aber d'Kathrin – –» Er verfiel in dumpfes Brüten, bei dem der Mattheis ihn nicht störte. Das ganze Verhältnis zu seiner Frau war ihm plötzlich in ein anderes Licht gerückt. Bisher hatte er sich als den angesehen, von dessen Gnade sie lebte und, sich als den braven Mann gefühlt, der sie nicht verließ. Nun drehte sich das Blatt. Wenn die Kathrin wirklich von ihm ging? Der Pfarrer könnte sie schon dazu bringen, allzu gut hatte sie's nicht bei ihm, er war ein jähzorniger Mann und dachte, der Frau gegenüber dürfe er alles Ungute herauslassen, die müsse das tragen. Wenn's ihr zuviel wurde? Die Armut, die Arbeit und sein Trinken, und alle Jahr ein kränkliches Kind? War das nicht alles seine Schuld? Und obendrein die Verachtung, die Rechtlosigkeit? Was hielt sie überhaupt noch bei ihm? Das bißchen Geld, das er heimbrachte, sicherlich nicht.

Es wurde ihm glühend heiß. Wer hatte ihm das eingebrockt? Sein Haß gegen den Pfarrer flammte auf und erstickte alle die Schuldgedanken, die sich regten.

«Ungspitzt schlag i den Kerl in Boden nei», brüllte er plötzlich auf. Der Wirt nickte beifällig.

Am Kreuzweg trennten sie sich. Der Mattheis drückte dem Holzhacker einen Taler in die Hand. «Daß d' net Durscht leidscht.» –

*

Im Waldhorn in Tannheim ging's lärmend zu, denn es war Samstag abend. Die späte Dämmerung lag über den lebhaft bewegten Straßen, auf denen die Mädchen nach Feierabend in Reihen singend auf und ab zogen, von Burschen mit neckenden Worten verfolgt. An den Haustüren und in den Höfen standen schwatzlustige Weiber, in den Kammern weinten sich Kinder in Schlaf, über allem lag die weiche müde Sommerabenddämmerung.

Im Rathaus war Sitzung gewesen, gerade kamen die Gemeinderäte heraus und schwenkten ins Wirtshaus ab; nur der Stoffelmichelshannes ging heim mit einem seraphischen nachsichtigen Lächeln um den bartlosen Mund, denn er besuchte nicht die Schenke, er gehörte einem Enthaltsamkeitsverein an. Ihm folgte mit säuerlichem Gesicht der Bügelfrieder, denn der hatte ein Weib, dem Haare auf den Zähnen wuchsen. Auch die schwerfällige Gestalt des Pfarrers kam die Gasse herunter; als der Elias ihm begegnete, drückte er den zerbeulten Hut tiefer in die finstere Stirn und ging grußlos und mit wuchtigen Schritten vorüber. Einen Augenblick tauchte Gertruds liebes schmales Köpfchen vor ihm auf, und sein Herz stockte; da aber erschien neben ihr des Vikars strenges hartes Gesicht mit seinen vielen unerbittlichen «Du sollst», und da hatte er auch schon entschlossen die Tür zu dem niederen Gastzimmer geöffnet.

Dicker Dunst schlug ihm entgegen. Das Zimmer war halb gefüllt mit rauchenden, trinkenden Burschen und Männern, die eine lärmende Unterhaltung führten. Als der Elias eintrat, verstummten sie einen Augenblick; nur die Gemeinderäte, die im Herrenstübchen daneben waren, redeten laut und aufgeregt weiter; offenbar setzten sie hier die Debatten des Rathauses fort ohne parlamentarischen Zwang. Der Waldhornwirt bediente mit einer gewissen Würde seine Gäste, er sah herablassend aus, wenn er einem den Bierkrug hinschob. Beim Elias blieb er ein wenig stehen.

«Wie geht's bei euch da hinte im Wald?»

«Ha, so langsam wurd's besser.»

«Dann müßt ihr euch wieder ohne Pfarrer behelfe», fiel der Wällebürkle ein, ein knorriger, ausgetrockneter Bauer mit einem Gesicht wie aus bräunlichem Holz geschnitzt.

«Den könnt ihr hau, mir gebet euch no ebbes derzu.»

Der Wirt machte ein überraschtes Gesicht; ein alter Bauer, der dem Elias den Rücken zugedreht hatte, wendete sich halb um und meinte mißbilligend: «No, i mein, ihr Hohewäller bräuchtet über den Vikar net z'schimpfe, dees könnt ihr de Tannheimer überlasse.»

Der Elias blickte ihn hochfahrend an und sagte spottend: «Ihr müßt's jo wisse, na brauch i nix z'soge.»

«Was isch mi'm Vikar?» drängte der Wirt. Es war nicht nur Neugierde in seinem Gesicht, sondern Rachsucht, die ihre Befriedigung kommen sieht. Aber er verlor nicht seine äußere Würde.

Der Elias zeigte sich störrisch, und der Wirt ließ nicht locker; auch die Umsitzenden waren aufmerksam geworden.

«Hot er dich uf de groß Zaie trete, Elias?» spottete ein frischer Bursch.

«Oder dir hehlinge deine Kinder tauft?»

Der Waldhornwirt erhob sein breites Gesicht und schnauzte die Buben an. «Seit wann führet in Tannheim d'Lausbuebe 's grauße Wort? Jetzt red, Elias, wos hent ihr mi'm Erdmann?»

«Ach lasset mi z'friede, mer sait, er häb's mit 's Pfarrers Gertrud.»

Eine Stille entstand.

«Mer – mer, wer isch ‚mer', du eba?»

«Der Sägmattheis und... und die andere au.»

«Soo, hm», sagte der Wirt gedehnt.

«Elias», rief der alte Bauer unwillig, «du bisch Dreck gewohnt und siehst nix wie Dreck, und wenn's Rose und Veigele wäre. Zahle, Waldhornwirt! Mir isch verleidt, du hascht kei gute Gsellschaft heut obed!» Damit erhob er sich, warf dem Wirt verächtlich ein paar Nickel zu und stapfte hinaus.

«Komm in mei Stub eini, du muescht meh verzähle», sagte bedächtig der Wirt.

«I weiß sunscht nix, froget de Mattheis, bei dem hent se gesse und geschlofe.»

Jetzt wurden die Zuhörer lebhaft, das Unerhörte hatte allmählich Eingang in die Köpfe gefunden. Der Elias sah in befriedigte, schadenfrohe, ungläubige und zornige Gesichter.

«Sell isch e Lug!» schrie der Wällebürkle und schlug die Faust auf den Tisch, daß die Gläser hüpften. Die meisten nickten Beifall.

Der Elias stand auf und sah sich finster um. «I han net verlangt, daß ihr's glaubt.»

«Wie mer sich no net schämt, so ebbes zu verzähle», schrie ein Schulkamerad der Pfarrerstochter.

«No net so hitzig», wehrte der Wirt, «i leg für kein Bursch und für kei Mädle die Hand ins Feuer, und die Fromme sind die Allerschlimmste.»

«Du mueschtʼs jo wisse, Waldhornwirt, du hoscht Erfohrung in selle Sache», spottete der Wällebürkle und trank zornig sein Glas aus.

Dem Wirt lief der Kopf rot an, aber es fiel ihm keine Antwort ein. «Und eintränke tu iʼs dem Pfaff doch no», murmelte er halblaut, «i hanʼs em gschwore.»

«Machet, was ihr wollt, i gang heim, der Mond geht scho um zwölf unter, und ʼs isch höllisch dunkel im Klingwald.» Der Elias drückte sich den Hut in die finster gefurchte Stirn, zahlte und ging. Unwilliges Gemurmel folgte ihm, nur der Kieferphilipp rief ihm lallend zu: «Komm guet heim!» Er war schon angetrunken.

Draußen lag die stille Mondnacht auf der Gasse, kühl und rein wehte die Luft um des Erhitzten Stirne. Er reckte die muskelstarken Arme, wie wenn er eine Last abschütteln wollte, aber dann ging er doch mit gebeugtem Nacken weiter, und seine Schritte hallten auf der harten Straße. Sie klangen wie der Takt zu einer Melodie, und die Melodie hatte Worte, und sie wogten hin und her durch des Mannes Herz: «Und Judas ging hinaus, und es war Nacht.» – –

Er brachte die Worte nicht aus seinem Sinn, er meinte es deutlich mit den Ohren zu hören, dieses dumpfe «und es war Nacht, und es war Nacht».

Nun war er im Wald; nur vereinzelt fanden die Mondstrahlen ihren Weg in das Dunkel. Die Finsternis kroch um den einsamen Wanderer und streckte ihre Gespenstarme gegen ihn aus; sie griff ihm ins Herz und drückte es zusammen in ihrer harten Faust.

«Und es war Nacht, und es war Nacht.»

«Judas, Judas», schrie ein Nachtvogel und flatterte aufgeschreckt von einem Baum, daß dürre Tannennadeln herunterrieselten.

Der Elias zuckte zusammen und schalt dann vor sich hin: «Nachtgezücht, elende Eulenbrut.»

Leise rauschte es in den Wipfeln, als ob sie da oben

heimliche Zwiesprache hielten. Der ganze Wald war lebendig, selbst die Stille redete. Über den Mond zog eine Wolke wie ein großer Vogel. Das Raunen und Wispern ward stärker. Stachelige Tannenzweige streiften des Eilenden Gesicht, Brombeerranken griffen nach seinen Kleidern. In den Hecken lauerte es, zwischen den Bäumen huschte es wie eilige Schritte, große feindliche Augen glühten durch das Dunkel, weiße Gestalten schleppten lautlos ihre fließenden Kleider übers Moos.

«Und es war Nacht, und es war Nacht...»

Elias jagte dahin, es brauste in seinen Ohren. Einmal schrie er laut hinaus, es war ihm, als ob sich ihm einer in den Weg gestellt hätte; aber es war nur ein Wegweiser, der mit dem weißen Arm nach ihm deutete. Der Schrei klang schauerlich in die Nacht, er weckte das Echo, er klang bis zum Himmel hinauf und wollte nicht enden. Dem Gequälten rann der Schweiß über die Stirn und tropfte in den filzigen Bart; das Hemd klebte ihm am Leibe, und seine breite Brust keuchte nach Atem.

Endlich lag das Dorf vor ihm, traulich und friedlich, in zwei oder drei Häusern brannte Licht, über dem Kirchturm neigte sich die Mondsichel zum Untergang. Als Elias am Haus des Schneiderjul vorbeikam, warf er einen raschen Blick durch das offene Fenster in die helle Stube. Der Kranke schlief; der Vikar saß am Bett auf einem harten Holzstuhl und hatte den Kopf an die Wand gelehnt; auch er war eingeschlafen. Deutlich sah Elias die hageren scharfen Züge und die tiefen Schatten unter den Augen. Die magere sehnige Hand hielt noch das Buch gefaßt, in dem der junge Mann gelesen hatte.

Minutenlang starrte der Holzhacker in dieses Gesicht wie gebannt, dann preßte er die Zähne zusammen und ging durch die feuchten Wiesen heim zu seinem Haus, das dunkel im kalten Schatten am Wald lag.

Und es war Nacht – –

Gertrud hatte den Tag der Heimkehr festgesetzt. Darüber war große Trauer in Hohenwald; man hatte sich so daran gewöhnt, sie im Hintergrund als nie versagende Helferin zu fühlen.

«E Pfarrhaus solltet mer han», so spann die alte gichtgelähmte Sägmüllerin ihre Gedanken aus, und die Schwiegertochter und das Hannele, das seinen ersten Besuch bei der Großmutter machte, stimmten eifrig bei.

«Und der Vikar wär Pfarrer», phantasierte die Rosine.

«Und 's Pfarrers Gertrud d'Pfarrere», fiel schnell das Hannele ein und errötete bis unter die kurzen Blondhaare, als Mutter und Großmutter sie erstaunt ansahen.

«Jetzt guck au, Maidle, schämst di net?» fragte die Großmutter streng.

«Ha warum? Sag doch selbst, Ahne...»

«An so was brauchst doch du noch gar net z'denke», zürnte die Mutter.

Das Hannele lächelte versonnen und guckte zum Fenster hinaus bis zum Wald, wo ein graues Rauchwölkchen von einem Kohlenmeiler in der sonnigen Luft zerflatterte; aber es sagte nichts.

Die Rosine hatte etwas Unruhiges im Gesicht; sie stand auf und machte sich an allerlei Gerät zu schaffen. Dann sagte sie so nebenbei: «Der Mattheis hot ebbes gege de Vikar.»

Die Alte nickte vor sich hin. «Licht und Schatte send alleweil Feind. Dem Mattheis sei Geschäft gedeiht besser im Schatte.» Sie seufzte leidvoll.

Die junge Frau verstand die Alte nicht und erklärte sich genauer. «Weischt, Ahne, der Vikar isch gege's Saufe, und der Mattheis sait, 's müss' älles noch dem seim Kopf gehe.»

«Wär no net ’s ärgscht.»

«Sell mein i au.»

Das Hannele lenkte das Gespräch ab, indem’s von seiner Doktorin sprach. «E arge Gute ischs, Ahne, der tät i was z’Liab.» –

Strahlend hell brach der Reisetag an. Für den Nachmittag hatte der Vikar das Gefährt bestellt. Am Morgen gingen die beiden noch einmal von Haus zu Haus, Tränen und dankbare Segenssprüche folgten ihnen. Die Kinder hatten sich den ganzen Tag in den tauigen Wiesen und im Wald herumgetrieben, sie wollten Kränze machen und Sträuße binden und sie ihrer Doktorin mitgeben. An den Rainen blühten die großen Gänseblumen, und am Bach fanden sie noch die letzten hochgeschossenen Vergißmeinnicht. Der Wald gab glänzendes Stechlaub mit grünen Beerchen, an den Berghängen wuchs Heidekraut, und zwischen Fels und Gestein nickten die großen roten Glocken des giftigen Fingerhuts. Ein paar praktische Buben hatten die letzten süßen Heidelbeeren gesammelt, und ein geschicktes kleines Mädchen hatte sie in ein selbstgeflochtenes Körbchen von Tannenzweigen gelegt.

Als Gertrud und der Vikar am Nachmittag aus dem Wirtshaus traten, um heimzufahren, mußten sie doch lachen, trotz der leisen Wehmut des Abschieds. Des Mattheis Leiterwagen war über und über mit Kränzen behängt, selbst dem dicken Ackergaul, dem einzigen seines Geschlechts in Hohenwald, hatten die Kinder Sträuße von Ringelblumen und Dahlien an das Geschirr gesteckt. Alles, was wieder gehen konnte, war auf den Beinen, Männer, Weiber, Burschen und Mädchen; vorn dran aber standen die Kinder mit Sträußen in der Hand. Sie hatten nicht nur Wald und Feld, sondern auch die Gärten geplündert und konnten die dicken Bauernblumensträuße kaum mit den kleinen braunen Händen umfassen.

«Sollen wir in dem schöngeschmückten Wagen fahren?»

sagte Gertrud und zögerte kurz. Da kam schon die Wirtin mit einem Stuhl heraus, damit der Aufstieg erleichtert werde.

«Wie ein Hochzeitswagen», sagte Samuel, der sauber gewaschen neben dem Hannele stand, das einen großen Rosenstrauß in der Hand hielt und blaß und fein an der Hauswand lehnte.

Gertrud und der Vikar hatten die harmlose Bemerkung gehört und kamen in Verlegenheit; auch die Umstehenden verzogen ihre Gesichter zu breitem, wohlwollendem Lächeln.

Nun traten sie noch einmal alle heran. Die Sträuße häuften sich auf dem Boden des Wagens, der nur eine zweisitzige Bank hatte, über die die Wirtin einen grellroten Betteppich gebreitet hatte. Hinten stand das Gepäck und auf den schmalen Bock schwang sich der Samuel, der heute die Ehre hatte, Kutscher zu sein. Alle drängten sich um den Wagen, nur der Wirt und der Elias fehlten. Sie streckten noch einmal die Hände herauf, die Weiber trockneten sich die Augen mit der Schürze.

«Kommet Se guet heim.»

«Uf Wiedersehn.»

«Unser Herrgott vergelt's Euch tausendmal.»

In den Häusern standen die Fenster offen; da lehnte noch manches bleiche Gesicht und nickte und lächelte, als der Wagen im Schritt vorbeifuhr, begleitet von den jauchzenden Kindern, die im Staub nebenherwirbelten oder sich anzuhängen versuchten. Aus dem Fenster des Schneiderjul wehte eine welke Hand grüßend mit dem Handtuch, Taschentücher waren ein seltener Luxus für die Hohenwälder.

Jetzt waren sie am letzten Haus vorüber, der Samuel knallte mit der Peitsche, und gemächlich setzte sich das schwere Pferd in Trab; die hüpfenden Kinder blieben zurück, und der federlose Wagen ratterte über die harte Landstraße.

Erdmann saß in sich gekehrt und schweigsam. Als die Pause allzulang wurde, rührte Gertrud leise seine Hand an. «Woran denken Sie?»

Er zuckte zusammen und sah verwirrt aus; des Mädchens Augen blickten ihn herzlich an. Da gab er sich einen Ruck.

«Ich dachte daran, was ich in diesen Wochen wohl für Gott getan habe.»

«Ich denke, sehr viel.»

«Und ich denke, sehr wenig.»

«Ist nicht alles, was wir in reiner Gesinnung für unseren Nächsten tun, für Gott getan?»

«Ich bin von Beruf Seelsorger, nicht Leibsorger.»

«Das greift doch ineinander über.»

«Wohl, aber es ist etwas anderes. Ich beobachtete Ihren Verkehr mit den Menschen; es sieht aus, als ob Sie alle ohne große Unterschiede gern hätten, auch die Schlechten.»

Gertrud antwortete nicht gleich. Plötzlich bückte sie sich und zog aus einem Strauß eine Taubnessel, die ein achtloses Kinderhändchen mitgerafft hatte. Sie hielt dem jungen Mann die verstaubte, unscheinbare Blume hin und sagte ernst: «Ist sie nicht in ihrer Art auch schön und ein Geschöpf Gottes und als solches liebenswert? Aber wir nennen sie Unkraut.»

«Sie verwirren die Begriffe gut und bös.»

«Sind die so klar?»

«Darüber wollen wir lieber nicht sprechen», sagte Erdmann rasch, «da einigen wir uns doch nicht. Aber lassen Sie uns nicht abschweifen. Was habe ich für Gott getan? Wieviel Menschen habe ich den Weg zum Vater gezeigt? Sehr wenigen. Ich habe häßliche, schmutzige Arbeiten getan, habe mehr an andere gedacht als an mich, ob ich aber in der Seelsorge wirklich etwas geleistet habe, ist mir zweifelhaft. Es ist schrecklich, dieses Arbeiten ohne Ernte!

Sie kehren jetzt heim wie ein Feldherr nach gewonnener Schlacht, die Arbeit des Pfarrers ist immer ein Glauben ohne Schauen. Wer sagt uns, ob wir nicht ewig vergeblich schaffen? Und wissen Sie, was mich so bedrückt? Ich habe so oft das Gefühl, als ob ich die Menschen gar nicht liebe, ich ertrage sie eigentlich bloß, und ich versuche, ihnen Gutes zu tun, nur aus Liebe zu Gott.»

«O – sagen Sie das nicht!»

«Doch, es ist so; was denken Sie zum Beispiel, wenn Sie mit einem Kind freundlich plaudern oder ein altes Weib anlächeln?»

«Ich?» fragte Gertrud erstaunt, «nichts denk ich, das ist so natürlich.»

«Sehen Sie, ich sagte es ja, die Liebe ist Ihnen natürlich; ich aber reflektiere und halte ganze Zwiegespräche vorher: ‚Dort kommt der Schneiderjul, ich will ihn recht freundlich grüßen, damit er sieht, daß ich ihn nicht verachte.'

‚Du verachtest ihn ja doch, er ist dir widerlich.'

‚Ich will ihn aber nicht verachten, er hat eine unsterbliche Seele.'

‚Aber er ist so fern von Gott, wie die Sonne von der Erde, ein Glas Schnaps ist ihm mehr als ein Wort aus Gottes Mund.'

‚Einerlei, so rüttle ihn auf.'

‚Er ist nicht zu erwecken, und es ist kein Punkt, an dem ich ihn fasse.'

‚Wenn du ihn liebtest?'

Und dann kommt der Schneiderjul heran, und ich gebe ihm die Hand, und er klagt mir, daß sein linkes Bein immer noch nicht recht wolle. Und ich versuche drauf einzugehen, und beim ersten Schritt, den ich vom Irdischen weg mache, um die arme Seele aus ihrem Gefängnis zu locken, weicht er zurück, oder wenn er nicht entgehen kann, seufzt er heuchlerisch; oder aber hat er mich gar nicht verstanden und sagt: ‚Jo, Herr Pfarrer, Sie hent ganz recht, Gesundheit isch 's allerbescht.' Und dann möchte ich aufweinen, oder dem Menschen meine Verachtung ins Gesicht schreien, mein ganzes Amt Gott hinwerfen: Nimm es von mir, ich bin zu schwach. Nein, es sind nicht meine Brüder; wer kennt denn von ihnen den Vater? Sie streben alle nach anderem, und wenn ich zu ihnen rede, ist's, wie wenn ich den Säuen meine Perlen hinwerfe.»

Gertrud legte sanft die Hand auf den Arm des Erregten und sagte leise: «Es kommt doch unter ihnen eins oder das andere in schwerer Stunde, und Sie weisen ihm den Weg, und dann fühlen Sie die Gemeinschaft.»

Er senkte den Kopf und sagte leidenschaftlich: «Ja, und dann kommt es vor, daß ich es von mir stoße, weil ich selber... unrein bin und nicht verstehe, wenn eine Seele nach Gott fragt, aus allem sündlichen Treiben heraus. Ewig wird mir das Sünde sein!» Er dachte an Ernestine Strobel. «Ich verachte die Menschen, aber was bin ich? Muß ich mich selbst nicht auch verachten? Im Heiligsten finde ich keine Gemeinschaft mit ihnen, aber in der Sünde, und solche Gemeinschaft erzeugt nichts als Verachtung und Haß und Ekel.»

Er hat sich überarbeitet, dachte Gertrud, nun ist ihm alles trostlos. Als Leibsorgerin war sie geneigt, solche Stimmungen aus physischer Ursache abzuleiten. Darum tat sie auch nichts, als mit ihrer warmen Mädchenhand seine Finger zu umschließen in schwesterlicher Teilnahme.

Das war auch das Rechte. Erdmann empfand das weibliche Mitgefühl, das keine Phrasen macht und einfach seine Last wie selbstverständlich mittrug.

«Von Frey bekam ich einen Brief; er hat keine Spur von dem Mädchen gefunden. Diese Last wird mir niemand abnehmen.»

«Wenn sie Ihnen niemand abnimmt, so ist das ein Zeichen, daß Ihre Schultern stark genug sind, sie zu tragen.»

Er sah sie überrascht an. «Sie haben Glauben», sagte er nachdenklich.

«Ja, trotz meines Unglaubens.» Sie lächelte ernsthaft.

Er schwieg betroffen. Unter seinen bestaubten Schuhen drängten sich die Blumen, die vom raschen Fahren durcheinandergeschüttelt wurden. Eine Rose entblätterte sich unter seinem achtlosen Tritt und streute ihre roten Blätter über den Boden.

«Zertreten Sie nicht die Blumen, die Ihnen auf dem Wege wachsen», mahnte Gertrud mit einem wehmütigen Lächeln, «es ist doch schade drum.»

Er zog seine Füße zurück, die Rosenblätter lagen wie Blutstropfen auf dem grauen Boden.

«Ich haßte einst die Blumen und alles Schöne», sagte er grübelnd, «weil es mir feindlich schien. Es wollte mein Herz besitzen und erfüllen.»

«Warum sagen Sie ‚einst'?»

«Ich kann nicht mehr so ganz, es hat mich überwunden, wenigstens... ich meine nicht die Blumen...» Er stockte und fuhr dann rasch fort: «Aber seither ist der Zwiespalt in meine Seele gekommen, Unruhe und Unsicherheit. Ich handle nicht mehr mit der selbstverständlichen Sicherheit des Gotteskindes, ich weiß oft nicht mehr, was gut und was schädlich für mich ist.»

«Sie sind viel frömmer als ich», sagte Gertrud gedankenvoll, «ich tue immer nur, was in meiner Natur liegt, und die ist im ganzen gutartig und wohlgezogen.»

«Geht's der Natur entgegen, so geht's wie Gott es will», zitierte er schroff.

«Das ist eigentlich ein ganz gottloser Vers», sagte sie unwillig und warf den Kopf in den Nacken.

«Und er enthält doch eine tiefe Wahrheit.»

Sie zuckte die Achsel und sah ihn an. Er saß in schlaffer Haltung da und hatte verloren den Blick in die Blumenflut zu seinen Füßen gesenkt. Sein bräunliches Gesicht war blaß, und dunkle Ringe lagen um die Augen; eine tiefe schmerzliche Falte stand zwischen den Brauen. Er sah vernachlässigt aus in der Kleidung, der schwarze Rock bestaubt, der Kragen ausgefranst, die Krawatte zerschlissen und das Haar zu lang. Alles das sah Gertrud, und doch war sein Äußeres ihr lieb. Und auch was sie seine Sonderbarkeiten und Verkehrtheiten nannte, sah sie; aber seine Verkehrtheit war ihr mehr wert als anderer Korrektheit, und sie dachte, es sei leichter, die Sonderbarkeiten eines reinen und großen Herzens zu ertragen als die bequeme Abgeschliffenheit eines Weltmannes.

Plötzlich fühlte er ihren Blick und sah rasch auf.

«Sie verstehen mich immer so gut, auch wenn Sie anderer Meinung sind», sagte er mit einem dankbaren Leuchten in den ernsten Augen. «Und doch versuchen Sie nie, mich anders zu machen, nehmen mich, wie ich bin, und nicht nur so wie ein Kuriosum.»

«Ich nehme Sie als Persönlichkeit, die ist mir zu heilig, um sie anzutasten. Nur wer sich seiner selbst bewußt geworden ist, wird auch den andern gerecht; zum Pöbel aber gehört, wer die Persönlichkeit nicht achtet. Ich behaupte deshalb, daß nur eine solche Persönlichkeit im tiefsten Sinne von Liebe weiß.»

Sie blickte sinnend in die Weite, ohne die sanft zerfließenden Konturen der Berge zu sehen. «Denn was ist Liebe anders als die Freude und Teilnahme am Wesen und Dasein des andern, so wie er ist – – –»

Er sah sie stumm an und wünschte, daß sie weiterspräche, aber sie schwieg und begann in leiser Verwirrung an den Blumen zu ordnen und dem Samuel auf dem Bock ein paar scherzhafte Worte zuzurufen.

Sie fuhren jetzt auf dem weichen Waldweg, und die Tannen streiften ihnen die Köpfe. Gertrud hatte den Hut abgenommen und ließ den Wind in den hellen Haaren, die die Stirne umkrausten, spielen.

«Fein ist's doch hier draußen», sagte sie aufatmend, «nach diesen Wochen empfindet man es doppelt. Ich möchte eigentlich vollends zu Fuß gehen, dem Sägmattheis sein Wagen macht mich ganz seekrank, und wenn wir in solchem Schmuck zusammen einfahren, laufen uns alle Tannheimer Kinder nach.»

Der Vikar war einverstanden. Sie ließen den Samuel halten, der sehr enttäuscht mit dem Koffer vorausfuhr, sich aber plötzlich mit solch einem hellen, verschmitzten Gesicht umdrehte, daß Gertrud unwillkürlich ausrief: «Was für ein Spitzbubengedanke ist dem eben durch den Sinn gegangen!»

Aber sie bekam keine Antwort, und der Wagen entschwand ihren Blicken, nur von ferne noch hörte man ihn rasseln und den Samuel aufmunternd mit der Peitsche knallen, dann versank der Wald wieder in sein nachmittägliches Schweigen. Heiße Sonnenglut lag über den schlanken Wipfeln, und goldglänzende Harztropfen rannen an den weißlichen Stämmen nieder, wie Tränen, und erfüllten die trockene Luft mit würzigem Duft. Kein Vogel sang, nur zwei Eichhörnchen huschten durch die Zweige. Der Boden war mit Moos und großem Adlerfarn bedeckt, und aus den myrtenartigen Blättchen der Preißelbeerstaude glühten die ersten roten Beeren. Hier und da drängten sich zwischen die alten Baumriesen Stechpalmen und Wacholderstauden oder die graziösen Büsche der bläulich schimmernden Weymutskiefer mit ihren feinen langen Nadeln.

Die Schritte der Wandernden versanken lautlos im weichen Waldboden, von ferne hallten Axtschläge und machten die Stille noch fühlbarer. Es fiel wie ein Bann auf die beiden, den keins unterbrechen wollte. Erdmann ging am äußersten Rande des Weges, die Hände auf dem Rücken gefaltet und das Gesicht mit undurchdringlichem Ausdruck zur Erde geneigt. Gertrud blickte in die Weite, aber sie sah nicht die Stämme, die zum Himmel strebten, deren Kronen sich leise wiegten und deren Arme sich tastend untereinander festhielten. Sie sah zwei Wege, die nebeneinander herliefen, und die doch nie ganz zusammenkamen, jetzt waren sie so nahe, daß die Wanderer darauf sich die Hände berühren konnten.

Ein heißer Glücksstrom durchrann des Mädchens Herz. Da schrak sie empor, scheu blickte sie nach ihrem Gefährten. Fühlte er nicht, daß sich Arme der Sehnsucht nach ihm ausstreckten? Verstand er nicht, was ihre Seele zu ihm sprach?

Komm, den ich erwählt habe zum Gefährten, blick nicht zur Erde, sieh mich an, und sieh die Liebe, die aus meinen Augen bricht. Ich bin dir gut... Gib mir deine Hand, dein Weg ist einsam, ich will bei dir bleiben; er ist voller Dornen, ich fürchte sie nicht. Ich weiß, daß mein Glück nie vollkommen wird bei dir, aber fern von dir gibt es für mich überhaupt kein Glück. Siehst du, wie unser Weg aufwärts steigt? Steinig ist er wohl und rauh, aber golden liegt die Sonne darauf, frisch weht die Luft, und weit blickt das Auge über Gottes Wunderwelt.

Gottfried Erdmann seufzte auf, wie in tiefen Gedanken.

Hast du Kummer? Weißt du, daß mir fast das Herz bricht, wenn du leidest? Und doch werde ich dir so wenig ersparen können. Ich werde dich immer besser verstehen als du mich, denn ich lebe in dir, du aber fürchtest dich, in mir zu leben.

Ein Schatten ging über ihr helles Gesicht, da blickte er auf und sah sie forschend an. Sie hielt seinen Blick aus. Mochte er wissen, daß sie ihn liebte, was ging es ihn an? Fast trotzig begegneten ihre Augen in heller Glut den seinen.

Da überkam ihn die lähmende Angst, eigenmächtig über sein Schicksal zu bestimmen. Durfte er das? Nein, Gott mußte ihm erst ein Zeichen geben. Wenn alle anderen Bedenken vor der Macht der Liebe verblichen, Gott selbst stand wie ein Fels; solange dieser nicht «Ja» sagte, durfte er nichts erzwingen.

Mit eiserner Gewalt hielt er die Woge zurück, die ihn überfluten wollte, er zitterte unter ihrem Ansturm. Da hing die kleine, tapfere Frauenhand wie leblos, so nah, so nah, und wenn er sie erfaßte, würde bebendes Leben und Glück sie durchströmen und ihn mit durchfluten. War es denn unmöglich? Gotteswille und Menschenwille eins, welch ein jauchzender Akkord voll Harmonie mußte das sein!

Er beugte sich innerlich. – – – Da ging er wie auf goldnen Wolken, seine Schritte wurden elastisch, seine Gestalt straffte sich, seine Augen leuchteten. Er begann zu reden, gleichgültige Sachen, aber die Stimme von eigentümlicher Bewegung durchzittert, so daß jedes Wort war wie eine unendlich zarte Liebkosung.

Das traurige Mädchen fühlte den Unterstrom seiner Worte, und nach und nach kam eine sanfte Ruhe über sie und ein Vertrauen; irgendwie mußte alles zum guten und schönen Ziele kommen.

Dann fand sie auch Antworten. Zuerst klang ihre Stimme fremd und rauh, wie wenn sie jahrelang geschwiegen hätte, dann aber ward sie Herr über die Stimmung, und als sie in Tannheim in das festlich geschmückte Pfarrhaus eintraten, lag freundlicher Sonnenschein auf ihrem Gesicht. Vor der Haustür lud gerade der Samuel mit der Pfarrmagd das Gepäck ab, und ein paar Nachbarskinder standen voller Bewunderung um den blumengeschmückten Wagen.

Mutter Harder umarmte ihr Kind, was sie sonst nicht leicht tat, und schüttelte dem Vikar freundlich die Hand. Zum erstenmal vergaß sie, daß sie ihn nicht mochte, in der Freude, ihre Tochter gesund und bewährt in ihrer Arbeit wieder zu haben. Auch Vater Harder kam heraus, von einer Tabakswolke umschwebt, und als er sein Mädchen küßte, wurden ihm die Augen feucht.

«Prachtmädel, meine Trude, gelt, Herr Vikar?» sagte er begeistert.

«Ja, das fanden wir alle in Hohenwald», antwortete dieser herzlich.

Nun kamen Johanne und Hellmine dran. Die hübsche Blonde hatte sich fein gemacht und sich mit einer goldenen Kette geschmückt, die sie von dem aufmerksamen Bräutigam kürzlich bekommen hatte. Hellmine ließ sie aber gar nicht an Gertrud heran, so erstickte sie die Schwester mit ihrer stürmischen Liebe.

«Beinah' hätten Sie auch etwas abbekommen», sagte sie naiv, als sie endlich Gertrud freigab und den Vikar mit einem burschikosen Händeschütteln begrüßte.

In der offenen Küchentür stand Agathe mit einem duftenden Kuchen in der Hand, und Frau Harder, die sich indessen der Kaffeekanne bemächtigt hatte, drängte zum Genuß der guten Dinge. So saßen sie gleich darauf in der freundlichen Eßstube, die mit den Hohenwälder Sträußchen geschmückt war, und die beiden Gefeierten standen wieder in der Wirklichkeit, die ihnen doch fast traumhaft erschien neben dem, was sie innerlich erlebt hatten. Aber die süße Gewohnheit des Daseins siegte schließlich, denn der lange Marsch hatte ihnen Hunger gemacht, und Johannes Kuchen war, wie alles, was sie anfing, wohlgeraten.

*

Wenige Tage darauf fand Erdmann unter den Postsachen ein Schreiben des Dekans, der ihn um eine vertrauliche Unterredung ersuchte.

«Aha, der Brautkranz!» sagte Harder, als der Vikar ihm das Schriftstück zeigte. «Na, tun kann man Ihnen nichts, man wird Ihnen etwa Mangel an Takt vorwerfen und eine sanfte Vermahnung zum Friedenhalten geben; Sie sind ja kein Liberaler, also Liebkind und Rührmichnichtan.» –

Am Nachmittag machte sich Erdmann auf den Weg. Es war ein schwüler Tag, und ein grauer Dunstschleier hing vor der Sonne. Der Weg war trocken und staubig, und die Äcker hatten eine harte Kruste. Welkendes Kartoffelkraut und große Hanffelder hauchten einen eigentümlich herbstlichen herben Duft aus. Im Tannenwald wimmelte es von Preißelbeeren suchenden Kindern und Weibern, und schwerfällige Fuhren, mit Langholz beladen, belebten die sonst so einsame Straße.

Erdmann schritt in Gedanken so rasch aus, daß er schließlich auf der Höhe innehalten mußte, denn er war ohne Atem. Unten im Tal lag das Städtchen in schwülen Dunst gebettet, grau und farblos, und verworrenes Geräusch von rasselnden Lastwagen, Kindergeschrei und den sausenden Rädern einer Fabrik drang bis zu dem Einsamen hinauf.

Langsam stieg der junge Pfarrer die breite Straße hinunter; auf den Telegraphendrähten, die sich von Mast zu Mast spannten und die Straße säumten, saßen Schwalbenschwärme, schwatzend, flatternd und mit den gabeligen Schwänzchen wippend; sie sammelten sich zur Reise.

Endlich stand Erdmann in dem Studierzimmer des Dekans. Es war ein großer Raum, mit einem Ansatz zur Eleganz ausgestattet, über die der Vikar die Nase rümpfte. Ein schwerfälliger Schreibtisch von Eichenholz stand an einem Fenster und teilte das Gemach in zwei Teile, in einen Arbeits- und einen Empfangsraum; Bücherständer deckten die Wände. In dem Besuchsteil befand sich eine Gruppe altmodischer grüner Sammetmöbel um einen ovalen Salontisch, auf dem eine prächtige Bilderbibel mit Goldschnitt lag; hier schmückte ein blumiger Teppich den Boden. Von einer Konsole herab breitete ein großer segnender Christus die Hände aus, und an den Fenstern stand eine verstaubte Fächerpalme.

Der Dekan schob seinem Besuch einen der grünen Sessel hin und nahm ihm zuvorkommend den schwarzen Filzhut ab, der im Laufe des Sommers etliches von seiner Schwärze eingebüßt hatte. Dann begann er in weltmännisch liebenswürdigem Ton: «Lieber Herr Vikar, ich war leider genötigt, Sie herzubemühen, da ich persönlich etwas mit Ihnen besprechen muß, was auf schriftlichem Wege nicht zu erledigen war. Wollen Sie bitte Einblick in dieses Schriftstück nehmen?» Er griff in seine Brusttasche und reichte dem jungen Mann einen von groben Fingern beschmutzten Foliobogen hin, und dieser las:

Geehrter Herr Dekan!

Wir bitten gehorsamst zu entschuldigen, das wir an Ihnen Schreiben. Es ist wegen dem Herr Vikar. Weil er doch dem Waldhornwirts Bethle so eine Schand gemacht hat in der Kirche mit dem Brautkranz, weil sie ein lediges Kind gehabt hat. Und der Herr Vikar sollt vor seiner Tür kehren, wo doch die Ernstine Strobel wies schon Nacht war im Pfarrhaus gewäsen ist und niemand war im Haus als Er, und wo sie doch ein liederliches Mensch ist, wie alle Männer hier wissen. Und ehrenwürdige Männer in Hohenwald, was das Filial ist, haben auch Anstoß genommen, weil bei der Krankenpflege beim Tiefuß der Herr Vikar sich nicht geschämt hat mit der Pfarrerstochter, wo ein Fräulein ist, so vertraulich zu sein, daß Sie Kranke zusammen gebadet haben, wo man schon sehen kann, was Er für Einer ist. Auch sind Sie oft Nachts zusammen bei Schwerkranken gewesen, wo nicht bei sich waren.

Geehrter Herr Dekan!

Wir bitten Sie dieses unsittliche Betragen zu beendigen und den Vikar Erdmann von Tannheim zu entfernen. Sie können überall fragen, ob dies nicht die reine Wahrheit ist, und wir sind ihnen sehr dankbar, wenn Sie Uns zu Willen sein Wollen.

Im Nahmen vieler Bürger von Tannheim und Hohenwald:

Einer ders nimmer mit Ansehn kann.

Der junge Mann las aufmerksam und ruhig den ersten Teil der Schrift, während der Dekan ihn scharf beobachtete, beim zweiten aber stieg ihm dunkle Röte in die Stirne, und seine Hand zitterte.

«Welch ein Schmutz!» sagte er entsetzt und blickte ratlos seinen Vorgesetzten an.

«Haben Sie sich Feinde gemacht in Ihrer Gemeinde, denen Sie das zutrauen könnten?»

«Ja, der Waldhornwirt, dessen Tochter ich den Kranz verweigerte...»

«Davon habe ich gehört; Sie haben da etwas unklug gehandelt, lieber Herr Vikar – doch davon später.»

«Dann der Elias Großhans, dem ich Vorhalt gemacht habe, weil er in wilder Ehe lebt und seine Kinder nicht taufen läßt.»

Der Dekan nickte zustimmend. «Dagegen ist nichts einzuwenden.»

«Vielleicht auch der Sägmattheis, weil ich gegen den Alkohol eiferte, und ein verkommenes Subjekt, das mit der Ernestine Strobel liiert war.»

«Hm... zu verteidigen brauchen Sie sich mir gegenüber selbstverständlich nicht, lieber Herr Vikar, die Schrift zeugt zu sehr von Haß und niedriger Denkungsart, und Ihr Charakter ist untadelig... nur... wenn Sie mir erklären wollten, wieso man zu solchen Beschuldigungen überhaupt kommen konnte.»

«Herr Dekan... ich fürchte, Sie schätzen mich zu... hoch ein», sagte Erdmann niedergeschlagen.

Königer zog die Brauen hoch. «Erklären Sie mir alles», sagte er nun ernst.

«Schuldig, so wie der anonyme Ankläger es denkt, bin ich nicht, aber in meinen Augen hab' ich mich nicht weniger schwer versündigt...»

Er stockte und fuhr sich über die Stirne.

«Kennen Sie diese Ernestine näher?» half der Dekan ihm nach

«Nein, ich fand sie nur plötzlich in allen meinen Gottesdiensten, und sie begegnete mir überall auf der Straße; aber da ich wußte, mit wem ich es zu tun hatte, bewahrte ich die äußerste Zurückhaltung; ich habe nie mit ihr gesprochen.»

«Das war ganz korrekt.»

«Eines Abends, als ich allein war, kam sie plötzlich auf meine Stube, von Reue getrieben und, wie ich glaube, auch von einer Zuneigung zu meiner Person als Mann. Das ging so ineinander über, daß nicht recht zu trennen war, was Heilsverlangen und was sündige Leidenschaft... Und nun kommt meine große Schuld. Ich war an diesem Abend in einem Zustand, ich kannte mich selbst nicht... Der Teufel hätte leichtes Spiel mit mir gehabt, und ich sah in den Worten und den Handlungen des Mädchens mehr die Leidenschaft als etwas anderes. Sie fiel mir zu Füßen, küßte mir die Hände, kurz... ich war am Ende meiner Kraft...» Er stockte, und eine heftige Pein entstellte sein Gesicht.

«Nun, und...?» fragte der Dekan erschrocken.

«Ich stieß sie hinaus, ohne nur den Versuch zu machen, ihre Seele zu retten.»

«Gott sei Dank», sagte Königer aufatmend.

Der Vikar blickte ihn entsetzt an. «Danken Sie nicht Gott dafür, sie ging zurück in die Sünde und Schande, in größere als vorher», antwortete er mit schwerer Betonung.

«Sie haben durchaus das Richtige getan, lieber junger Freund, und ich kann Ihnen für Ihr kluges, tapferes Handeln nur uneingeschränktes Lob geben.» Die Stimme des Alten klang warm und bewegt.

«Lob?» fragte der Vikar fassungslos, «dafür, daß ich eine Seele, die mir anvertraut war, vollends in den Sumpf stieß, weil ich ein sittlicher Schwächling war?»

Der Dekan wendete die Augen zur Seite und sagte leicht: «Sie sind ein Idealist, von Schuld dürfen Sie nicht reden; solche Seelenrettungen überlassen Sie alten, gefestigten Männern. Danken Sie Gott, daß er Sie bewahrte. Wenn ich denke...»

Der Vikar preßte die Lippen zusammen und schwieg verstockt.

Mit väterlicher Freundlichkeit und bedeutend erleichtert fuhr der Dekan fort: «Und diese geschmacklosen Andeutungen wegen Fräulein Harder zerfallen natürlich in sich selbst. Eine junge Ärztin – ungebildete Leute verstehen nichts von wissenschaftlicher Objektivität...»

«Die Tatsachen, die in dem Schreiben angegeben werden, sind alle richtig.»

«Vielleicht hätten Sie ja etwas zurückhaltender sein dürfen. Aber gerade – reinen Herzen ist alles rein – solche kommen viel leichter in üble Nachrede. Um Fräulein Harder und die Familie ist mir das sehr leid.»

«Ich glaube, daß Fräulein Gertrud über diesen äußeren Schein erhaben ist.»

«Gewiß, jetzt vielleicht, aber doch – es ist ein großer Schaden für sie; einem jungen Mädchen muß der gute Ruf alles sein, das wird sie noch mit Schrecken erfahren, wenn es zu spät ist. Sie kennen die Welt da zu wenig.» Des Alten Stimme klang ehrlich bekümmert.

Der Vikar machte ein erschrockenes Gesicht, als der Dekan mit solcher Energie sprach. «Das ist mir sehr leid», sagte er betreten.

Der Dekan blickte ihn forschend an und strich seinen weißen Bart. «Sie sind mit Fräulein Harder gut befreundet?»

«Ja.»

«Ich begreife, daß das für Sie beide sehr peinlich ist. Es gäbe allerdings einen ganz einfachen Ausweg...»

Der junge Mann blickte auf, und der Dekan fuhr langsam fort: «Wäre es ausgeschlossen, daß... nun, daß diese Freundschaft zu einer Ehe führte?»

Erdmann antwortete nicht; die Gedanken schossen ihm blitzschnell durch den Kopf. War das nun der Fingerzeig von Gott, den er erbeten hatte?

Königer strich sich immer noch den Bart mit seiner schönen weißen Hand. Der rote Stein an dem goldenen Siegelring blitzte, und wie hypnotisiert mußte Erdmann immer nach den glänzenden Funken sehen, die er sprühte.

«Stünde einem solchen Ausweg von Ihrer Seite innerlich oder äußerlich etwas im Wege?»

«Nein», sagte der junge Mann zögernd.

«Nun, so würde ich es als Pflicht ansehen, daß Sie den Versuch machten, das böse Geschwätz auf diese Weise aus der Welt zu schaffen. Ja, Ihre Pflicht», wiederholte er noch einmal, als er sah, wie ein freudiges Zucken bei dem Worte Pflicht über des Jungen Gesicht ging. Der Alte lächelte in seinen wallenden Bart hinein; so lächelt das weise Alter über die Jugend, wenn diese sich quält und Festungen erstürmen will, zu denen der Zugang offen ist.

«Ich will Ihrem... Rat... folgen, Herr Dekan», sagte nun Erdmann abgebrochen, «er bedeutet für mich noch mehr... als nur... einen Rat.»

Königer wunderte sich ein wenig, machte aber keinen

Versuch, sich das Rätsel lösen zu lassen, sondern er erhob sich mit gewinnender Freundlichkeit.

«Würden Sie Ihre Versetzung von Tannheim wünschen?»

«Nein, das sähe wie Schuldbewußtsein aus.»

Der Dekan neigte zustimmend den Kopf.

«Nun, das Ergebnis unserer Unterredung ist ja sehr erfreulich, lieber Herr Vikar, und ich wünsche Ihnen von Herzen, von ganzem Herzen Glück zu Ihrem Vorhaben. Was nun die Brautkranzsache betrifft, so habe ich mit Pfarrer Harder schon darüber gesprochen. Denken Sie daran, daß Kirchenzucht etwas ist, was in unserer heutigen Zeit mit allergrößter Vorsicht und vollendetem Takt gehandhabt werden muß, daß wir gar keine materielle Macht mehr in Händen haben und die ideelle sowieso im Schwinden ist, und überspannen Sie nicht die Saiten, sie reißen, Herr Vikar... sie reißen! Denken Sie, wenn der ‚Demokrat' sich dieser Sache bemächtigte, was könnte dann wieder Unflat auf unsere teure Kirche und unseren ganzen Stand geworfen werden. Lieber einmal nachgeben und schweigen. Aber das könnt ihr jungen Leute nicht, ihr müßt mit dem Kopf durch die Wand...»

Der Vikar war so von *einem* Gedanken beherrscht, daß er nur halb die Rede seines Vorgesetzten hörte, der er sonst sicher sich widersetzt hätte; so aber ließ er noch einige freundliche Abschiedsworte in respektvoller Haltung über sich ergehen, griff nach seinem bestaubten Hut und befand sich in wenigen Minuten außerhalb des Städtchens auf dem Heimweg.

Er hatte ein Gefühl, wie wenn eine Mauer, an der er sich viele Male den Kopf wund gestoßen hatte, sich plötzlich vor ihm auftäte und ihm ein lachendes, sonniges Gefilde zeigte, in das er nun mit jauchzender Seele und ausgestreckten Armen hineinschreiten dürfte. Es war also nicht Sünde, wenn er Gertrud liebte, wenn er sie zum

Weibe begehrte? Gott hatte ihn ja selbst in diese Liebe hineingeführt Schritt für Schritt; und bei heißer Arbeit für den Nächsten hatten sich ihre Seelen gefunden, nicht im losen Getändel weiblicher und männlicher Gefallsucht. Er konnte gar nicht mehr fassen, daß er früher anders gedacht hatte, es schien ihm ja alles so wunderbar klar; Zug fügte sich an Zug, ein Blinder mußte es sehen.

Als er in den Wald trat, dämmerte es bereits, und das Zwielicht machte alles gewaltig und überwältigend. Noch nie waren ihm die alten Weißtannen mit den grauen Flechtenbärten so erhaben erschienen – und doch so vertraut; es war gerade, als ob er plötzlich die Sprache der Natur verstünde. Von der Landstraße bog er in einen schmalen Waldpfad ab, der parallel mit ihr lief und durch eine dichte junge Tannenschonung von ihr getrennt war. Er liebte breite Straßen nicht, auf keinem Gebiet.

Der Fußweg war moosig, so daß sein Schritt unhörbar in dem grünen Teppich versank. Der Himmel verdüsterte sich immer mehr, und kein Stern durchbrach die Dunstschicht, die bis zu den Tannenspitzen herunterdrückte. Es war so still, auch von der Landstraße hörte man keinen Ton, nur ein Eulenruf durchdrang traurig die Stille.

Wer hatte wohl den häßlichen Brief verfaßt?

Es fiel dem Wandernden schwer auf die Seele, daß diese Verleumdung der ganze Erfolg seiner seelsorgerlichen Tätigkeit sein sollte. Mißerfolg, wohin er sah. Er hatte es wirklich so gut gemeint, sein ganzes Herz, seine ganze Person, ja sogar sein eigenes Glück eingesetzt, um ein Segen für diese Menschen zu werden. Und der Dank? Haß, glühender Haß gemeiner Naturen, die Schmutz nach ihm warfen und sich dabei nicht scheuten, auch das reine Mädchen zu besudeln, weil es sich zufällig an seiner Seite befand.

Er war ja gewohnt, allein zu stehen, und früher wäre er vielleicht stolz gewesen, daß Gott ihn der Verfolgung für wert hielt. Wie wehleidig war sein Gemüt geworden! Daß die Tannheimer ihn verdammten, schmerzte ihn nicht so sehr, aber die Hohenwälder? Er hatte sie liebgewonnen, sie gehörten zu ihm, in schweren Stunden waren sie zusammengewachsen; sollten sie ihn nicht besser kennen?

Von der Landstraße her nahten sich Schritte, und Stimmen klangen von fernher, eine helle Frauenstimme und die tiefe eines Mannes. Jetzt waren sie so nahe, daß der Vikar durch eine Lücke der dichten Tannenwand die Sprechenden erblicken konnte; es war ein älterer Mann, dem der langschößige blaue Rock um die mageren Beine flatterte; auf dem Rücken trug er einen Korb, der mit Lederriemen festgeschnallt war. Als er näherkam, erkannte Erdmann das bartlose Gesicht des Stoffelmichelshannes mit dem großen, dünnen Mund, um den sich tiefe Falten zogen. Neben ihm her ging rüstig, mit weitausholenden Schritten, die kleine Frau des Schullehrers, den schwarzen Kirchenhut, von dem rote Rosen nickten, auf dem blonden Scheitel, ein dünnes schwarzes Umhängchen über den Schultern und eine große graue Markttasche am Arm. Sie kam offenbar aus dem Städtchen, wo sie Einkäufe gemacht hatte, und unterhielt sich nun lebhaft mit dem alten Stundenhalter, der ein Mann war, mit dem sich's zu reden verlohnte.

Jetzt verstand auch der Vikar, was sie sprachen, obgleich er sie nicht mehr sehen konnte.

«'s isch halt doch net, wie's sein sollt, au net in unsrer Kirch. Ällemol fällt mir wieder das Wort vom Prophet Jeremias ei: Wehe euch Hirten, die ihr die Herde meiner Weide umbringet!»

«Ha, 's hat doch viel, wo recht und brav sind, zum Beispiel der Vikar Erdmann; und gege de Harder han i au nix», antwortete die Lehrersfrau mit sanfter Stimme.

«Wohl, der Harder wär e gute Musiker, und der Erdmann, – no der isch no jung, da kammer no net urteile.»

«Hannes, Ihr seid en Pharisäer, daß Ihr's no wißt, was hent Ihr jetzt gege de Vikar?»

«Nix han i gege'n, gar nix, und wenn er en Bauer, oder en Lehrer, oder en Doktor wär, da gingt i stundeweit, um ebbes von em z'höre; aber weil er's zahlt kriegt, des Frommsei und des Frommschwätze, na trau i em net.»

«Hannes, Ihr hent kei Menschekenntnis; wenn der Evangelist, der alleweil so schwitzt vor Gottseligkeit, kommt, na seid Ihr wie blind und lauft em nach wie e Hühnle seiner Gluck, und 's isch doch au no e Mensch, und vom Erdmann isch mer der klei Finger lieber als der ganz Evangelist.»

«Frau Schullehrer, wisset Sie au, daß der Pfarrer Harder älle Monat zweihundertfünfzig Mark vom Briefbot bracht kriegt, davor, daß er uns das Evangelium verkündigt? Zweihundertfünfzig Mark!» Des Bauern Stimme klang überwältigt von der Größe der Summe.

«Ha, er muß doch au lebe!»

«Aber so net... so net... dees isch kei Nachfolg Jesu meh.»

«Ach, Hannes, wir sind älle Mensche, tätet Ihr's zruckweise?»

«I? Nei, do wär i domm; aber i bin e Bauer, kei Priester und kei Prophet.»

«No, die Pfarrer sind au Mensche, kei Heilige.»

«Dees isch's. Aber sehet Sie, Frau Schullehrer, mir brauchet Heilige, mir brauchet Prophete, mir brauchet ebber, wo sait: so und so, und i bürg dir dafür, daß es wohr isch, i hab's erlebt, den Weg bin i gange. Und wenn er geges Irdische predigt, na mueß er frei dervo sei, anderschter glaub i em net.»

«Davor hent mir doch de Heiland.»

Erdmann, der immer gleichen Schritt mit ihnen hielt, lauschte atemlos, es gab eine kurze Pause; dann antwortete die tiefe Stimme des Alten voll glühender Leidenschaft:

«Wohl, den hent mir, gottlob – und doch, und doch – – d' Mensche sind ufs Sichtbare; 's isch leichter, wenn uns ebber an der Hand nimmt und sait: Komm, und i goh au mit, und e reins Herz wird Gott schaue. Und wenn dann der so isch, daß mer denkt, wann i dir no d'Schuh abwische dürft, und bei dem mer sich schämt für jeden wüeschte Gedanke, und dem mer 's eige Herz uftut, net, weil er au en Sünder isch, nei, weil er so guet isch, dann wär er recht. Zum apredige brauch i kein Pfarrer.»

«Sell wär wohl schön», seufzte die Frau, «aber...»

«Und wenn des verflucht Geld net wär, mit dem mer fromme Wort scheffelweis kaufe kann, so wär's leichter, 's Ächt vom Falsch trenne. So trau i net und trau i net, und dann am wenigschte, wann i erscht eim traue möcht, wie dem Erdmann.»

«Ihr seid halt e kritischer Mann. Aber dees isch so Männerart, Ihr macht Euch selbst e Sprüchle zurecht, und nach dem muß dann alles gehe oder net gehe. I guck so eim eifach ins Gesicht und horch auf sei Stimm, und dann weiß i, ob er denkt, was er sagt; und ob er dafür bezahlt wird oder net, dees isch mir gleich.»

«Was saget Sie denn na über dees Geschwätz im Dorf über de Vikar?»

«Da sag i gar nix», erwiderte die Frau zornig, «dees isch so wüescht und so ordinär und so falsch, daß i net emol en Gedank drüber verlier.»

«'s ka sei, 's ka au net sei...», antwortete der Stoffelmichelshannes gequält, «Gott geb's, daß es verloge isch. I glaub, i gäb mei bescht's Äckerle am Katzekopf her, wenn i dem ins Herz sehe könnt.»

«Dees könnt Ihr doch billiger han», meinte kopfschüttelnd die Frau.

Ein Lastwagen rumpelte mit dumpfem Rollen vorbei und verschlang das Weitere. Als es wieder still wurde, sprachen die beiden von etwas anderem, ihre Stimmen klangen ferner und ferner und verhallten.

Langsamer ging der Vikar seines Weges. Es begann zu regnen; lautlos, wie in einer großen Trauer, unter der selbst die Bäume bis zu den Wurzeln erzitterten. Auch Erdmann spürte diese Trauer. Da hatte ihm einer sein Amt wie einen Haufen wertloser Scherben vor die Füße geworfen. So dachte man also in den Kreisen, die ihm am nächsten im Dorf standen, von dem Pfarrer, von ihm. Freilich nicht alle; der alte Stoffelmichelshannes war ein Skeptiker im Bauernkittel, ein Sinnierer, aber daß nur einer unter diesen Frommen sich fragen konnte, ob er ein Heuchler oder ehrlich sei, das erdrückte ihn fast.

Wie furchtbar allein er doch war! Wo lebte der Mensch, der ihn restlos verstand? Restlos? Der lebte nirgends, da mußte er sich schon über diese Menschenwelt hinausflüchten. Gertrud? In ihren Augen hatte er Liebe gelesen.

Eine große Sehnsucht packte ihn nach einem Menschen, der ihm gut war; nur nicht mehr so allein sein, verfolgt von schadenfrohen Feinden und verfolgt von den eigenen Gedanken, die ihm stets eine Größe vorhielten, an die er nicht hinreichen konnte.

Der Regen fiel immer dichter; Erdmann ging nun mit großen Schritten, wie wenn er keine Minute länger mehr sein könnte ohne einen guten Kameraden zur Seite, ohne eine weiche Frauenhand, die ihm die Falten von der Stirn strich, ohne eine süße Stimme, die ihn versichern sollte, daß er nicht allein im Dunkel des Lebens sei, sondern nahe, ganz nahe bei ihm ein Mensch, der sich mit ihm freute, mit ihm trauerte.

Nun lief er fast. Das Wasser rann von der verbogenen Hutkrempe und quatschte in seinen zerrissenen Stiefeln. Jetzt war er aus dem Walde heraus und rannte an dem Hanffelde vorbei; weiße Ackerwinden leuchteten in der Dunkelheit am Wegrain. In der Ferne blinkten die Lichter von Tannheim, ein Hund bellte. Der Feldschütz begegnete ihm und grüßte militärisch.

«'s regnet», sagte er wohlwollend.

«Ja, man wird naß», antwortete der Vikar. Das Komische dieser Begrüßung kam ihm nicht zum Bewußtsein, er hatte ganz mechanisch erwidert.

Im Flur des Pfarrhauses atmete er auf; er trocknete sich Gesicht und Hände mit dem Taschentuch und hängte den nassen, formlosen Hut an einen Kleiderhaken. In dem Zimmer zu ebener Erde, das man Gertrud eingeräumt hatte und das der Studierstube gegenüberlag, brannte Licht; ein heller Streifen, der wie ein Goldfaden über dem roten Sandsteinboden lag, verriet es.

Ohne sich zu besinnen, klopfte Erdmann an.

«Herein», sagte eine weiche Stimme.

Als er eintrat, sah er Gertrud an ihrem Schreibtisch sitzen, den blonden Kopf über einen dicken Folianten gebeugt, von dem sie mit geistesabwesenden Augen aufblickte. Als sie den Vikar erkannte, kam Leben und Wärme in die grauen Sterne; sie erhob sich rasch und reichte ihm die Hand zum Gruß.

«Oh, so naß», sagte sie lachend, «wie eine Wassermaus. Ziehen Sie sich schnell um, Sie werden sich erkälten. Sehen Sie nur, Ihre Stiefel sind die reinsten Wasserquellen; ich wette, die haben Sehnsucht nach dem Nachbar Schuster.»

«Ich muß mit Ihnen reden.»

«Ja, aber erst machen Sie sich trocken und behaglich, ich koche Ihnen unterdessen ein Glas Grog auf meiner Spiritusmaschine.»

«In fünf Minuten bin ich wieder da.»

Er blieb aber länger und kam sehr langsam die Treppe herunter. Im ersten Ansturm wäre alles leichter gewesen, jetzt kam die Reflexion und bannte ihm das rasche Wort auf der Zunge. Wenn sie ihn nun gar nicht liebte? Oder wenn sie sich verschworen hätte, nie zu heiraten? So wie er einst? Das wäre ja so natürlich gewesen.

Gertrud mischte ihm gerade das duftende Getränk und stand schlicht und hausfraulich an dem Tisch, auf dem die Stehlampe brannte.

«Nun setzen Sie sich und trinken Sie, und dann wollen wir reden.»

Er folgte gehorsam und trank wie ein braves Kind. Es tat ihm förmlich wohl, daß jemand sich die Mühe nahm, ihn zu lenken, so störrisch er sonst war.

«Ich wünschte, ich hätte meine Mutter gekannt», sagte er aus dieser Empfindung heraus.

«Es muß traurig sein, so allein zu stehen, ohne Eltern und Geschwister...» Sie fühlte sofort seine Stimmung, und es lag ein mütterlicher Klang in ihren Worten. Sie hatte sich neben ihn an den mit Büchern und Zeitschriften bedeckten Tisch gesetzt und schnitt dabei eine Broschüre auf, während er seinen Grog trank.

Den jungen Mann überkam ein starkes Heimatgefühl in ihrer Nähe; am liebsten hätte er jetzt die schmalen Hände, die sich so anmutig vor ihm bewegten, in die seinen genommen und hätte gesagt, daß er sie sehr liebhabe, und ob sie immer bei ihm bleiben wolle. Aber das durfte er nicht, sie mit Gefühl übertäuben und ihren ruhig abwägenden Verstand durch leidenschaftliche Liebesworte verwirren. Er hielt die heiße Welle zurück, die ihm Worte der Zärtlichkeit auf die Lippen drängte, und schwieg. Sie störte ihn nicht und fuhr in ihrer Arbeit fort; endlich fragte sie: «Was dachten Sie, als Sie vorhin zur Tür hereinkamen?»

«Ich? Wieso?» Er fuhr aus seinem Brüten auf.

«Sie sahen so sonderbar aus, vielleicht war es nur die Beleuchtung; aber ich mußte an irgendeinen jungen Propheten denken, der aus der Wüste kommt und wieder unter die Menschen tritt-- Sie sahen und sahen doch nicht.»

«Das kann sein, ich dachte nach und wollte Sie um Ihren Rat fragen. Sie sagten vorhin, daß ich so einsam sei, glauben Sie wirklich, daß irgendein weibliches Wesen sich entschließen könnte, meine Lebensgefährtin zu werden, ohne daß äußere Vorteile sie drängten?» Er sprach ganz ruhig, fast kalt, so daß ein jäher Schreck in Gertruds Herz fiel.

Ihren Rat wollte er? Sonst nichts? Gewaltsam beherrschte sie sich, aber sie war sehr blaß. Er merkte es jedoch nicht, denn er hielt den Blick auf ein Heft gebannt, das er mechanisch zwischen den Fingern rollte.

Mit tonloser Stimme antwortete sie: «Das käme auf das Mädchen an, oberflächlich dürfte sie nicht sein...»

«Und glauben Sie, daß ich auch um eine Frau werben darf? Daß ich sie glücklich machen kann?»

Mit einem rätselhaften, tiefen Blick sah ihn das Mädchen an und dann über ihn hinweg wie in eine weite Ferne. Sie fühlte in diesem Augenblick weder Schmerz noch Kummer, sie war wie losgelöst von ihrem Selbst und antwortete mit einer Stimme, so fremd, wie wenn ein anderes Wesen aus ihr spräche: «Wohl können Sie eine Frau glücklich machen, jeder gute und starke Mann kann das. Aber eine schwache werden Sie zerbrechen und sie mit eigenem Wesen füllen, denn Sie lasten auf Ihrer Umgebung; und ein zerbrochener Mensch wird nie glücklich, denn er ist um das eigene Leben betrogen. Eine starke Frau jedoch wird Ihnen Kraft geben und von Ihnen Kraft nehmen, wenn sie sich hütet, Sie in die Kleinlichkeit herabzuziehen, weil sie vor Ideen Respekt hat.»

«Würden Sie einer Freundin, einer Schwester zuraten?»

Gertrud fuhr erschreckt zusammen, wie vom Schlafwandel erweckt, der Glanz in ihren Augen erlosch, heftige Pein durchwühlte ihr Herz. Hellmine? Dachte er an dieses Kind? Ihre Hände ineinanderpressend und aufspringend, sagte sie rauh und heftig: «Nein, nein, Hellmine ist ein Kind und liebt Sie wie einen Bruder, nicht anders.»

Hastig wendete sie ihm den Rücken und trat in das Dunkel des Zimmers zurück. Heiße Scham färbte ihre Wangen. Hatte sie sich ihm verraten?

Da stand er auch schon neben ihr, und ohne sie anzurühren, sagte er leise: «Gertrud, ich habe Sie lieb, wollen Sie es mit mir versuchen?»

Groß und erschrocken starrten ihre Augen ihn aus dem Dunkel an. «Ich verstehe nicht», sagte sie verwirrt, «Sie sprachen doch von meiner Schwester...»

«Nein, Gertrud, ich dachte nur an Sie, schon lange, lange.»

Da fing sie an, heftig zu weinen in erlöster Seelenqual, ihre schmalen Schultern zuckten und bebten, und leidenschaftliches Schluchzen erstickte ihre Worte. Angstvoll blickte er sie an. «Tat ich dir weh, Liebe? Sag doch ein Wort... hast du mich lieb?»

Sie nickte und weinte stärker, aber ihre Hand stahl sich in die seine.

«Oh, wenn ich dich nie mehr weinen machen würde! O komm, schau mich an», bat er heiß.

Sie faßte sich und trocknete ihre Augen, dann blickte sie ihn innig an. «Ich bin dir sehr gut, aber... ich glaubte... du liebtest mich nicht.»

Er hielt ihre Hand fest, aber er wagte keine Liebkosung. «Ich wollte dich nicht überreden, ‚ja' zu sagen, denn... ach, siehst du, Liebe, meine Frau hat's nicht leicht, das seh' ich wohl. Ich bin nicht schön und nicht liebenswürdig.»

Ihre Fröhlichkeit brach wieder durch. «Aber deine Frau hat Mut wie ein Löwe...»

«Sie wird nie in seidenen Kleidern gehen und froh und sorglos leben.»

«O doch, froh wird sie sein an deiner Seite, auf das übrige verzichtet sie.»

«Und wer weiß, ob sie nicht einen ganz mißratenen Pfarrer zum Manne kriegt, der besser täte, den Mund zuzumachen und Schuster zu werden.»

«Sie heiratet eben weder den Pfarrer noch den Schuster, sondern den Mann namens Gottfried Erdmann, und der... der scheint mir nicht mißraten.»

Zaghaft strich er ihr über das wellige blonde Haar. «Wie weich deine Haare sind», sagte er erstaunt.

Sie lächelte zuerst, dann nahm sie seine Hand und legte ihre Wange darauf. So standen sie lange. Ihm war so leicht und so froh, alles schien ihm verändert, sonnig und frei. Er kam sich wie ein Riese vor, in dem ungeahnte Kräfte schlummerten. Er reckte die jungen, starken Arme. «Jetzt nehm' ich jeden Kampf auf.»

«Ich tu mit», sagte sie lachend, «gegen wen soll's gehen?»

«Gegen Teufel und Welt.»

«Und gegen den Schmutz und den Schnaps... Aber erzähle», sagte Gertrud, nun ernst geworden, «was wollte der Dekan?»

«Bei dem ging mir's sonderbar, meine Sünde rechnete er mir als Tugend an und meine Tugend als Sünde; im übrigen versicherte er mich seines Wohlwollens. Aber dann später hörte ich zufällig ein Gespräch, das mir hart ans Herz griff, und ich weiß noch nicht, was die Folge bei mir sein wird.»

Und dann berichtete er von den Ansichten des Stoffelmichelshannes, und welch einen Eindruck sie ihm gemacht hatten.

Das Mädchen schwieg dazu. Als er geendet, sagte sie ruhig: «Du kannst dich ganz frei entscheiden, was du tun willst, ich werde dir keine Last sein, denn mein Brot kann ich jederzeit verdienen. Im Notfall errichte ich eine kleine Kinderklinik an irgendeinem gesunden Schwarzwaldpunkt, da finden sich Auswege. Wie gut ist's, daß ich etwas gelernt habe, daß ich dich nicht herabziehen muß um des Geldes willen.»

«Mein ganzes Herz hängt an meinem Beruf, und jetzt erscheint er mir wie ein besudeltes Kleid, das man besser in eine Ecke wirft.» Es zuckte schmerzlich in seinem Gesicht. «Und die Feindschaft und das Mißtrauen, besonders derer, die ich für Freunde hielt, tut mir so weh.»

Da zog sie seinen Kopf herunter, blickte ihm tief in die Augen und drückte einen weichen, sanften Kuß auf seinen Mund.

«Feindschaft tut weh, Liebe tut wohl. Ich nehm's auf mich, das Gleichgewicht herzustellen; und nun gute Nacht, den Eltern sagen wir nichts, ehe die Zukunft klar ist, sie würden dir nur dreinreden, wovor selbst ich mich hüte. Denn, weißt du, Lieber, in solchen Sachen ließe ich mir auch nicht dreinreden.»

«Ich will immer deine Anschauungen achten, auch wenn ich sie für falsch halte», versprach er, hingerissen von ihrer Zärtlichkeit.

«Mich nie bekehren wollen?»

«Nein», sagte er fest, «ich werde dich schon auf meinen Händen zum Himmel tragen.»

«Wenn ich nicht vorziehe, mich meinen eigenen Füßen anzuvertrauen, du starker Simson», erwiderte sie lachend. Und dann trennten sie sich.

Gottfried Erdmann stand noch lange am offenen Fenster und ließ die Regentropfen sein heißes Gesicht besprühen. In ihm wogte und brauste es; er fühlte sich nicht mehr Herr seines Schicksals, sondern hineingetrieben in das tosende Meer des Lebens von einer Macht, die ihn benützte und verwarf, die ihn zur Höhe führte oder in die Tiefe schleuderte, zu der er nur aufblicken konnte mit dem schlichten Gelöbnis: «Herr, ich vertraue dir.»

Achtzehntes Kapitel

Es war vierzehn Tage später, und Erdmann hatte beschlossen, selbst nach der Hauptstadt zu reisen, um mit dem Prälaten persönlich über seinen Austritt aus dem Kirchendienst zu sprechen. Die Reden des Stoffelmichelshannes hatten immer tiefer in ihn hineingefressen, und er meinte überall ein Echo davon in seiner Gemeinde zu hören. Was er dann anfangen wollte, war ihm noch nicht klar. Er dachte an Arbeit in der Großstadt als Missionar, oder er wollte Lehrer werden und von da aus eine freiwillige religiöse Tätigkeit beginnen. Gerade weil er sich selber noch nicht klar war, wollte er mit dem Prälaten Fischer sprechen, der ihm der vertrauenswürdigste aus der obersten Behörde schien.

Gertrud bemühte sich, zu dieser Reise seinen äußeren Menschen, der im Hinterwald sehr gelitten hatte, mit allen weiblichen Künsten zu verbessern. Sie bürstete und reinigte den schwarzen Rock, der schon grünlich war, färbte den abgegriffenen Hutrand mit Tinte schwarz und verfertigte aus einem Seidenrest eine Krawatte, die zwar in der Form nicht sehr elegant, aber doch schwarz und unzerrissen war. Auf Handschuhe wurde verzichtet.

«Das sähe grotesk aus», meinte das Mädchen, «und im übrigen kann der Prälat nicht verlangen, daß du wie ein geistliches Gigerl aussiehst, nachdem du die Hohenwälder Typhuskranken mit deinem Vikarsgehalt herausgefüttert hast.»

Nun saß er im Zug, der ihn zur Hauptstadt brachte, und blickte zerstreut auf das Menschengewimmel an den Bahnhöfen und das Gedränge in seinem Wagen. Ein kleiner unruhiger Junge trat ihm mit schmutzigen Schuhen die mühsam gebürsteten Kleider, ohne daß er ihm wehrte, denn die blasse Mutter in Trauer, die ihm gegenüber saß, hatte beständig mit einem schreienden Säugling zu tun und warf demütige Blicke auf die Mitreisenden, die sich über das Geschrei beklagten.

Der Zug sauste durch Stoppel- und Rübenfelder; hier und da zeigte sich ein kahler Abhang mit Reben bepflanzt, an denen schon blaue Trauben unter dem Laub hervorleuchteten.

Endlich war er am Ziel. Im Menschentrubel des Bahnhofs klopfte er notdürftig seine Kleider sauber, nachdem er vorher der Mutter noch den kleinen Jungen und eine Handtasche in den Wartesaal getragen hatte.

Es war ein klarer Oktobertag, und auf der Königsstraße flutete eine geschäftige Menschenmenge. Erdmann war so die Stille und Einsamkeit gewöhnt, daß ihm fast schwindelte, als nun auch noch die Parade mit klingendem Spiel sich durch die elektrischen Wagen, Droschken und Automobile wand, von mitmarschierenden Burschen, halbwüchsigen Mädchen, Kindern und Arbeitern mit frohen Gesichtern begleitet.

Die stille Straße, in der die Wohnung des Prälaten lag, war bald erreicht. Erdmann betrat mit Scheu das vornehme Vestibül und die breiten, teppichbelegten Marmortreppen. Das Vorzimmer, in das das Zimmermädchen ihn führte, war stilvoll eingerichtet: überall nachgedunkelte Mahagonimöbel, Spiegel mit breiten Rahmen und auf dem Tisch eine kunstvolle Visitenkartenschale, über die Erdmann den Kopf schüttelte, denn sie wurde von einer zierlichen Nymphe getragen, die für seinen der Kunst ohnehin abholden Geschmack etwas Peinliches in diesem Hause hatte.

Dann öffnete sich eine Flügeltür, und ein großgewachsener, wuchtiger Mann lud ihn zum Nähertreten ein. Blendendes Sonnenlicht fiel durch die hohen Fenster des Studierzimmers, an denen schlichte Leinenvorhänge zu beiden Seiten herunterhingen. Das Zimmer machte einen fast kahlen Eindruck, und die Ausstattung war sehr einfach im Gegensatz zu dem Vorzimmer: ein hartgepolstertes Ledersofa und einige Rohrstühle, eine Reihe Bücherschränke mit grünseidenen Vorhängen hinter den Glastüren, und auf der hellgrünen, einfarbigen Tapete ein paar gute Kupferstiche und einige Familienbilder; dazu ein altväterischer Schreibtisch, der mit Stößen von Schriftstücken beladen war.

Der Prälat selber war ein Sechziger mit ergrautem Haar und scharf geschnittenem, bartlosem Gesicht. Ein Paar kluge Augen blickten unter der Herrscherstirne hervor, das massive Kinn zeugte von Willenskraft, und die harte Energie des Mundes wurde durch einen Ausdruck von Güte gemildert. Er war sehr sorgfältig und sauber gekleidet und hatte langsame, würdevolle Bewegungen.

«Sie haben mich zu sprechen gewünscht, Herr Vikar», begann er und warf einen forschenden Blick auf den jungen Mann, der vor ihm saß in leise gebückter Haltung und nach dem Anfang suchte. Auf die Anrede des Prälaten hin richtete er sich auf und begann nun, erst stockend, dann fließend.

«Ich wollte Sie... um... Entlassung aus dem Kirchendienst bitten.»

«Darf ich nach den Gründen fragen?» Es klang ohne Überraschung, nur das Zucken der Augenbrauen verriet die Bewegung.

«Es sind keine Glaubensgründe, im Gegenteil, mein Amt ist mir lieb und teuer, auch dachte ich stets, daß ich eine gewisse Begabung dazu hätte. Aber daran bin ich irre geworden, wie überhaupt an der sittlichen Berechtigung dieses religiösen Amtes, wie es sich allmählich gestaltet hat; wir sind ein Zwitterding von Staatsbeamter und Christentumsbote, und die zwei vertragen sich nicht zusammen.»

«Hm... sind Sie durch besondere Erlebnisse zu dieser Einsicht gekommen?»

«Ja.»

«Können Sie mir sie darlegen?»

«Zuerst muß ich gestehen, daß die Empfindungen, die mich zum Austritt treiben, schon lange in mir lebendig waren; ich habe stets den Zwiespalt empfunden, wenn ich predigen sollte ‚Selig ihr Armen'; zu unerträglicher Spannung wuchsen sie aber erst, als man mir ein Schriftstück vorwies, in dem ich häßlich verleumdet wurde, und bei der Art, wie sich mein kirchlicher Vorgesetzter dazu äußerte; der verschiedene Geist wurde so deutlich...»

«Ich habe Einsicht davon genommen, Ihre Rechtfertigung, wie sie Ihr Herr Dekan uns übermittelte, wird von uns für unanfechtbar gehalten. Aber dies allein genügt noch nicht, so etwas kann jedem vorkommen...»

«Nein, aber ich habe am gleichen Tag ein Gespräch zwischen einem unserer frömmsten Männer mit der Lehrersfrau belauscht, ohne es zu wollen, und das hat mir einen erschütternden Eindruck gemacht, es zeugte mir von einem tiefgehenden Mißtrauen gegen den bezahlten Religionsbeamten, ganz allein um seines Amtes willen.»

«Das mag ja sein in manchen Kreisen, aber das wird doch fast in allen Fällen mit der Zeit durch die Persönlichkeit des Geistlichen überwunden, und die meisten Menschen denken überhaupt nicht so weit.»

«So ist es mir eben *nicht* gelungen, dieses Mißtrauen zu überwinden, und um so eher sollte ich ein Amt verlassen, für das ich nicht genüge. Ich weiß nicht, Herr Prälat, ob Sie mich verstehen können...»

«Gewiß kann ich das, Herr Vikar», der Ausdruck von Güte um seinen Mund vertiefte sich, «auch ich war einmal achtundzwanzig Jahre alt. Und nun lassen Sie mich einmal sagen, wie ich die Sache ansehe. Vor allen Dingen: Wie lange sind Sie in Tannheim, daß Sie schon persönlichstes Vertrauen verlangen, trotz Ihres durch den Mammon besudelten Amtes? (In Ihrem Fall ist er auch wahrhaftig nicht so überwältigend groß.) Sie sind knapp dreiviertel Jahre dort. Der Bauer braucht aber dreimal vier Jahre, bis er auf einen Menschen schwört, daß er's ehrlich meint. Arbeiten Sie einmal so lange unter ihnen, und dann kommen Sie wieder. Was übrigens diesen störenden Mammon anbelangt, so steht es Ihnen ja frei, sich seiner zu entledigen und Ihren Verbrauch auf das Minimum, das Ihrer religiösen Wirksamkeit zuträglich erscheint, zu beschränken.»

Der Prälat hatte mit ganz leisem Humor gesprochen, und der abweisende Ernst im Gesicht des jungen Mannes focht ihn nicht an. Herzlicher fuhr er fort:

«Erscheint Ihnen wirklich die Kirche so verrottet, daß Sie ihr nicht ehrlich dienen können? Denn das ist doch Ihr Hauptgrund, wenn Sie ihn auch nicht extra aussprachen. Es ist wahr, sie ist Menschenwerk, wie der Staat auch, und als solches gebrechlich. Wollen Sie lieber der Schule, der Presse dienen? Es ist überall die gleiche Krankheit, denn es sind die gleichen Menschen. Ich könnte nun hochmütig im Namen der Kirche sagen, sie brauche Ihre Dienste nicht... Aber nein, diese Kirche kann Ihrer Dienste nicht entraten, gerade der Ihren nicht in dieser skeptischen und materialistischen Zeit, und ich sage Ihnen, es ist Ihre Pflicht, an dem Platz zu bleiben, auf den Gott Sie gestellt hat», er sprach erregter, «einerlei was Stundenbrüder und -schwestern für Begriffe von priesterlicher Heiligkeit haben. Aber in Ihnen steckt auch ein gut Stück sektiererischer Hochmut...»

Der Vikar schwieg betroffen. War das wahr? Er blickte unsicher auf mit diesem Kindesblick, der so merkwürdig zu dem eigenwilligen Mann paßte und der den hitzigen Prälaten sofort besänftigte.

«Ich habe übrigens den besten Trumpf auf zuletzt aufgespart», sagte er ruhiger und holte ein Schriftstück von seinem Pult.

Kaum vierzehn Tage war es her, da hatte Erdmann ein ganz ähnliches in den Händen gehabt, auch das grobe beschmutzte Papier und das gleiche gelbe Hanfkuvert aus dem dörflichen Kramladen. Er las:

Hochlöbliches, sehr geehrtes, liebwertes
Konsistorjum!

Die unterzeichneten Einwohner von Hohenwald bitten das sehr geehrte Konsistorjum, den Herr Vikar Gottfried Erdmann nach Hohenwald als Pfarrer zu tun, wo wir doch so weit von Tannheim sind und schon eine eigene Kirche haben, wenn sie auch schlecht ist, und bereit wären, ein Häuschen, das behufs Todesfall der Gemeinde zugefallen ist, für den Herr Vikar herzurichten zu lassen. Selbiges hat zwei Stuben und eine Küche und eine Giebelstube mit anliegenden Garten und Acker. Wo doch der Herr Vikar wie ein Vater für uns in der Krankheit gesorgt hat mit der Freulein Harder und wir gewilt sind, uns von selbigen den Weg zur Säligkeit füren zu lassen, wo wir doch sonst das ganze Jahr kaum einmal zur Kirche gehn können und unsere Kinder kaum ein halwes zur Schule. Der Herr Vikar weiß nichts von diesem Schreiben, wir haben es heimlich gemacht.

Der Vikar wurde blaß vor innerer Bewegung, als er das Schriftstück las, das von sämtlichen Männern und Weibern Hohenwalds, außer dem Elias, unterschrieben war. Etliche Kreuzchen deuteten darauf, daß einige Alte die Schreibkünste ihrer Jugend gänzlich vergessen hatten. Selbst der Sägmattheis stand da, er hatte sich nicht gut entziehen können, und der schlaue Mann rechnete mit der

Anklageschrift und daß man nimmermehr einen Pfarrer an dem Orte so schweren Ärgernisses anstellen und gar noch eigens eine neue Stelle deshalb schaffen werde. Seine Unterschrift hielt er für das beste Mittel, den Anteil an der Klageschrift, die er mit dem Waldhornwirt verfaßt hatte, zu verleugnen.

«Nun, Herr Vikar, ich dächte, Sie könnten Ihren Amtskatzenjammer durch dieses Schriftstück kurieren lassen, ist es nicht so?»

Der Vikar neigte den Kopf in Gedanken. «So viel Vertrauen verdiene ich nicht», murmelte er, während glühende Freude sein Herz durchflutete.

«Dann nehmen Sie es als Geschenk und hören Sie weiter: Auf dem Konsistorium wurde schon vor einem halben Jahre beschlossen, mit der Zeit auf Hohenwald eine ständige Pfarrverweserei einzurichten, die auch die Gehöfte und Mühlen versorgt. Wollen Sie sich einstweilen mit dem Häuschen begnügen, das Ihnen die Gemeinde stellt, so können Sie im März dort einziehen. Ich meine, wenn Sie jetzt noch unsrer Kirche den Rücken drehen wollen und damit der Gemeinde, die Ihnen vertraut, so sähe das wie Feigheit und Fahnenflucht aus, oder zeugte von viel Hochmut und Beschränktheit; beides, lieber Herr Vikar, traue ich Ihnen nicht zu.»

Erdmann blickte den Prälaten freimütig an: «Ich will es in Gottes Namen versuchen.»

Dieser nickte freundlich. «Eine fette Stelle ist es nicht, wenn Ihnen das ein Trost ist, und Sie müssen einige Jahre dort bleiben; danach mögen Sie tun, was Sie nicht lassen können.»

Erdmanns Augen leuchteten auf. «Mir ist es lieb so, und ich gehe mit solchem Mut an die Arbeit, das danke ich Ihnen, Herr Prälat...»

«Daß Sie mit mir zufrieden sind, ehrt mich; denn euch jungen Idealisten ist's schwer recht machen», sagte der

Alte mit leiser Ironie und erhob sich, um die Audienz zu beenden. «Nun sorgen Sie uns noch für eine tüchtige Pfarrfrau, oder geht das auch gegen Ihre Prinzipien?»

Erdmann errötete tief. «Nicht mehr...»

«Aha, nun, dann gratuliere ich herzlich.»

Erdmann stand auf der Straße und wußte nicht wie; er war hergegangen, um seine Verbindung mit der Kirche zu lösen, und hatte sich auf Jahre verpflichtet, in ihr zu arbeiten. Alles schien ihm so verändert. Konnte es wirklich sein, daß er die Lage so einseitig beurteilt hatte?

Dann dachte er, was Gertrud dazu sagen werde, und daß sie sich freuen werde, und daß er jetzt ganz zuversichtlich vor den Pfarrer Harder treten dürfe und um seine Tochter werben. Es war ihm fast unheimlich, wie alles so glatt und normal war. Kam es daher, daß er doch nicht tiefer empfand? Nicht wahrhaftiger war als alle andern, wie er doch im stillen oft geglaubt hatte? Oder war es Gottes Güte, die ihm nun die inneren und äußeren Schwierigkeiten wie mit einem Schlage wegräumte? Das Wort eines alten Lehrers an ihn fiel ihm ein: Das Leben ist schon an sich so schwierig und kompliziert, wenn man es nämlich lebt, daß du dich hüten mußt, es eigenwillig noch zu komplizieren, sonst verpuffst du Kräfte an Außendinge, die du alle für die Hauptsache nötig hast.

Ein Gefühl von Jugend überkam ihn und machte ihn trunken wie von jungem Wein. Er dachte nun, daß er eigentlich noch nie recht jung gewesen sei, und der Gedanke, daß sich das für ein solches «Gefäß der Sünde» auch nicht schicke, kam ihm nicht, sondern er gab sich der frohen Welle hin. Er trieb die Straße hinunter mit den andern, hübsche Mädchen blickten ihn an, junge Frauen rauschten in leise knisternden Seidenröcken an ihm vorüber und strömten einen feinen Blumenduft aus, Pärchen begegneten ihm, und er dachte mit heißer Freude daran, daß er so auch einst mit Gertrud gehen werde. Er sah sie fast leibhaftig vor sich: Die zierliche Gestalt mit der ihr eigenen ernsten Anmut, das goldblonde Haar, in das sich alle Sonnenstrahlen verfingen, die dunkelgrauen großen Augen, das feine Näschen... alles das sollte sein werden! Stolz reckte er den Kopf.

«Gotteswort vom Land!» schrie ein frecher Schusterjunge ihn an, weil er gegen ihn gestoßen war. Aber das störte ihn gar nicht, er lachte sogar.

Dann fiel ihm ein, daß er Gertrud eine Freude machen wollte. Vorsichtig lugte er in seinen Geldbeutel: ein einsames Goldstück trieb sich neben einigen Nickeln umher. In einem Juwelierladen erstand er einen einfachen, glatten Goldreif. Dort im Spiegel fiel ihm auch auf, daß sein Hut gar verbeult und grau aussehe und daß Gertruds Tintenverschönerung nicht viel geholfen hatte. Das Geld reichte noch gerade, einen neuen zu kaufen; als Bräutigam mußte er wohl etwas mehr auf sein Äußeres sehen.

Bei einem alten Studienfreund brachte er die Nacht zu, und als er am andern Morgen früh wieder in dem rollenden Zug saß, zog er seinen Ring heraus und blickte ihn lange zärtlich an: «Heim zu dem Mädchen, das ich liebe, zu der Gemeinde, die mir vertraut. Wie glücklich kann man sein auf dieser Erde – – –»

Neunzehntes Kapitel

Es war März geworden, und im Hause des Pfarrers Harder rüstete man zur Hochzeit. Als Erdmann damals von dem Prälaten heimgekommen war, hatte er sofort um Gertrud angehalten. Vater Harder war starr vor Staunen gewesen, natürlich ahnungslos, wie alle Väter es sind bei solchen Anlässen. Dann machte er ein recht sorgenvolles

Gesicht, sah vom Vikar zur Tochter und fragte fast schroff: «Willst du ihn denn, Gertrud?»

«Ja, Vater», antwortete das Mädchen schlicht, und eine glühende Röte stieg ihr bis in die hellen Haare hinein, «ich hab ihn lieb.»

Der Vater hustete, sah verlegen die Tochter an, die ihm so fremd erschien, und stotterte dann: «Ja, da muß ich wohl meinen Segen geben.» Er stand schwerfällig auf und trat vor den jungen Mann hin. «Es ist mein bestes Kind, Erdmann, und ich dachte... halten Sie sie hoch... Trudel...» Er blickte sich hilflos um, denn die Rührung erstickte ihm die Stimme.

Das Mädchen flog ihm an den Hals, Erdmann preßte die welke, fleischige Hand des Alten mit krampfhaftem Druck. «Gott gebe, daß ich sie glücklich mache», und damit sah er wieder mit diesem reinen Kinderblick dem Vater in die Augen, so daß dieser bewegt Gertruds Arme von seinem Halse löste und die Hände des Brautpaares zusammenlegte.

«Aber, Kinder, eine Ausstattung kann ich euch nicht geben, das Mädel hat seinen ganzen Anteil verstudiert.»

«Ach, Vater, das macht nichts», sagte Gottfried strahlend, «es ist mir sogar lieber so.»

«Ich werde mir schon Stück für Stück selbst verdienen, das macht viel mehr Freude, als wenn alles auf einmal da ist», fiel Gertrud ein.

Vor Frau Harder hatte sich Erdmann am meisten gefürchtet und sonderbarerweise ganz unnötig. Sie hatte schon lange aufgegeben, Gertrud je zu verheiraten, und es peinigte sie, daß sie das Leben ihrer Tochter nicht mitleben konnte, es war ihr zu quer, zu fremdartig. Aber jetzt – Verlobung, Ausstattung, Hochzeit, vielleicht bald kleine Kinder – das flog wie eine Kette freudiger Sorgen durch ihren Kopf; da konnte sie sich mitfreuen, und voll Mütterlichkeit blickte sie den hochgewachsenen jungen

Mann an, der ihr die Tochter neu geschenkt hatte. Ausgelöscht waren für sie plötzlich seine Fehler, sie adoptierte ihn sofort als Sohn in ihrem Herzen, und Erdmann merkte voll Staunen die verwandelte Gesinnung.

Nach ihrer praktischen Art stürzte sich Frau Harder gleich in materielle Fragen.

«Laß mich nur machen, Alterchen», tröstete sie den Ehegatten, «wir können ein Gastbett und Gertruds Bett entbehren, der Schreiner mag sie aufpolieren, überhaupt Gertruds Zimmereinrichtung, und für Weißzeug – da muß eben Hellmine etwas von ihrem Erbteil abgeben, das sparen wir in ein paar Jahren wieder zusammen...»

In demselben Augenblick sauste Hellmine herein mit fliegenden Haaren, ihr folgte langsam Johanne.

«Ist's wahr, Trudel? Schwesterchen... ich bin ja selig.» Sie drückte die Schwester in ihren kräftigen Armen, ließ sie dann schnell los, drehte sich zu Erdmann, gab ihm einen schallenden Kuß und sagte glühend vor Freude: «Gottfried, ich bin froh, daß du mein Schwager wirst, und ich hab's schon lang gewußt.»

«Gewußt?» fragte Gertrud erstaunt.

«Früher vielleicht als ihr.»

«Kleine Schwindlerin!»

«O nein, ich hatte euch nur beide lieb und wünschte es, und dann merkte ich es auch.» Ihre Augen glänzten von Tränen.

Nun trat auch Johanne hinzu, küßte Gertrud anmutig auf beide Wangen, schüttelte dem neuen Schwager, der ganz benommen dastand, die Hand und sprach einen wohlgeformten Glückwunsch aus.

Allmählich kam dann die Familie wieder ins Gleichgewicht; Vater Harder rechnete und rechnete, um seinem Liebling doch etwas mitzugeben, und komponierte dazwischen zur Erholung ein Hochzeitslied; die Mutter hatte nichts als Leintücher, Servietten, Handtücher und warme

Hemden für den Hohenwalder Winter im Kopf, Hellmine wälzte große Pläne zu herrlichen Geschenken, die sie der geliebten Schwester arbeiten wollte, die aber alle an Unausführbarkeit litten, und Johanne stickte stille mit vielen fleißigen Stichen den Besatz für ein Dutzend Hemden, die sie selbst der Schwester nähte; sie plante nie mehr, als was sie leisten konnte, das führte sie aber immer gut zu Ende.

Das Brautpaar selbst benahm sich äußerst taktvoll, wie alle Einwohner des Hauses versicherten; nie sah man sie zärtlich, wenn auch beiden die Liebe aus den Augen leuchtete. Besonders Gottfried Erdmann war von größter Zurückhaltung, und Gertrud verstand es, sich mit dem Instinkt des liebenden Weibes seinen Stimmungen anzupassen. An dem heißen Druck seiner Hand, an dem Blick, der mit fast angstvoller Zärtlichkeit den ihren suchte, an der schmerzhaften Leidenschaft, mit der er sie in seltenen Stunden ans Herz drückte, fühlte sie, wie teuer sie ihm war.

Fleißig ging sie ihrem Beruf nach, und er dem seinen; oft führte er sie unerwartet zusammen an ein Krankenbett; dann lächelten sie sich an, und er wartete still, bis sie fertig und wieder gegangen war.

Im Januar erhielten die Hohenwälder die Nachricht, daß ihrer Bitte Gehör gegeben worden sei, sie möchten das Häuschen bis zum zwanzigsten März in wohnlichen Zustand versetzen, bis später der Staat ein eigenes baue.

Der Sägmattheis war wie vor den Kopf geschlagen; er erstickte fast vor Wut, die er doch nicht hinauslassen durfte, um sich nicht zu verraten; nur mit dem Elias hielt er eine leidenschaftliche Zwiesprache, in der die beiden fluchten und tranken und mit vorsichtig gedämpften heiseren Stimmen flüsterten, dabei stets vor Lauschern auf der Hut.

Sonst war große Freude in Hohenwald, man ging den Sägmattheis an, er solle Fronarbeiten ausschreiben für die

Gemeinde, um das Häuschen von Besenbinders Christiane instand zu setzen. Widerwillig gab er endlich nach. Dann wurde getüncht innen und außen, die klapperigen Fensterladen grün gestrichen, das filzige Strohdach mit hellroten Ziegeln ausgeflickt, ein neuer Zaun ums Gärtchen aufgerichtet. Die Weiber putzten die alten Fußbodendielen, bis sie grauweiß glänzten, und gruben an schneefreien Tagen das Gartenland um, bis es als feuchtbraune Fläche in der blassen Wintersonne lag.

Der Wurstergottlieb und der Köhlersamuel taten ein übriges, indem sie ein kleines Hühnerställchen anbauten, damit «ihre Pfarrere» die Hühner nicht in der Stube haben müsse, wie die Christiane. Die Weiber aber schleppten ihre schönsten Blumenstöcke herbei und stellten sie auf die schmalen, vom Holzwurm zerfressenen Simsen, die vom Schneiderjul schön mit grüner Farbe angestrichen worden waren, denn ein Maler existierte nicht in Hohenwald.

Zähneknirschend mußte der Sägmattheis Befehl geben, Brennholz herbeizuführen aus dem Gemeindewald, denn so war es vom Konsistorium angeordnet, und fluchend suchte der Elias im Wald die schlechtesten Bestände aus. Und dann kamen hurtige, willige Hände mit Säge und Beil, selbst junge Buben hackten auf kleinen Blöcken feines Anzündholz, und die Mädchen schichteten das Kleinholz zu schönen festen Wänden unter das breit vorspringende Dach, bis ihnen die Hände von Harz klebten und von Splittern bluteten und sie selbst auf den Zehenspitzen nicht mehr die Kante der selbstgefügten Mauer erreichen konnten.

Und nun rückte der Hochzeitstag herbei. Man hatte Erdmanns Bitten nachgegeben, das Fest im engsten Kreise zu feiern, nur Eberhard Märkel war erschienen im tadellosen langen schwarzen Gehrock und strahlend blanken Zylinder, neben dem der Hochzeitsrock des Bräutigams, den der Dorfschneider von Hohenwald gebaut hatte, sehr verblich, was Johanne mit innerer Genugtuung konstatierte. Zu einem Zylinder hatte er sich überhaupt nicht herbeigelassen, das unnütze Möbel erlaubten ihm weder sein Geldbeutel noch seine Grundsätze, und Gertrud war die Sache zu unwichtig, um ein Wort darüber zu verlieren. Von Erdmanns Familie kam niemand, da er keine Geschwister hatte und die andern Verwandten ihm zu fern standen; nur der Freund, bei dem er in Stuttgart übernachtet hatte, tat ihm den Dienst des Brautführers. Er war Redakteur an einem christlichen Familienblatt, jünger als Erdmann, mit hübschen, glatten Zügen, einer weichen Stimme und einem weiblichen anschmiegenden Wesen, das gerade Gegenteil von dem Bräutigam.

Der Hochzeitstag brach an. Es war einer dieser Märztage, bei dem uns die Ahnung des kommenden Frühlings das Herz weich und sehnsüchtig macht. Ein warmer Föhnwind kam von Süden und brauste über die schneebedeckten Hochflächen des Schwarzwaldes. An den Südhängen des Gebirges erschienen braune Flecken Erde mit falbem Gras, die sich immer mehr ausdehnten, und der Wind, dessen Schwingen schwer von warmer Feuchtigkeit waren, bedrängte sogar die Schneemulden auf der Nordseite, über denen noch bläuliche Kälte lagerte und die der Sonne oft bis in den April hinein widerstanden.

Am Himmel zogen majestätische Wolkengebilde, wie von Riesenhänden geballt, schwarzgrau mit hellen Rändern, oder andere aus brodelndem weißem Nebel gebildet, die noch tiefer hingen und sich vor den grauen herschoben, alle hastig und ruhelos einem Ziel zustrebend. Im Süden aber lag die Kette der Alpen da, fast dunkelblau mit weißen Gipfeln, die von der Sonne bestrahlt erschienen.

Es war Zeit zum Kirchgang; Gottfried Erdmann stand bei der Familie im großen Wohnzimmer, man wartete auf die Braut. Er hatte ein Gefühl, wie wenn er träumte, dieses Gefühl, das den Menschen stets in seinen entscheidungsvollsten Stunden überfällt, in denen er nur noch empfindet: ich lebe nicht, ich werde gelebt. Dieses traumhafte Bewußtsein machte ihn völlig schweigsam, und niemand störte ihn darin. Johanne und Hellmine flatterten in ihren rosa Kleidern durch das Haus, trotz des hochzeitlichen Putzes noch überall helfend. Vater Harder lehnte im Chorrock am offenen Fenster, unter dem die Läutebuben im Sonntagsstaat auf das Zeichen zum Beginn warteten. Die Straße wimmelte von Landleuten, besonders Hohenwäldern, die man an der Tracht und den vom Weg beschmutzten Schuhen von den Tannheimern unterschied.

Der junge Redakteur versuchte eine sich träg hinschleppende Unterhaltung mit Märkel zu führen, der aber lieber seiner anmutigen Braut verliebte Blicke zuwarf. Agathe hatte eine Nachbarin zur Hilfe in der Küche, und liebliche Bratendüfte durchzogen das Haus. Da aber die Familie über keinen prosaischen alten Onkel verfügte und Vater Harder zu sehr bewegt war, wurden sie ignoriert.

Endlich öffnete die Mutter die Zimmertür, und Gertrud erschien in einem losen weißen Kleid aus weicher Wolle mit kleiner Schleppe, das blasse schmale Gesicht von duftigen Schleierwolken umgeben. Ihre Augen suchten ernst den Bräutigam, dann ging sie rasch auf ihn zu, und er vergaß alle Menschen um sich her und sah nur die vertrauensvollen Augen, die zu ihm aufsahen. Da beugte er den Kopf und küßte sie, und es war den Zuschauern gerade, als ob diese Handlung genügen müßte zum Ehebund, ein solch hingebender Ernst lag darin.

In diesem Augenblick begannen die Glocken zu läuten; ihr Klang floß in breiten Wellen vom brausenden Föhn getragen in das Zimmer und brachte alles in Bewegung. Der kleine Zug ordnete sich. Kinder hatten den Weg mit Tannenzweigen bestreut, und vor der Eingangstür der Kirche standen zwei schlanke Tännchen mit bunten Papierfähnchen geschmückt. Als das Brautpaar eintrat, wurde es von jubelndem Orgelspiel empfangen; die kleine Dorforgel und der Lehrer taten ihr Bestes. Die Kirche war gefüllt bis zum letzten Platz, auch zeigte sich nirgends eine feindselige Haltung; es hatte doch keiner das Herz, dem Kind des Pfarrers seinen schönsten Tag zu vergiften. Wer haßte, hielt sich im Hintergrund, die Liebe drängte vor und machte die Feindschaft vergessen.

Der alte Pfarrer war so bewegt, daß er fast nicht sprechen konnte, und sein Schwiegersohn dachte nicht daran, ihm daraus oder aus irgend etwas anderem heute einen Vorwurf zu machen. Der Gesangverein hatte einen Choral eingeübt, der mehr gut gemeint als gut geraten war, denn ein heiserer Tenor schwebte immer über dem Chor und tat sich hervor, und das Lied klang, von den rauhen Männerkehlen gesungen, reichlich kriegerisch für diese Gelegenheit. Dann kamen die Schulkinder dran mit ihren lieben hellen Kinderstimmen und sangen das einfache Hochzeitslied, das Pfarrer Harder komponiert und gedichtet hatte, und damit war es mit des weichherzigen alten Mannes Fassung vorbei. Sein Segen war ein Stammeln; aber das hatte nur die Folge, daß alle Weiber die großen Schnupftücher zogen und heulten, obgleich sie das auch so getan hätten; denn es ist eine alte Gewohnheit von Frauen, daß sie bei einer Hochzeit in der Kirche weinen, und vielleicht tun sie recht daran.

Das Hochzeitsmahl in dem kleinen Kreis verlief feierlicher, als es Brauch ist; der Redakteur hielt eine erbauliche kleine Tischrede und Märkel eine unerbauliche große; Johanne und Hellmine sangen das Duett «Wo du hingehst, da will auch ich hingehen», und Frau Harder schüttelte bald dem Schwiegersohn mit krampfhaftem Druck und vielen unausgesprochenen Worten die Hand, bald beobachtete sie mit scharfem Blick ihr jüngstes Kind, das seine herzhafte Natürlichkeit vor dem etwas gezierten

Redakteur entfaltete und sehr fleißig der Torte zusprach.

Von dem Brautpaar selbst aber ging ein solcher Strom stillen, gehaltenen Glückes aus, daß es alle lärmende Lustigkeit verbannte; denn das Antlitz dieses Glückes war nicht so lachend und sorglos, wie es zu Kindern kommt, es war auch nicht verhüllt von geheimnisvollen Schleiern, es war ein reifes, schweres Glück, das leicht Tränen in den Augen hat.

Am späten Nachmittag brachen sie auf. Waldhornwirts kleiner Einspänner fuhr rasselnd vor; der Kutscher hatte rote Schleifchen an seine Peitsche und an das Geschirr des Pferdes gebunden, und unter Tücherschwenken und Tränen sahen die Zurückbleibenden dem verschwindenden Wagen nach. Sorglich hüllte Erdmann die Reisedecke um seine junge Frau und ließ sich dreimal versichern, daß ihr warm und behaglich sei.

«Auch froh?»

Sie nickte und lächelte, aber ihre Augen hatten einen verräterischen Glanz. Er suchte ihre Hand unter der Decke und wärmte sie; dann hielt er sie in seinen beiden fest.

«Nun bin ich also kein Kind mehr, kein bißchen, sondern eine ernste Frau, die weiß, daß das Leben kein Spiel ist. Hilf mir, es recht leben», bat sie weich.

«Ich dir helfen? O Gertrud, kann ich das?»

«Ja – stärke *mein* Gutes und kämpfe gegen *mein* Böses, aber laß mir *meine* Art. Willst du das?» Sie sah bang zu ihm auf.

Er versprach es durch einen innigen Blick.

Da lehnte sie den Kopf an seine Schulter und dachte und fühlte nichts mehr, als daß sie eins seien und immer bleiben wollten. Ihre Seele sank so tief in seine, daß sie alle Gedanken fluten hörte, die ihn durchschauerten. Leise legte er den Arm um sie, und schweigend fuhren sie durch den düsteren, im Winde rauschenden Wald.

Als sie nach Hohenwald kamen, sank die Dämmerung

herein, nur am westlichen Himmel leuchtete noch ein schwefelgelber Streifen, und in den hinein ragte der kleine ärmliche Kirchturm. Die Straße war voll mit Menschen, und die Kinder umtanzten den Wagen mit Hurrahgeschrei; von dem Turm klang begrüßend das dünne Schetterglöckchen, und die kleine Pfarrhütte strahlte im Schmuck von Kränzchen und Papierschleifen.

Aber hier fehlte die leitende Hand. Kein Redner erschien zum Willkomm, denn der Sägmattheis hatte eine nötige Reise vorgewendet, um sich zu entfernen, und kein Lehrer hatte einen gesitteten Chor zusammengebracht. Dafür aber sprach alles zusammen auf die beiden ein in der rauhen Sprache der Wäldler; immer wieder streckten sich harte, verschaffte Hände aus und wollten geschüttelt werden, immer wieder brach der Jubel der Kinder los, stammelten die Männer und Frauen ungefüge, aufrichtige Worte von Dank und Freude, bis endlich die Frau des Sägmattheis die Tür zum Häuschen öffnete, daß helles Lampenlicht auf die Straße fiel.

Am liebsten wären nun alle hineingedrängt, um den Eindruck zu beobachten, den ihre armen Verschönerungen auf die junge Pfarrerin machen mußten; aber mit feinem Takt hielt die Wirtin sie zurück, und das junge Paar trat allein über die Schwelle, nur an der Tür zu der winzigen Küche stand rot und verschämt das Hannele; das sollte die grobe Arbeit tun und war ungeheuer stolz, Pfarrmägdle zu sein, wie man es wohlwollend rief und was ihr sehr vornehm klang.

«Deinen Eingang segne Gott», sagte Erdmann bewegt, als er die Tür zu der niedrigen Stube öffnete. Auf dem weißgedeckten Tisch stand die Lampe, bunt bemalt, für ländlichen Geschmack; das war Agathens Hochzeitsgeschenk; daneben ein zuckerbestreuter Napfkuchen, zierliche Tassen, Brot in einem weißen geflochtenen Körbchen und eine kleine Platte mit rohem Schinken, zu dem das

Hannele soeben noch warme Eier brachte. Das hatte die Wirtin so angeordnet.

Gertrud sah sich strahlend um; unter ihren Füßen knirschte der Sand, mit dem die weißen Dielen bestreut waren. Sie ging von Möbel zu Möbel, meist altvertraute Stücke in neuem Glanz; am Fenster stand ein bequemer Liegestuhl, eine Karte steckte daran: «Von Euerm treuen Freunde Theobald Frey.»

Die junge Frau sah feuchten Auges zu ihrem Gatten auf. «Wie gut von ihm, und wie wünsche ich ihm alles Glück – – –»

«Warum durfte *ich* dich gewinnen? Frey ist mehr wert als ich...», sagte Gottfried gedankenvoll.

Sie ließ ihn nicht ausreden, sondern verschloß ihm stürmisch den Mund mit Küssen.

«Ich liebe dich, und weiter will ich jetzt nichts wissen und denken, als immer nur: ich liebe dich, ich liebe dich –»

Da nahm er sie fest in seine Arme, als ob er sie nimmer lassen könnte.

Um die kleine Hütte aber brauste der warme Frühlingssturm.

Zwanzigstes Kapitel

Es waren wunderliche Flitterwochen, die die jungen Pfarrersleute verlebten. In den ersten Tagen waren sie wie im Traum; sie machten lange Wanderungen, die meist bei einzelnen auswärtigen Patienten des Leibes oder der Seele endeten, und auf dem Hin- und Rückweg war Gertrud so übermütig vor Glück wie ein Kind, so daß sie ihren ernsthaften Mann mit ansteckte. Erdmann war wie aus dem Gleichgewicht gebracht, manchmal bat er sie: «Halt ein, mir wird bang, es ist zu viel, ich muß mich erst daran gewöhnen.»

Dann begann sie sofort ein ruhiges schwesterliches Gespräch, bis plötzlich das heiße Glück der Liebe wieder irgendwo durchbrach und beide mit fortriß.

Das häusliche Leben war für Gertrud nicht ganz leicht, denn das Hannele war zwar sehr willig, aber ebenso unerfahren. Dazu sparte sie allzu sehr am Wasser, denn das mußte sie ziemlich weit weg am Brunnen holen. Ihre Kochkünste beschränkten sich auf «brennte Supp» und «Grumbiere» und «Knöpfle», und Gertrud versuchte ihr noch allerlei Gerichte beizubringen; da kein Metzger am Ort war, sondern nur einmal in der Woche einer von Tannheim herkam, so war der Kreis klein, in dem sich der Küchenzettel bewegte. Dazu kam, daß es gleich in den ersten Wochen etliche Patienten in Nachbarorten gab, denn das kommende Frühjahr nahm mit, was allzu morsch war. Die Männer waren beim Holzschlagen; auch da gab's allerlei Unglücksfälle: Verletzungen mit dem Beil, stürzende Bäume, die Unachtsame streiften, so daß Gertrud oft fort und dem Hannele das Essen anvertrauen mußte. Das holte sich dann in kritischen Momenten die Mutter herüber, oder wenn das nicht anging, klopfte sie bescheiden am Studierzimmer und bat den an der Predigt arbeitenden Hausherrn mit zutraulichem Lächeln: «Herr Pfarrer, tätet Sie g'schwind in d'Küch komme und mir helfe, den Pfannkuche wende, i han so Angst druf.» Worauf dieser gutmütig und hilfsbereit folgte, und wenn es dann doch ein Unglück beim Wenden gab, so machte das nichts, der Herr Pfarrer war immun, und im Notfall stellte sich die junge Frau, wenn sie müde von der Praxis heimkam, noch ein Stündchen an den Herd und machte gut, was ihre kleine Köchin schlecht gemacht hatte.

Das Hannele liebte seine Frau leidenschaftlich und war selig, wenn es gelobt wurde, und den Tadel kleidete die

Hausfrau so humoristisch ein, daß das Mädchen, das grobe Geschosse gewöhnt war, ihn gar nicht spürte.

Die Wohnung war sehr eng, aber man behalf sich. Die große Stube war Gertruds Studier- und zu gleicher Zeit Eßzimmer, die kleinere hatte sich Erdmann mit einem primitiven Bücherständer, dem Schreibtisch seines verstorbenen Vaters und etlichen Stühlen eingerichtet. Hier waren die weißen Wände kahl und ohne Bilderschmuck, doch hatte er widerwillig zugegeben, daß Gertrud im Wald Efeuranken ausgegraben und in Kästen gepflanzt hatte; die sollten nach und nach die Wand umspinnen. Das paßte besser als jeder andere Schmuck zum Charakter des Zimmers, das etwas sehr Ruhiges, fast Starres durch seine peinliche Ordnung hatte.

Gertruds Stube war viel heiterer. Helle Vorhänge an den vier winzigen Fenstern und einen Blumentisch voll Geranien, Fuchsien, Hyazinthen, Tulpen, aus deren Mitte eine schneeweiße duftende Calla hervorragte. Der große Raum hatte zwei Abteilungen; in der einen war Gertruds Schreibtisch, auch ein altmodisches, massives Möbel, daneben ein Spiegelschränkchen aus Großmutters Zeiten, in dem Instrumente, Verbandstoffe und Arzneien aufbewahrt wurden, hinter einem grünen Wollvorhang das Waschgestellchen aus ihrer Kinderzeit. Hier hielt sie Sprechstunde, morgens von acht bis neun und mittags von zwei bis drei Uhr. Die andere Abteilung sah weniger ernst aus. Hier stand ein winziges Sofa mit hellem Kattun bezogen, davor der Eßtisch mit bunter Decke, am Fenster Gertruds Nähtischchen und Sessel, dabei die Blumen; in der Ecke ein stilloses Kommodchen mit der Lampe und an der Wand ein paar alte Kupferstiche.

Oben im Giebelzimmer war es kahl, außer den zwei ungleich geformten Betten fand sich hier nur ein weißgestrichener Kleiderschrank aus dem ehemaligen Vikarszimmer und ein Waschtisch, den Erdmann nach den Anweisungen seiner Frau aus einer Kiste gezimmert und den sie hübsch mit weißem Nesselstoff bekleidet hatte. Die Decke war hier so niedrig, daß die kleine Frau sie leicht mit der Hand erreichen konnte; dafür war aber der Ausblick aus dem Fenster um so schöner, er ging direkt auf eine sonnige, sanft abfallende Wiese, die von Tannenwald begrenzt war; dahinter tauchten weite Täler und blaue Höhen auf.

«Stilvoll ist unsere Einrichtung ja nicht, aber äußerst gemütlich», meinte Gertrud, als sie froh ihr kleines Reich überblickte. «Weißt du, Friedel, die Mädchen und Männer von heutzutage sind doch dumm, meinen, sie könnten nicht heiraten ohne goldene Hintergründe, und legen vor lauter Bedürfnissen sich die größte Entbehrung auf, nämlich die, nicht jung und froh mit dem Mann und der Frau zusammen zu leben, die sie lieben. 's ist eine feige, schwächliche Gesellschaft, der Mann traut sich nichts zu, und die Frau will nur genießen.»

«Und dafür suchen die Männer nach solchen entsetzlichen Surrogaten...»

«Aber wart nur, von uns Frauen her gibt's da Wandel, wir wollen nicht länger Luxustierchen sein, sowenig wie Arbeitssklaven.»

«Mein kleines tapferes Frauchen, wenn die Last nur nicht zu schwer wird und du nichts bereust.»

«Bereuen? Ich bereue nie, was ich getan habe», rief sie stolz, «selbst meine Dummheiten nicht, irgendwie schlägt alles zum Guten aus... und nun komm zum Essen. Es riecht schon fein nach unsren obligaten Pfannkuchen; die Kinder des Elias haben mir Feldsalat gebracht, dazu gibt's Kartoffelsuppe mit Liebe und Maggi gewürzt, liebster Mann, was willst du mehr?»

Mit drei Sprüngen war sie die hühnerleiterartige Treppe hinunter und stand am freundlichen Eßtisch, um die Suppe auszuteilen. Hier hatte auch das Hannele seinen Platz; es machte sich so dünn, als es konnte, legte schüchtern die saubergewaschenen Hände auf die reine Schürze und blickte nicht auf, bis der Hausvater das Tischgebet gesprochen hatte.

Gertrud kam ihrem Manne sehr entgegen in seinen Wünschen; sie beteiligte sich mit der kleinen Magd an der Andacht, die er morgens und abends hielt, und wenn ihr auch manches nur ein Bild für eine Wahrheit war, so unterließ sie doch jede Erörterung oder Polemik. Sie fühlte zu sehr, wie tief sein ganzes Wesen in dieser Form des Christentums wurzelte, und wie es daraus Kraft zog und Kraft gab, als daß sie mutwillig diesen Grund erschüttert hätte. Um so weniger, als sie seinen Charakter nicht zu trennen vermochte von dem Boden, auf dem er gewachsen war. Und diesen Charakter hatte sie lieb, sie wünschte nicht, daß er anders wäre; selbst wo er ihr unbequem wurde, verließ sie nie das Verständnis für seine Person. Dafür war sie zu reif und zu klar. Immer aufs neue war ihr anziehend seine Kraft und seine Lauterkeit und sein Idealismus; obgleich sie eine Ahnung hatte, als ob sie gerade unter dem noch viel zu leiden haben würde.

Der erste trübe Tag ihrer jungen Ehe war, als zum erstenmal der Gehalt ankam, gewiß ein sehr bescheidener für einen Hausstand; aber als der Briefbote ihm den schweren Geldbrief einhändigte und dabei sein graues, rotnasiges Stoppelgesicht schmunzelnd verzog, verfinsterten sich des jungen Pfarrers Züge – jenes Stundenbruders «Aber so viel net, so viel net» klang ihm in den Ohren. Ohne Trinkgeld mußte der Bote abziehen. «Der Geizkrag», murmelte der alte Mann im Hinabsteigen, «so e Heidegeld und für mi net emol e Schnäpsle.»

Im selben Augenblick flog Gertrud mit dem blinkenden Stahlrad um die Ecke; sie war in der Waldmühle gewesen, wo ein paar Kinder an Scharlach krank lagen. Es hatte in der Nacht geregnet, und das fußfreie derbe Lodenkleid mit der gleichfarbigen Jacke war mit Schmutz bespritzt, in wirren Locken drängten sich die blonden Haare unter der grauen Kappe hervor und flogen um das erhitzte Gesicht. Müde warf sie sich in den Sessel ihres Zimmers, ohne sich umzukleiden. In der Küche wirtschaftete das Hannele und machte einen Lärm mit dem Blechgeschirr, als ob sie alles zerbeulen und zerschlagen wollte. Von der Kirche läutete es zwölf Uhr.

Da trat Erdmann bei seiner Frau ein. Sie streckte ihm die Hand entgegen mit einem Lächeln: «Da bin ich wieder; wie ist es euch gegangen? Hat Hannele dich zu Hilfe gerufen? Ich will gleich in die Küche, nur fünf Minuten ausruhen.»

«Mein Gehalt ist gekommen.»

«So», sagte sie freudig, «das ist recht angenehm, denn mein Geld ist aus, und meine Patienten bezahlen ihre Dankesschuld mehr mit Viktualien als mit Geld. Zum Rechnungenschreiben kann ich mich wirklich bei den meisten nicht entschließen. Bei den Vermöglichen gewiß – mit Wonne sogar, aber die kann man zählen hier hinten; doch diese armen Köhler, Tagelöhner, Pechkocher...» Sie schüttelte den Kopf und legte ihn dann liebkosend auf ihres Mannes Hand. «Sie geben mir ab, was sie gut entbehren können; ein paar Eier, ein Töpfchen Milch, getrocknete Heidelbeeren, Bügelkohlen, Tannäpfel. Und wenn sie nichts geben, wie könnte ich etwas fordern? Wie gut ist's, daß der Staat dich bezahlt, das ist solch eine unpersönliche Größe.»

«Liebe», sagte er ernst, «ich wollte dich um etwas bitten. Du weißt nicht, wie mich quält, was der Stundenhalter damals zur Lehrersfrau gesagt hat; in jenem Augenblick schwur ich mir, daß ich nur das Notwendigste zum Leben für mich verbrauchen wollte, wenn ich Pfarrer bliebe. Nun bist du aber da und hast auch Rechte zu fordern...»

Sie sah ihn erwartungsvoll an.

«Ich wollte dich bitten...» Er stockte. «Könnten wir nicht ein Fünftel unserer Besoldung entbehren und mit ihm andern in ihrer Not beispringen?»

«Ein Fünftel?» Gertrud erschrak; sie hing den Kopf und rechnete; als sie wieder aufsah, bemerkte sie Gottfrieds Augen mit solchem Ausdruck verzehrender Angst und Bitte zugleich an ihr hängen, daß sie weich wurde. Sie hatte eigentlich mit ihm markten wollen, denn gar zu gern hätte sie mit kleinen Ersparnissen für ihren Haushalt nötige Sachen angeschafft. Nun merkte sie plötzlich, wieviel für ihn dran hing. Ihr Blick flog über das freundliche Zimmerchen, zugleich sah sie die kahlen düsteren Stuben, in die sie täglich kam, da verklärte ein gütiges Lächeln ihr erblaßtes Gesicht; sie sah ihrem Mann in die Augen und sagte leise: «Ich will's versuchen.»

«Ich danke dir», rief er mit leuchtendem Blick, und der sorgengequälte Ausdruck verschwand von seinem Gesicht. Dafür nistete sich auf der klaren Stirn seiner Frau eine kleine Sorgenfalte ein, die nicht mehr wich. Doch war das ganze Gesicht so hell und freundlich, daß man sie nur empfand wie einen steten Gedanken, der nicht mehr zu verscheuchen war.

«Nun will ich trockene Kleider anziehen», sagte sie schwerfällig aufstehend, «meine Glieder sind ganz steif, hoffentlich muß ich heute nicht mehr auswärts.»

Als sie eine halbe Stunde später beim Essen saßen, es gab ausnahmsweise ein Stück gekochtes Fleisch, klopfte es, und auf Erdmanns «Herein» öffnete sich die Tür, und ein abgerissener Stromer guckte ins Zimmer.

«Ich bitt um en Teller Supp.»

Erdmann suchte den Anblick seiner Frau.

«Ich will ihm einen Teller voll hinausgeben.»

«Wir haben noch Platz am Tisch», antwortete er leise.

«Wenn du es wünschest», sagte sie ruhig und warf

einen mißtrauischen Blick nach dem zerlumpten Menschen, der in kriechend demütiger Haltung dastand.

«Setzen Sie sich», sagte Erdmann, «Sie können mit uns essen.»

Der Bettler lachte blöd und sah auf seine Kleider hinunter. «I kann guet auf der Staffel sitze.»

«Es ist wärmer hier», damit schob ihm Erdmann einen Stuhl hin. Dann sprach er das Tischgebet; der Vagabund hing den Kopf schief, um Andacht zu markieren, und löffelte dann mit schmutzigen Händen die Suppe. Die Nudeln hingen in dem verwilderten Bart, er wischte sie mit dem Handrücken weg; ein übler Geruch strömte aus seinen Kleidern.

Gertrud blickte schweigend, von Ekel ergriffen, in ihren Teller. Erdmann sprach mit ihm über Woher und Wohin. Der Bursche wurde allmählich dreister und blickte sich blinzelnd um. Hannele saß in stummer Entrüstung am andern Ende des Tisches.

Als das Essen fertig war, bat der Gast noch um Schlafgeld. Es wurde ihm gewährt, und mit einer Art Verbeugung schob er sich zur Tür hinaus. Schweigend räumten die Frauen den Tisch ab.

«Das Tischtuch kannst du in die Wäsche tun», sagte Gertrud endlich und deutete auf die schwarzen Fingerspuren, die der Stromer hinterlassen hatte.

«Der geht ins Wirtshaus und versauft das Geld», platzte Hannele heraus.

Erdmann blickte die Kleine ernst an. «Das weißt du ja nicht, Kind, und ich denke, lieber *zehn* Unwürdige beschenken, als *einen* Würdigen von der Tür weisen.»

«So heilig wär i net», murrte das Mädchen leise beim Hinausgehen, denn sie sah die Sorgenfalte auf der Stirne ihrer lieben Frau sich vertiefen.

Eine schwüle Stille lag über den zwei Zurückbleibenden.

«Du bist unzufrieden mit mir, Gertrud?» sagte Erdmann traurig.

«Wenn du *so* fragst, kann ich nicht ja sagen. Aber ich möchte allerdings solche Tischgesellschaft nicht öfters haben.»

«Jesus scheute sich nicht vor den Ärmsten der Armen.»

«Lieber Mann, das tue ich wahrhaftig auch nicht, denk nur an all den Ekel und Schmutz in meinem Beruf, aber das hier war nutzlos. Dem Mann hätte das Essen geradeso in der Küche geschmeckt, und uns hat er die Mahlzeit verdorben. Ich würde überhaupt lieber mit dir allein essen, doch habe ich dir nachgegeben beim Hannele, ich habe dir auch heute morgen nachgegeben und werde es immer tun, wenn ich irgend kann; aber das heute möchte ich nicht mehr haben. Selbst Hannele, das doch nicht heikel ist, war empört.»

Erdmann machte das verstockte, unbeugsame Gesicht, das sie so gut kannte, er war nicht überzeugt und wollte mit Worten doch nicht weiterkämpfen. Es gab Gertrud einen Stich in das Herz, aber sie blieb fest.

«Apostolische Grundsätze passen nicht mehr in unsere Zeit, aber ich denke, auch unsere heutige Art, Gott und dem Nächsten zu dienen, ist recht, und jetzt – gesegnete Mahlzeit, Lieber.» Sie küßte ihn herzlich. «Meine Sprechstunde beginnt, ich höre schon draußen in der Küche ein Kind weinen und das Hannele schwatzen.» Damit legte sie den Arm um seine Schultern und begleitete ihn in sein Zimmer.

Dort blickte sie noch einmal zu ihm auf. «Und deiner kleinen Frau bist du nicht bös?» fragte sie zärtlich.

In seinem Gesicht kämpfte es. «Wie könnte ich!» sagte er plötzlich leidenschaftlich und preßte sie in seine Arme. Dann ließ er sie rasch los, und sich abkehrend, sagte er leise: «Wie schwer ist's doch, in allem sein Jünger zu sein!»

Als der junge Pfarrer eine halbe Stunde später einen Gang ins Dorf machte, taumelte ihm aus dem Wirtshaus der Stromer entgegen, den er an seinem Tisch gehabt hatte. Als dieser ihn erblickte, grinste er und tappte nach seiner schmierigen Kappe, während der Sägmattheis breit in der Haustür stand und den jungen Geistlichen höhnisch anlachte.

Empört hielt Erdmann ein und wandte sich an den Wirt. «Einem solchen Menschen sollten Sie nicht auch noch Schnaps geben und ihn vollends ins Verderben stoßen.»

Der Wirt beachtete ihn scheinbar nicht, sondern rief dem Stromer, der gerade in ein Haus eintreten wollte, nach: «He, guter Freund, bettelt wird in Hohenwald net, als de Stecke weiter g'setzt!» Dann drehte er sich zu dem unbequemen Warner und sagte grob: «Wenn i warte wollt, bis mir der Pfarrer was zu verdiene gibt, na könnt i verhungere», und damit trat er ins Haus und schmetterte die Tür zu, daß die Spatzen erschrocken vom Dach aufflogen.

Einundzwanzigstes Kapitel

Es war Ostersonntag. In Gertruds Gärtchen blühten die ersten gelben Narzissen, denn das Fest fiel spät in den April, und Hannele hatte schon ihre Salat- und Rübenbeete eingesät. Im Starenhäuschen am Apfelbaum waren die lustigen schwarzen Bewohner eingekehrt und schwatzten miteinander, während sie eifrig Halme und Wollflöckchen zum Nestbau herbeischleppten, und die kleinen Geschwister der Pfarrmagd hatten am Tag vorher dicke Sträuße von Weiden- und Erlenkätzchen aus dem Tal heraufgebracht, die Gertruds Wohnzimmer schmückten.

Wohl krachten noch morgens harzige Tannenscheite im Kachelofen, aber um die Mittagszeit öffnete man die Fenster, um die tröstlich lächelnde Sonne hereinzulassen.

Der junge Pfarrer und seine Frau traten auf die sonntäglich gekehrte Gasse. Er ging in dem etwas feierlichen Schritt, den er immer annahm, wenn er im Ornat war. Das kam aber weniger von der Gemütsverfassung als von dem langen, unbequemen Kleidungsstück her, das er wie alle Äußerlichkeiten haßte. Das abgerundet Würdevolle, das dem ältern Pfarrer durch lange Gewöhnung zur zweiten Natur wird, haftete ihm noch nicht an.

Gertrud hatte ihr praktisches Arbeitskleid abgelegt und sich mit einem zierlichen blauen Gewand geschmückt, in dem sie so anmutig wie eine Waldglockenblume aussah.

«Nur ein ganz klein wenig hübsch will ich mich machen, 's ist doch Ostern», sagte sie entschuldigend, als Gottfried sie beim Frühstück verwundert ansah.

Er neigte bestätigend den Kopf, aber sagte nichts, und Gertrud hatte ein Gefühl, als ob er etwas verschweige, um sie nicht zu kränken.

Nun schritt sie eiligst neben ihrem Mann her; in einiger Entfernung folgte Hannele im verwachsenen Konfirmationskleid; sie hatte noch das Haus abzuschließen gehabt. Die Türen der Häuser öffneten sich und ließen die Kirchgänger heraus, Gottfried Erdmann durfte sich nicht über schlechten Besuch beklagen. Der Himmel war klarblau wie aus sprödem Glas, die Luft duftete frisch nach Tannen, denn der Wald war nahe, und das heisere Glöckchen schwang sich unermüdlich in der offenen Glockenstube.

Vor der Kirchentür begegneten sie dem Wurster Gottlieb. Der hätte sich ganz von der Krankheit erholt; sein grob geschnittenes Gesicht war wieder braun und wetterhart von der Arbeit im Wald. Treuherzig streckte er dem Ehepaar die Hand entgegen.

«Jo, Herr Pfarrer, dees isch doch en ander Ding, wammer so äll Sunntig in Kirch kommt, i gfreu mi fascht druf.»

Gertrud lächelte schalkhaft den ehrlichen Wäldler an, der das Schmeicheln doch noch nicht gelernt hatte.

«Ehnder, do send mir Hohewäller gewä wie e Schafherd ohne Hirt, 's ei isch do hin g'laufe, 's ander do; jetzet sind mir erscht e rechte Gemei und a jeds weiß, wos hingehört.»

Andere drängten sich grüßend herbei, Erdmann ging in die Kirche, und langsam folgte ihm Gertrud mit den Bauern. Das Gebäude hatte sich nicht verändert; noch immer zeichnete die grüne Feuchtigkeit an den Wänden phantastische Figuren auf den weißen Kalkbewurf, war der Boden uneben und holperig und die Bänke mürb und altersschwach. Aber auf dem Altar standen zwei mächtige Sträuße aus Palmkätzchen, Stechlaub und Narzissen, und hinter dem rostigen Kruzifix leuchteten rotblühende Geranienbüsche, und über das verschossene Altartuch war eine feine weiße Leinendecke gebreitet. Das gefiel den Hohenwäldern, ihr Kirchlein erschien ihnen in festlichem Glanz. Gertrud hatte den Schmuck besorgt, obgleich Gottfried dagegen eiferte: der Geist allein solle herrschen. Aber seine kleine Frau hatte den Sieg davongetragen, indem sie ihm klarmachte, daß man den Kindern auch kindlich entgegenkommen müsse; so hatte er sie gewähren lassen, denn es wurde ihm schwer, ihr etwas abzuschlagen, wenn sie so freudig mit einem Wunsch zu ihm kam.

Die Fenster standen weit offen und ließen ganze Sonnenfluten in das dumpfige Gebäude herein, obgleich der Jul, der neue Mesner, erklärt hatte, wenn man einmal die Fenster aufmache, bringe man sie nimmer zu, so verquollen seien sie; er mußte den Schmied rufen, um sie zu öffnen. Die Mesnersfrau aber hatte ein übriges getan und die kleinen blinden verstaubten Scheiben blank geputzt, so gut es ging, so daß sie sich in der strahlenden Ostersonne nicht schämen mußten.

Besenbinders Christiane, die unermüdliche Vorsängerin, war tot, aber Gertrud trat an ihre Stelle, und als sie jetzt neben Hannele in der vordersten Bank saß und mit glockenklarem Ton anstimmte: «Wandle leuchtender und schöner, Ostersonne, deinen Lauf», da fanden alle Hohenwälder, daß der Tausch nicht schlecht sei.

Als der Pfarrer schon an das wurmzerfressene Pult getreten war, das die Stelle der Kanzel vertrat, öffnete sich noch einmal die Kirchentür, und mit vorsichtigen Schritten, die keinen Lärm machen wollten, trat der Stoffelmichelshannes von Tannheim herein und setzte sich bescheiden auf die letzte Bank neben den Samuel, der, erschrocken über die Ehre, seinen andern Nachbar an die Wand drückte.

Die Hohenwälder blickten sich um und ein solches Lächeln der stolzen Genugtuung über diesen Besuch lag auf den Gesichtern, daß man hätte meinen können, der König beehre den Pfarrer vom hinteren Wald mit seinem Besuch. Selbst die kleine Pfarrmagd flüsterte aufgeregt ihrer Herrin zu: «Der Stundehalter von Tannheim kommt zu uns heraus; dees isch e Ehr...»

Aber Gertrud machte solch ein gleichmütiges Gesicht über die Neuigkeit, daß das Mädchen beschämt seine Nase ins Gesangbuch steckte.

Nach der Kirche ging alles eilig heim, wenigstens die Weiber, über die schon beim Schlußvers die Sorge um das österliche Festmahl gekommen war. Allen voraus aber flog das Hannele heim, und als seine Frau durchs Gärtchen kam, zog ihr schon der blaue Rauch vom Feueranzünden entgegen. Zuletzt kam Erdmann; mit dem ihm eigenen gesammelten Blick schritt er die Straße herunter, und seine Frau beobachtete ihn mit heimlicher Zärtlichkeit hinter den Vorhängen, aber er merkte es nicht. Sie ging auch nicht gleich zu ihm hinein ins Zimmer, denn sie hatte gemerkt, daß er das nach dem Gottesdienst nicht liebte.

Aber diesmal sollte seine Einsamkeit gestört werden. Dicht hinter ihm stapfte der Stundenhalter von Tannheim mit bedächtigen wiegenden Schritten her; den blauen Rock hatte er bis zum Hals geschlossen, und die großen metallenen Knöpfe funkelten in der Sonne. Vor der Haustür zögerte er ein wenig, wischte dann umständlich die Schuhe an dem Reiserbesen, der dort lehnte als primitiver Ersatz für eine Strohmatte, und kam dann über den Flur ins Studierzimmer herein.

Gottfried Erdmann stand noch im Chorrock am Bücherständer, um die Kirchenbücher aufzuheben, und als es klopfte, blickte er den Eintretenden mit geistesabwesenden Augen an.

«Grüß Gott, Herr Pfarrer!»

Jetzt erkannte er den Stundenhalter, und eine tiefe Röte flog über sein gebräuntes Gesicht. Er gedachte der Stunde im abendlichen Wald, als er diesen Mann belauschte. Das machte ihn unbeholfen und steif. Er bot dem Gast einen der schmucklosen Holzstühle zum Sitzen an und entledigte sich seiner Amtskleidung.

«Haben Sie uns Hohenwälder einmal besuchen wollen?»

«Jo, Herr Pfarrer, i weiß net, wies isch, aber uns fehlt ebber, seit Sie nemme do sind.»

«Das wundert mich nach alledem...»

Der alte Mann nickte nachdenklich mit dem Kopf. «Jo, i hätt au net denkt, daß anem Mensche so viel hänge tät.»

«Und vollends an einem, dem man nur halb traut», erwiderte Erdmann mit leiser Bitterkeit.

Der Bauer richtete einen verwunderten Prüferblick in das Gesicht des jungen Mannes, aber er verteidigte sich nicht. Er wußte nicht, woher dem Pfarrer Kenntnis von seinen geheimen Gedanken gekommen war, aber er nahm die entdeckte Wahrheit ruhig hin, in dem dunkeln Gefühl, daß Wahrheit ein Recht hat, offenbar zu werden.

«Heut han i denkt, d'Osterpredig will i vom Vikar höre. Mir saget halt no Vikar», entschuldigte er sich.

Erdmann blieb stumm, zu viel Erinnerung stürmte auf ihn ein. Der alte Mann saß vorgebeugt auf seinem Stuhl und ließ die großen knochigen Hände zwischen den Knien herunterhängen. Plötzlich blickte er auf; er fühlte, daß etwas zwischen ihnen stand.

«Älles wurd offenbar vorm Heiland, aber etlichs wurd au offenbar vor Mensche, und mir Tannheimer Bedischte hent jetzt au gemerkt, daß der bös Feind uns d'Auge verhalte hot. Der Bügelfrieder hot's letschthin gsait: Hannes, hot er gsait, mir gehöre au net zu dene, wo d'Geischter prüfe könne; jetzt wo der Erdmann fort isch, seh i erscht, was mer anem ghett hent. 's isch grod wie wemmer blind gwä wäre, no d'Weibsleut, die hent immer en Glaube ghett.»

«Sagen Sie mir nichts darüber, es tat mir zu weh, daß damals auch Sie zweifelten...»

Der Hannes nickte schweigend. Nach einer Pause fing er in anderem Ton an: «Mer wolltet Sie bitte, ob Sie nächst Woch net 's Betstündle in meim Haus halte wolltet.»

«Ihr habt doch sonst den Evangelisten kommen lassen?»

«Jo freili, aber i glaub, mir hent älle 's Heimweh; woni vorich in der Kirch gsesse bin, isch mer's ufgange.»

Erdmanns Miene wurde weicher und heller; er begann nun auch zu reden und nach allerlei zu fragen, und als nach einer Stunde Gertrud hereintrat, schwelgte der Stoffelmichelshannes gerade in einem sehr schönen gottseligen Satz, und sein frisch rasiertes hageres Gesicht glänzte dazu. Die junge Frau fühlte sich unangenehm berührt, und auch der freundliche Gruß und der treuherzige Händedruck des Alten halfen ihr nicht darüber hinweg. Dieser Pietist verkörperte ihr alles, was sie von ihrem Mann und der völligen Gemeinschaft mit ihm trennte; und war dies Trennende auch in manchen Stunden nur wie ein leiser

Hauch, der über glühende Flammen strich, so stand es zu anderen so kalt und fremd zwischen ihnen, daß ihnen die einzige Rettung erschien, das andere zu sich herüberzuziehen. Wohl hatten sie sich gegenseitig völlige Freiheit zugesichert, aber dem innersten Wunsch konnten sie nicht wehren und auch nicht, daß dieser Wunsch hier und da leise seine Stimme ertönen ließ, fast ohne daß es ihnen bewußt wurde.

Doch die junge Frau überwand ihr Mißvergnügen, und da es Zeit war, zu Tisch zu gehen, so lud sie den Mann freundlich zum Mittagessen ein.

«Dees wär mer aber leid, Frau Pfarrer, wenn Se sich wegen mir Unköschte mache täte», wehrte der Alte mit Bauernhöflichkeit ab.

«Nein, nein», versicherte Gertrud lächelnd, «Ihr Besuch freut uns.»

Am Nachmittag kamen allerlei Leute aus der Gemeinde. Der Schneiderjul konsultierte in einem Atem Gertrud wegen seiner offenen Beinwunden, und den Pfarrer wegen eines neuen Glockenseils, die Rosine kam mit ihrem sorgenvollen Gesicht und ging mit stiller Heiterkeit in den Augen wieder heim, der Appelesmichel schickte seinen Buben, ein Buch zu entlehnen, und so ging es fort bis zum Abendessen. Da kam das Hannele heim, das mit ein paar Freundinnen spazierengegangen war, und seine Herrin vermutete, daß der Weg am Kohlenmeiler vorbeigeführt haben müsse, denn es hatte gar strahlende Augen, ein verträumtes Lächeln und ein schwarzes Nasenspitzchen.

Endlich nach dem Nachtessen waren sie allein, die Läden vorgelegt, die Haustür verschlossen, und nun zog Gertrud ihren Mann neben sich auf das Sofa.

«Einer ganzen Gemeinde haben wir heut Sonntag bereitet, nun will ich auch mein Teil haben. Horch, schon läutet die Abendglocke.» Sie schmiegte sich ihrem Mann in den Arm und lehnte den Kopf an seine Schultern.

Schweigend blieb sie so, bis das Glöckchen ausgeläutet hatte, die Uhr tickte durch die Stille, in der Ferne rauschte das Wasser der Sägemühle über das Wehr. Ein Geist des Friedens und Behagens flutete durch das niedrige Zimmer, die Augen des Mannes blickten nicht in die Ferne eines Himmels, oder in die Tiefe eines Problems, sondern in die liebestrahlenden Augen seiner Frau, die in feuchtem Glanz an ihm hingen.

«Nie ist mir's im Leben so wohl», sagte sie leise, «als wenn ich so ohne zitternde Leidenschaft, nur mit hingegebener Seele bei dir bin; alles Schwere wird leicht, alle Sorgen lösen sich, ich fühle nur dich und meine große Liebe.» Sie schmiegte sich noch dichter in seinen Arm, und er küßte scheu und zart ihre Augen.

«Ist's denn nicht unrecht, daß ich dich so liebhabe?» fragte er mit verhaltener Glut und zog sie fester an sich.

Sie schüttelte lächelnd mit geschlossenen Augen den Kopf, da küßte er sie auch auf den Mund, wieder und immer wieder.

«Jetzt bin ich dein kleines Kindelein, gelt, du großer, starker Mann? Hast mich im Arm, wie wenn du meine Mutter wärst.»

Er blickte sie heiß an. «Ja, und mein kleines Kindlein ist jetzt müde, macht schon die Augen zu und muß ins Bettchen gehn.» Und damit nahm er die leichte Last wie einen Raub auf den Arm und trug sie lachend die Treppe hinauf in das niedrige Giebelzimmer, wo zum offenen Fenster der volle Mond hereinblickte und die Brunnen durch die stille Nacht rauschten. – – –

Zweiundzwanzigstes Kapitel

Das war ein schweres Jahr für die Hohenwälder: das Frühjahr trocken, so daß die Bergwiesen nur spärlichen Graswuchs zeigten, und als die Heuernte kam, machten tage- und wochenlange Regengüsse das wenige Heu unbrauchbar, so daß es schwarz und moderig in Haufen auf der Wiese lag und nicht eingefahren werden konnte. Auch die Heidelbeeren, die sonst Geld ins Dorf brachten, versagten, denn ein Frost war über die Blüte gegangen und hatte sie zerstört. Das Korn stand schlecht und zeigte kranke Ähren, und die Gesichter der Hohenwälder wurden mißmutig und sorgenvoll.

Gertrud und Gottfried sorgten sich mit, und wenn der Mittagstisch im Pfarrhaus mager ausfiel, so wußte Gertrud wenigstens, daß es nicht einer Marotte ihres Mannes wegen geschah, denn die wirkliche Not war im Anzug: im Winter, wenn der Schnee lag und es keine Arbeit im Wald gab, im Frühjahr, wenn die Vorräte ausgingen und das Geld zur Bestellung der Äcker fehlte. Der kleine Geldvorrat in Erdmanns Schreibtisch wuchs mit jedem Monat. Sie aßen im Pfarrhaus nicht teurer, als bei den Bauern, nur sorgfältiger zubereitet und vernünftiger ausgewählt. Alle bloßen Genußmittel hatte Gertrud vom Tisch verbannt, denn sie brauchte das Geld alles zur Ernährung, und sie konnte außer sich geraten, wenn ein armes Weib ihr klagte, daß sie mittags ihren Leuten nur noch Kaffee und Brot geben könne. «Kaffee, Kaffee! Gebt ihnen Milch, Suppe, was ihr wollt, aber um Gottes willen doch keinen Kaffee, der nährt nicht, sondern zehrt.» Ein wenig machte das immerhin Eindruck auf die Frauen, deren Vertrauen zu Gertruds Wissen unbegrenzt war.

Die Sommertage schlichen dahin, trübe und heiß. Schwere Gewitter zogen übers Gebirg und schreckten die

Mutlosen, hinter denen mit grauem Gesicht und toten Augen die Sorge lauerte.

Wenn Gertrud müde und erschlafft von der Hitze heimkam, so trat ihr Gottfried ebenfalls mit ernstem Gesicht entgegen. Sie hatten beide so viel Schweres gesehen und gehört; unwillkürlich ward der Pfarrer stärker auch in die irdischen Sorgen seiner Gemeinde hineingezogen, denn er sah, daß nichts anderes daneben Raum hatte. Wenn er vom Eifer um die Seele eines Menschen verzehrt wurde, so konnte dieser ihm kummervoll erwidern: «Jo, wammer no erscht d' Kartoffel gut daheim hent.» Und wenn er predigte, dann saß Frau Sorge riesengroß unter seinen Hörern, und jeder sah nur auf sie, und als er einmal bei der Rosine darüber klagte, antwortete der Elias, der es im Vorbeigehen gehört hatte: «Was weiß der Pfaff von Sorge? Predigt emol mit knurrende Mäge und seht eure Kinder verwelke, weil d' Kuh kei Milch gibt und weil der Rege zum Dach reinkommt...» Dabei lachte er hart auf, spuckte aus und ging davon.

Ganz niedergeschlagen kam Erdmann heim. Dort saß Gertrud im halbverdunkelten Zimmer über ein medizinisches Buch gebeugt. Als er eintrat, blickte sie schweigend zu ihm auf mit einem traurigen kleinen Gesicht.

«Ist dir etwas passiert?»

Sie schüttelte den Kopf. «Mir nicht, aber ich fürchte, ich bringe den kleinen Riester von der Mühle nicht durch; das einzige Kind, und die Mutter ist ganz verzweifelt.»

Sie warf sich ihm schluchzend an die Brust.

«Ach, Lieber, es ist alles so traurig und düster, und ich sehne mich so nach Freude und nach Sonnenschein, und ich möchte einmal lachen, so recht unbekümmert von Herzen lachen, und ich möchte keine Not mehr sehen und keine Probleme und nichts Häßliches, und am blauen Meer liegen und träumen, und meine Haare mit Blumen kränzen und singen.»

Erdmann strich ihr sanft übers Haar. «Ist sie ein wenig wehleidig heute? Und muß doch nur zusehen und nicht selber leiden.»

«Ich möchte mich aber einmal freuen, und wenn es auch nur im Zuschauen wäre», rief sie leidenschaftlich.

«Wir Christen müssen uns über andere Dinge freuen, als die Freude der Welt...»

«Ach nur keine Predigt heut», schnitt sie ihm hastig das Wort ab und machte sich aus seinem Arm los, «dazu bin ich am wenigsten in Stimmung.»

Er trat verletzt zurück, und sie blickte ihm reuig nach, als er in sein Zimmer ging. Jetzt hatte sie ihm auch noch weh getan in ihrer düsteren Stimmung. Was verlangte sie denn von ihm? Sollte er mit ihr scherzen und lachen oder Konzerte und Theater besuchen dahinten im Gebirg? Hatte er sie in irgend etwas enttäuscht? Nein, tausendmal nein. Er war sogar milder geworden als früher, und er hatte sie lieb, soweit er seinem Herzen erlaubte, sich an ein unvollkommenes menschliches Wesen zu hängen. Auch war keiner nachsichtiger als er, was das häusliche Behagen anbelangte; er merkte kaum, wenn am Essen etwas fehlte, und er hätte sich allzu irdischer Gesinnung geschämt, wenn er ein Wort darüber verloren hätte. Seine Frau und das Hannele saßen auch immer so schuldbewußt da, wenn etwas nicht geraten war, daß er sich bemühte, sie durch besonderen Appetit aufzuheitern.

Der Lohn blieb dann auch nicht aus, das kleine Mädchen sprang demütig und eifrig um ihn herum und erriet seine Wünsche im voraus, und seine Frau war so süß und zärtlich in dankbarer Anerkennung seiner Nachsicht, daß der Gewinn auf seiner Seite blieb.

Die kleine Dienstmagd wurde durch diese Milde so zutraulich wie ein Kind, während sie zuerst große Scheu vor dem Hausherrn gehabt hatte. Nun aber räumte sie ihm unumschränkte väterliche Rechte in ihrem Herzen ein und wurde solch ein frommes kleines Pfarrmägdlein, wie nur irgendeins sonntags in seinem Pfarrstuhl saß. Daß daneben der Samuel keinen Platz hätte, kam ihr allerdings nie in den Sinn; der gehörte auch zu dem Schönen, Guten, Lieben, das dem Hannele beschert wurde, und da er ein braver Bursch war, so verwirrte er das kindliche Gemüt nicht durch ungezügelte Leidenschaft.

Das Mittagsmahl verlief recht still; Gertrud hatte rote Augenlider, und Gottfried war ernst und schweigsam. Als das Hannele draußen war, hielt es die junge Frau nicht mehr aus, sie trat zu ihrem Mann, der hinaus auf die sonnenheiße Straße starrte, und legte ihre weiche Wange an sein Gesicht. «Deiner dummen, unartigen Frau wieder gut sein, gelt?» bat sie mit schwimmenden Augen.

Er sah sie kummervoll an. «Mein armes Kind, ich wußte, daß ich dich nicht glücklich machen könnte.»

«Ach du, sag so was nicht, du bist recht und bist gut, und ich war einfach übler Laune.»

«Nein, du brauchst nur mehr Sonnenschein; das ist zu schwer, dein Beruf, und dann noch Haushalt mit so kleinen Mitteln, nichts, was das Leben verschönt, und so ein schwerlebiger Mann dazu...»

«Glaubst du im Ernst, daß mich ein leichtlebiger froher machen würde? Und mein Beruf? Es sind nur drei Dörfer, ein Viertel von des Oberamtsarztes Praxis, das ist nicht zu viel für mich, an manchen Tagen ist fast nichts zu tun. Ich bin auch wieder ganz zufrieden, ich habe doch dich! Ich war 'ne schwarze, undankbare Seele...» Sie schmiegte sich zärtlich an ihn. «Gib mir einen Kuß!»

Er beugte sich nieder zu ihr und küßte sie. «Morgen wollen wir nach Tannheim radeln und den ganzen Tag dort bleiben, ist dir's recht?»

«O ja», sagte sie freudig, «ich nehme meine arme Geige mit, sie verlernt das Singen sonst. O wie ich mich freue!» Sonnenschein lag wieder auf ihrem Gesicht. «Meine notwendigen Krankenbesuche mache ich heute noch gegen Abend, ich will noch zur Mühle; und dem Briefboten gebe ich einen Zettel mit, dann backt Johanne vielleicht Kuchen, wenn sie's vorher weiß. Ich habe so lange keinen Kuchen gegessen.»

Sie wurde lebhaft wie ein Kind. Für ihn war der Besuch in Tannheim immer ein wenig ein Opfer, denn bei aller Freundschaft kam er doch fast stets mit dem alten Harder in Disput, und bei der Musik, die nicht enden wollte, wenn Gertrud kam, langweilte er sich, dafür fehlte ihm der Sinn. Doch als er die Freude Gertruds sah, wurde er auch warm. Es kam ihm sonderbar vor, diese Mischung von Reife und unausgelebter Jugendlust bei seiner Frau, aber er liebte sie gerade so wie sie war, in ihrer Kindlichkeit und auch in ihrer gedankenvollen weiblichen Menschlichkeit. Die erste erweckte seine männliche Zärtlichkeit, und die zweite seine hochachtungsvolle Freundschaft.

Es war ein paar Tage später. Die Sprechstunde war zu Ende, und es roch noch nach Desinfektionsmitteln im Zimmer, denn Gertrud hatte einem die verletzte Hand verbunden. Nun holte sie sich ihr geliebtestes Buch aus dem Schrank, die Essays von Emerson, auf den Erdmann deshalb eine christliche Eifersucht hatte, und den er einen unerträglichen, verwaschenen Mystiker nannte.

Müder Nachmittagssonnenschein lag auf der grauen Straße und flimmerte auf den nassen Gräsern der Wiese, denn es hatte geregnet. Vom Wald herüber wehte kräftiger Tannenduft, und vor dem Haus auf einem primitiven Bänkchen saß das Hannele mit einem blau und schwarz geringelten Strumpf, an dem es fleißig strickte. Dabei sang sie in die Stille hinaus das Lied von den drei Röselein und von dem Müllerburschen und seinem Schatz, dazwischen auch mal einen Choral, wie sich's für ein Pfarrmägdlein schickte. Um sie herum gackerten und pickten die fünf Pfarrhühner mit ihrem schönfiedrigen Gebieter, der von Zeit zu Zeit seine Stimme erhob, worauf sein Nachbar und Kollege, der Mesnershahn, vom Mist her antwortete, und ein junges Göckelchen, dem noch die Stimme brach, von der Wiese herauf mitkrähte, aber von den Veteranen nicht beachtet wurde.

Auf den Äckern schnitten sie den spärlichen Roggen, der gewachsen war, viel Korn bauten sie da oben überhaupt nicht. Die Dorfstraße lag ausgestorben, selbst die Kinder waren draußen auf dem Feld. Da kam eine dunkel gekleidete Gestalt, das rote Kopftuch um die braungebrannte Stirne gewunden, schwerfällig den Weg herauf. Als sie nah genug war, erkannte Gertrud des Elias Weib. Die eine Hand krampfte sich um die blanke Sichel, die andere schleppte noch einen Korb mit Kartoffeln, aber die Frau schwankte mühsam einher, und auf ihrer Stirne war eine hoch aufgelaufene Beule.

Gertrud sprang auf. «Ist Euch was, Kathrine?» rief sie zum offenen Fenster hinaus, als sie das verzerrte Gesicht des Weibes erblickte.

Die setzte den Korb hin und hob die Augen. «Kämtet Sie geschwind, Frau Pfarrer? I han heim müsse, 's isch so schnell über mi komme. Der Elias und die Kinder sind ufm Feld, i han keim was gsagt.»

«Aber Kathrine, wi konntet Ihr jetzt so schwere Arbeit tun?»

Das Weib lächelte bitter: «Dodernach kann unsereins net froge.»

«Und was habt Ihr an der Stirne?»

Die Frau fuhr sich mit der Hand über die Geschwulst. «Stoße han i mi», sagte sie kurz. «Adje, Frau Pfarrer, i mach', daß i heim kumm.» Stöhnend vor Schmerz wollte sie nach ihrem Korb greifen, aber da sprang schon das Hannele zu und trug ihn, während Gertrud eilig ihre schwarze Ledertasche mit Instrumenten und allem Nötigen packte. Dann schritt sie rasch den beiden Vorausgegangenen nach und holte sie noch an der Schwelle des windschiefen Häuschens ein. – –

Schwere, bange Stunden, wenn junges Leben sich aus dem Mutterschoße losringt, doppelt schwer im Hause der Armut und der Schande. Aber die Schmerzen drücken die Märtyrerkrone auf Frauenstirnen, die sonst von keiner Krone und von keinem Kranz geschmückt werden; sie lassen vergessen, was niedrig und unrein war, sie heiligen und verklären.

Der Elias kam vom Felde mit den Kindern, die scheu hinter ihm dreinschlichen. Er hatte einen schweren Arbeitstag gehabt und war zwischenhinein ins Wirtshaus gegangen. Als er nach Stunden auf den Acker kam, hatte ihn sein Weib mit stummem Groll empfangen, denn sie fühlte sich elend und schwach. Reden waren hin und her geflogen, und schließlich hatte der jähzornige Mann die Hacke nach der Frau geschleudert. Die Kinder wollten heulend ihr nach, aber der Vater hatte sie mit eiserner Faust gepackt, sie sollten Kartoffeln herauslesen helfen, und zitternd gehorchten sie.

Er war jetzt etwas ernüchtert, aber er tröstete sich, daß es der Kathrine ja nichts getan habe. Als er ins Haus trat, kam ihm Gertrud mit ernstem Gesicht entgegen, und es erschütterte den rohen Mann doch, als er sein Weib in Qualen fand. Verschüchtert standen die Kinder an der Tür.

«Geht zum Hannele ins Pfarrhaus, es soll euch einen Brei kochen, die Mutter ist krank.»

«Gelt, mer kriege wieder e Kleins?» fragte der älteste Bub mit wissenden Augen.

«Ja, so Gott will», antwortete Gertrud ernst, «aber jetzt macht, daß ihr fortkommt! Elias, bitte, sorgen Sie draußen für warmes Wasser.»

Endlos dehnte sich die Nacht; vom Kirchturme hörte man die Uhr schlagen in dem großen Schweigen. Nur das

Stöhnen der gefolterten Mutter war zu hören und Gertruds Stimme, die tröstende, beruhigende Worte sprach. Der Elias hockte in einem Winkel, halb schlafend, und immer wieder aufschreckend; er hatte ein schweres Tagewerk hinter sich, und in seinem Herzen war solch ein quälendes Gefühl. Mußte ihn auch gerade heute der Zorn übermannen! Sein Benehmen gegen Gertrud war halb scheu, halb trotzig; auch ihr gegenüber hatte er ein böses Gewissen, und es fiel ihm schwer, die Stimme des Vorwurfs zu ersticken. Er tröstete sich damit, daß die häßliche Verleumdung ja keine bösen Folgen gehabt hatte.

Endlich dämmerte der Morgen. Noch ein letzter verzweiflungsvoller Kampf, in dem Gertrud alle Kräfte anspannte, indes Elias die im Schmerz sich bäumende Frau hielt, und ein wimmerndes rotes Geschöpfchen wand sich von der in Ohnmacht gefallenen Mutter.

Der jungen Ärztin zitterten die Glieder, und der Schweiß stand auf ihrer Stirne, aber rasch überwand sie die Schwäche und beschäftigte sich um die Frau, die leichenblaß mit verzerrten Zügen und ohne Bewußtsein in den Kissen lag. Das Kind blieb unbeachtet am Fußende des Bettes und schrie mit einem dünnen, quäkenden Stimmchen.

Mitten in ihrer Arbeit blickte Gertrud plötzlich zu dem Elias auf mit vorwurfsvollen Augen. «Und wenn sie stürbe, Elias? Nahe dran ist's.»

Der Mann kehrte sich ab und starrte finster zu Boden wie ein gescholtener Knabe.

«Armes Weib», flüsterte Gertrud leise, «so viel Schweres und nie ein Dank... 's wär besser, wir ließen dich hier liegen und verbluten...»

Dem Elias lief die Stirne dunkel an, einen scheuen Blick warf er auf die Frau, die wie eine Leiche aussah, dann stürzte er hinaus auf die Wiese, die fahl und tauig in grauer Morgendämmerung dalag. Wie ein rötliches Auge glühte das einsame Licht in der Krankenstube durch die neblige Luft, so vorwurfsvoll und so allein und verlassen. Plötzlich fühlte er, wie seine Augen naß waren, da wischte er mit einem Ruck darüber weg, biß die Zähne zusammen und ging mit schweren Schritten über die Wiesen in den Wald hinein. Aber nicht allein; so viele Stimmen umtönten ihn, so viele Bilder umdrängten ihn.

Da sah er die blondhaarige Kathrine als junges Mädchen mit den schweren langen Zöpfen, wie sie barfuß in die Wiesen ging zum Futterschneiden, und er hinterher, werbend, bittend. Er sah ihre unschuldigen Augen mit dem sanften Blick, der um Schonung bat; wie hatten sie doch jetzt allen ihren Glanz verloren. War's, weil sie so viel weinen mußten?

Er lief rascher, um den Gestalten zu entgehen, die ihn umdrängten. Aber es half nichts – da lag sie vor ihm auf den Knien, blaß und tränenüberströmt: «Verlaß mich nicht in der Schand.»

Nur weiter! Wollte der Wald nicht enden, in dessen Dunkel die Gespenster seines Lebens lauerten? Da war sie schon wieder vor ihm auf dem Boden; in der Trunkenheit hatte er sie geschlagen, zum ersten Male; ein Blutstreifen lief über die weiße Haut, und zwei Augen sahen ihn an voll ungläubigen Entsetzens.

Jetzt summten ihm wieder Gertruds Worte in den Ohren: Armes Weib, so viel Schweres und nie ein Dank. Er hielt inne im Lauf. Vor ihm öffnete sich der Wald, und über den blauen Bergen stach die aufgehende Sonne mit goldenen Spießen in die Morgenwolken. Unten im Tal wogte der weiße Nebel wie ein uferloses Meer und verhüllte die einsame Sägemühle, von der nur das Rauschen des Mühlbachs herauftönte. Einzelne Vogelstimmen grüßten das emporsteigende Gestirn, und Millionen Tautropfen erglänzten im ersten Sonnenstrahl.

Elias setzte sich auf einem Baumstumpf am Weg und

blickte mit heißen Augen in die reine Schönheit hinein. «Und wenn du das alles nimmer sehen solltest!»

Große Büsche von rotem Fingerhut wuchsen neben den alten vermoderten Stümpfen, Farnkräuter schmiegten sich an bläuliche Basaltfelsen, und Brombeerranken mit reifenden Früchten kämpften mit dem Heidekraut um Luft und Licht. «So schön, so schön... und du müßtest sterben?»

Er brütete vor sich hin. «Und doch hast du mich liebgehabt...» Liebliche Bilder umgaukelten ihn, der Abend im Mondschein, an dem er sie Genoveva genannt hatte –

«Wenn ich noch einmal anfangen könnt', ich wollt' dir Liebs und Guts tun...»

Die Sonne stand jetzt hoch am Himmel und strahlte ihm voll ins Gesicht. Die Wärme rann ihm wohltätig durch die Glieder. Wie eine gute, mütterliche Frau stand sie da oben und blickte schweigend auf ihr Kind herunter, das sich in Reue und Schmerz zerquälte.

«Wenn sie lebe bleibt, die Kathrin...», er vollendete nicht, aber es klang wie ein Gelöbnis, und das Gesicht des rauhen Mannes blickte dabei feierlich in die Sonne.

Rasch erhob er sich wieder und schritt seinem Heim zu, er schämte sich seiner Flucht, und doch war etwas in ihm klar und hell geworden in der Einsamkeit. Schon regte sich wieder Hoffnung mit leisem Wehen in seinem Herzen, er fühlte Kraft in seinen Gliedern, Kraft zur Arbeit und Kraft zum Gutsein. Nun tauchte sein Haus vor ihm auf; wie tot lag es da, kein Rauch kräuselte sich über dem Dach, kein Laut ließ sich hören. Da packte ihn eisige Furcht; was würde er drinnen finden? Zögernd überschritt er die Schwelle, da öffnete sich vor ihm die Tür, und Gertrud trat ihm entgegen, den Finger am Mund, um ihn zur Stille zu mahnen.

«Wie geht's... ihr?»

«Sie schläft und darf durch nichts gestört werden. Soll ich eine Frau schicken?»

«Nein, ich will selbst – – ich will gutmachen», stammelte er, unfähig, seine Bewegung zu verbergen.

Gertrud nickte mit hellem Blick und drückte ihm die Hand. «Die Kinder behalt ich heut bei mir, die Kathrine braucht Ruhe; am Nachmittag komm ich wieder, um zwölf Uhr schick ich durch den Fritz Essen heraus, die Wöchnerin darf nicht allein bleiben. Und lassen Sie mich gleich rufen, wenn was passiert.»

Dann ging sie hinaus, müde, aber glückstrahlend über den gewonnenen Sieg; fast sah es aus, als ob ein doppelter Sieg daraus werden sollte. Jetzt hätte sie mit keinem König getauscht; sie schritt durch das tauige, blumige Gras wie auf goldenen Wolken, und die Morgensonne webte einen lichten Glücksschleier um die junge Frau, die dem Tode zwei Leben abgetrotzt hatte, Mutter und Kind.

Elias aber trat in das halb verdunkelte Zimmer an das Bett seines Weibes. Sie schlief den tiefen Schlaf der Erschöpfung, und das bleiche schmale Gesicht lag friedlich, von dem zerwühlten Haar umschattet, in den Kissen. In einem Korb schlummerte das kleine Mädchen und saugte an seinem Fingerchen; Gertrud hatte es gebadet und angekleidet und alles für den Fall, daß es erwachte, bereitgestellt.

Der Mann zog die groben Schuhe aus, um keinen Lärm zu machen; im Tischkasten lag das Brot, er schnitt sich ein Stückchen herunter, und dann setzte er sich stille an den Tisch. Ein Gefühl von Frieden und Dank durchströmte ihn, das er lange nicht mehr empfunden hatte. Nun wollte er ein anderer Mensch werden, das Trinken sein lassen und für Weib und Kind sorgen.

Leise atmeten die Schläfer und träumten ahnungslos einer freundlichen Zukunft entgegen. Ein weißer Schmetterling kam zum offenen Fenster herein und gaukelte im

Sonnenstrahl; unten im Stall meckerte die Ziege. Elias schlich sich hinaus, sie zu melken und zu füttern, und ein frohes Leuchten stand in seinen Augen, als er am Bett seiner Frau vorüberging. Ihre arbeitsharte, gebräunte Hand lag wie leblos auf der bunten Decke, da strich er ganz sacht mit seinen Fingern darüber und ging an die Arbeit, die sie sonst tat.

Dreiundzwanzigstes Kapitel

Was der Elias in der schweren Stunde der Reue gelobt hatte, hielt er; das Wirtshaus betrat er nicht mehr. Aber so leicht, wie er im ersten Gefühl gedacht hatte, wurde ihm das Gutsein nicht. Im Anfang half ihm wohl der froh erstaunte Blick seines Weibes, das vom Krankenlager aus ihn beobachtete, und die achtungsvolle Art, mit der Gertrud ihm begegnete. Aber dann hatte er oft ein Gefühl von Leere, es fehlte ihm etwas, er wußte nicht recht was. Wenn er abends von der Arbeit im Wald kam, so machte er sich wohl zu schaffen im Gärtchen, oder bastelte etwas im Haus, er flickte Gerät oder machte seinen Kindern ein Spielzeug. Aber dann trieb ihn wieder die Unruhe auf; er sehnte sich nach einem Ersatz fürs Wirtshaus, nach etwas Anregendem, nach Männern, mit denen sich's reden ließ, nach... ach, er war sich selbst nicht klar.

In dieser Stimmung kam er auch eines Tages wieder am Wirtshaus vorüber. Es war Sonntag nachmittag, und die ruhigen rauhen Stimmen einiger Wäldler drangen auf die Straße. In demselben Augenblick trat der Wirt vor die Tür; er hatte ihn vom Fenster aus bemerkt.

«No, di han i jo lang net gsehn?»

«Mei Weib isch krank gwä.»

«So so; kommscht e bisle rei? Der Landjäger von Tannheim isch au do.»

Elias schüttelte den Kopf.

«I geb der Kredit, wann d' grad net bei Kass' bischt.»

«Den brauch i net», antwortete Elias stolz und klapperte mit dem Wochenlohn im Hosensack.

Der Sägmattheis trat näher und blickte den Holzhacker scharf an. «I glaub, du wurscht fromm, der Erdmann hot di bekehrt.»

Da fuhr der Elias auf. «Himmelherrgottsakerment, i werd net fromm, Wirt, i verbitt mer dei Gespött.»

«No, und worum kommscht nochher net zu mir und trinkscht eins?» fragte lauernd der Verführer.

Der Elias schwieg trotzig. Überredend packte der Mattheis ihn am Arm und führte ihn ins Haus. Auf dem Flur blieb der Holzhauer stehen; Stimmengewirr und der Geruch von Alkohol und gebratenem Fleisch mischte sich für ihn zu einer Atmosphäre von Behagen und Freude. Trotzdem widerstand er. «I gang net mit», sagte er störrisch.

«Na bring i dir a Gläsle heraus.»

«Du bischt jo arg besorgt um mi, willst ebbes?» Er verbarg sein Begehren unter Spott.

«I von dir? Do kämt i z' kurz; aber wegem Erdmann möcht i mit dir schwätze.»

«Was soll's?» fragte der Elias kurz.

Der Wirt blickte sich vorsichtig um. «Mer sollt irgend ebbes tue gegenen.»

«Was kann mer do tue!» antwortete achselzuckend der Mann, «jetzt hent mern.»

«Mer kann ein au wegärgern.»

«Der hot e dicks Fell.»

«Sell scho, aber sei Frau net, und die mag er arg.»

Der Elias spuckte schweigend auf den Boden.

«Letscht Nacht hot eberm älle Rosebäum abgeschnitte...» sagte tastend der Wirt.

Der andere fuhr auf. «I bin's net gwä'.»

«Mei Mädle hot gsait, d'Pfarrere häb so gheult, und er häb alleweil tröscht...»

«Dees war au kei scheens Stückle», knurrte Elias.

Der Wirt blickte ihn überrascht an. Dann sagte er so beiläufig: «Kannscht mir au emol dei Schulde zahle, stohscht hoch in der Kreiden.»

«Dees tu i, sobald i ka.»

«Weischt, i han Geduld, wann eber mir gefällig isch, dees hascht erfahre, und wannscht fescht zu mir stohscht gegen den Pfaff, na könnts sei, daß i mol dei Schuld auswisch...»

«Dees hascht net nötig, i bin dir gut vor.»

Der Wirt lachte höhnisch: «Du... mir... gut... vor? Wo d'en Lump bischt und en Lump bleibscht und en feiger no derzue? Große Wort machscht, wanns aber ufs Handle akommt, na bringe di Weibertränе und Pfaffegeschwätz erum. I sieh di no, wie d' beim Erdmann mim Schwanz wedelst, daß er di zum Nachtmohl läßt.»

Wütend fuhr der Elias auf und packte den Wirt mit eisernem Griff.

«Obscht mi los lascht, oder i ruf de Landjäger.»

«Du weischt, daß i nix von de Pfaffe will, und daß i net z' Kreuz kriech, i net», keuchte der Holzhacker, «aber i will au nix meh mit dir z' to han, du bischt en Verderber. I bin net so gmei, wie du denkscht; eimol hascht mi rumbracht, e zweitsmol net, i bin e Mann.» Wild schüttelte er den dicken Wirt, der sich nicht wehren konnte, sondern nur zeterte: «Landjäger, z' Hilf, ihr Manne, helft.»

Rauh lachend, stieß der starke Mensch den Schreienden mit einem letzten Ruck zurück, daß er dem Landjäger in die Arme taumelte, der auf den Hilferuf herausgestürzt war. Dann schritt er gelassen aus dem Haus. Niemand folgte ihm; die Köhler lachten nur, als sie den Wirt in die Arme des ebenso wohlgenährten Hüters der Ordnung fliegen sahen, und der Wurster Gottlieb rief: «Isch dees e Lieb, e heiße; geb em e Küßle, deim dicke Schätzle.»

In das Gelächter stimmte auch der Landjäger mit ein, und da dem Wirt nichts geschehen war, brachte er die gemütsruhigen Gäste nicht zu einer Verfolgung. Sie hatten auch noch nicht genug getrunken, um blinde Raufgelüste zu haben. Neckereien flogen hin und her, man setzte sich wieder hinter die Gläser, die der Sägmattheis mit rotem, verbissenem Gesicht füllte. – –

Der Elias war in die Wälder gegangen, immer tiefer, bis dorthin, wo der Fellbach seinen Ursprung nahm. Das war abseits vom Weg, wo die ältesten Tannen des Reviers standen, schlank und hoch wie Palmen, die mächtigen Stämme von mattschimmernder glatter Rinde bedeckt, die Wurzeln von leuchtend grünem Moos überwachsen. Hier rauschte zwischen Steinen und hohem Adlerfarn das klare Wasser hervor und suchte sich in eiligem Lauf den Weg zum Tale. Alles war hier tiefer grün, saftstrotzender; rote Preißelbeeren und Fliegenpilze glühten aus dem Unterholz heraus, und große gelbe Wegschnecken und Feuersalamander krochen über den feuchten Pfad. In die tiefe Stille hinein pochte der Schnabel eines Spechts; die Vögel waren schon lange verstummt, Herbstfäden schwankten durch die Luft, und am Himmel rauschte es von Wildgänsen, die zum Süden zogen. Ein Gefühl unaussprechlicher Traurigkeit preßte das Herz des trotzigen Mannes zusammen. Was war die Welt, was war das Leben? Ein Entbehren, ein Vergehen, nichts, das wert wäre der Manneskraft, der Mannesarbeit...

Leise murmelte der unermüdliche Bach mit den blinkenden, hüpfenden Wellen. Die Trauer umspann den einsamen Mann immer fester, die Gedanken lösten sich schwerfällig aus dem einsamen Herzen.

«I wollt, i wär en Soldat im Krieg, und säh ebbes vor

mir, und wenn i au d'Schlacht net gewinne tät und e Kugel mi treffe tät.»

Der dumpfe Schmerz am Herzen wurde ihm unerträglich; er riß das bunte Hemd über der starken gebräunten Brust auseinander, um die Klammern zu lösen, die ihn umspannten; kühle Luft umfächelte den schweratmenden Körper, aber es wurde nicht besser; er wollte zu Menschen, sie sollten freundlich mit ihm reden, ihm sagen, daß er ihnen wert sei... Sein Weib sollte sich an ihn schmiegen mit dankbarem Blick, die Kinder zu ihm aufschauen mit vertrauenden Augen; aber noch waren sie scheu und fürchteten ihn.

Er schritt rascher aus und kam auf die glatte Landstraße. Als er eine Weile gegangen war, hörte er ein Glockenzeichen, und als er zur Seite trat, flog ein blinkendes Stahlrad an ihm vorüber. Es war die junge Pfarrfrau, die noch einmal nach einem kranken Kind gesehen hatte. Als sie den Elias erkannte, sprang sie ab und ließ ihn herankommen.

«Sind Sie spazieren gewesen?» fragte sie freundlich.

«Jo, so e bißle, eh der Winter kommt.»

«Reden Sie mir nicht vom Winter, vor dem fürcht ich mich.»

«Jo, er isch net leicht da hobe.»

«Was macht das Kleine?»

«Dees isch e Staatsmädle, und d'Kathrine erholt sich jetzt au.»

«Das ist doch eine Freud', gelt?»

«Wohl, wohl...»

«Was ist Ihnen, Elias? Sie sehen so... so düster aus.»

«Ha, nix weiter – no, 's Lebe gfreut mi net, 's isch gar nix los.»

Gertrud blickte überrascht auf; der große bärtige Mann sah unglücklich drein. Er wich ihren hellen Augen nicht aus, obgleich er das beklemmende Gefühl hatte, als ob er von Glas vor ihr sei.

«Ich glaube, Elias, Sie brauchen weitere Ziele, als nur sich satt essen.»

«Vorig han i gewünscht, 's gäb Krieg und i müßt mit.»

Gertrud nickte gedankenvoll. «Sie haben sich doch einst eine gute Bildung erworben», sagte sie schüchtern, denn sie erinnerte ihn nicht gern an die Vergangenheit.

«Dees han i alles weggeschmisse damals, dees hat mi no gehindert, zfriede mit meim Los z' sei. Gholfe hots freile net allei, 's Wegschmeiße, der Schnaps hot au no her müsse.»

«Was könnte ein Mann von Ihrem Wissen einer Gemeinde wie Hohenwald sein!»

Der Elias horchte auf, dann sagte er wegwerfend: «Wann i net alles vergesse hätt, und d'Bücher han i verkauft, und überhaupt bin i jetzt zu alt; und au sonst...»

«Was war Ihnen denn allemal das Liebste beim Lernen?»

«Oh, halt Naturwissenschafte, Botanik; e Pflanzesammlung han i ghett von der ganze Alb, dort hot's so schöne Blume.»

«Die Schwarzwaldflora ist da wohl sehr verschieden?»

«Ja», antwortete er eifrig, «'s hat net so viele Arte.»

«Ich könnte Ihnen gern ein botanisches Werk leihen, wenn es Sie interessiert, und die Heilkräuter kenne ich gut.»

Der Holzhacker wurde lebhafter, unwillkürlich verfeinerte sich seine Sprache beim Gedanken an die Arbeit in besseren Zeiten. «Ja, jetzt komme die lange Winterabend, da wär i froh dran, und ins Wirtshaus mag i nemme, i han au heut den Mattheis prügelt...»

«Elias!» rief die junge Frau vorwurfsvoll.

«Das muß Ihne net leid sein», antwortete der Getadelte leichtherzig, «der hat's zehnfach verdient, au um Sie...»

Forschend blickte sie ihn an, da senkte er die Augen, und eine tiefe Röte stieg ihm in die braunen Wangen. Da fragte sie nicht.

Schweigend und jedes in seinen Gedanken, schritten sie weiter. Der Elias führte das Rad. Plötzlich rief Gertrud eifrig: «Oh, Elias, ich hab einen prachtvollen Gedanken! Sie sollen Löschpapier von mir haben, stellen Sie mir mit der Zeit eine Pflanzensammlung zusammen von der ganzen hier heimischen Flora, ich werde sie um gutes Geld verkaufen können, ich weiß schon wohin.»

Angeregt blickte der Mann auf, den das Leben nicht mehr freute. «Dees könnt i schon, Frau Pfarrer. So in ein bis zwei Jahr hätt i eine beisamme, wo i doch überall rum komm.» Er bückte sich nach einem zarten Farn und pflückte ihn sorgfältig ab. «Damit i no glei anfang, der Herbst dauert so scho nemme lang.»

Am Wegrand stand ein junger plumper Steinpilz, den nahm er auch mit. «Do geht viel Nahrung zugrund in dene Wälder, die Baure kenne die giftige net von de eßbare, tausendweis faule die schönste Schwämm. I bring alles der Kathrine heim, die bräts mit Zwiebel, dees schmeckt wie brates Fleisch.»

Aufmerksam betrachtete Gertrud den Pilz; sie fragte und Elias belehrte; andere Sorten wuchsen am Wegrand und wurden erklärt, schließlich nahm die junge Frau ihr Taschentuch heraus und sammelte es voll eßbare Schwämme nach des Elias Anweisung.

«Die koch ich heut abend», sagte sie mit vor Eifer geröteten Wangen, «wir haben so in dieser Woche kein Fleisch gehabt.»

Elias freute sich mit, er belehrte gerne.

«Allein getrau ich mich noch nicht Pilze zu sammeln, wenn Sie nächsten Sonntag nichts vorhaben, wollen wir wieder gehen. Ich nehme das Hannele mit, dann finden wir vielleicht so viel, daß wir für den Winter trocknen können?»

«Sicherlich; meine Bube könne auch mit und Ihne helfe, September und Oktober sind die beschte Monat.»

«Ja? O das wird schön!»

Das Dorf kam in Sicht, Gertrud nahm Abschied von Elias und schwang sich auf ihr Rad. Dieser ging befriedigt und heiter heim. Er fühlte sich gehoben und erzählte lebhaft seiner Frau von der Begegnung. Die Kathrine hatte dazu seine Hand gefaßt und sah ihn mit leuchtenden Augen an. «Gelt 's isch e guete, die Pfarrere? Und er isch au brav.»

Verlegen drehte sich der Elias ab, aber er widersprach nicht.

*

Als Gertrud in ihr Gärtchen trat, fand sie den Samuel und das Hannele eifrig beschäftigt, statt der hingemordeten Rosenbäume kräftige Wildlinge zu setzen.

«Die pfropf i Ihne nächschts Johr, na hent Sie schönere Rose als irgend eis in Hohewald», tröstete treuherzig der Bursche. Das Hannele hatte ihm von dem Kummer seiner Frau erzählt, und das Liebespärchen hatte den freien Mittag benützt, um schlanke Rosenwildlinge im Waldbruch zu suchen. Zum Dank dafür hatte das Hannele ihm zum ersten Male freiwillig einen Kuß gegeben, einen dankbaren, frischen Kinderkuß freilich vorerst, aber der Samuel war doch sehr froh darüber gewesen.

Drinnen im Zimmer saß Gottfried Erdmann. Er hatte den Kopf in die hagere Hand gestützt und starrte vor sich hin. Als Gertrud eintrat, blickte er sie mit brennenden, tiefliegenden Augen an. Sie brachte eine ganze Wolke von Duft und Frische mit in das Zimmer herein; ihre Wangen glühten von der lebhaften Bewegung, die kleine blaue Sportmütze saß schief auf dem flimmernden Haar. Mit einem Ruck warf sie die Ledertasche, die ihre nötigsten Instrumente barg, auf den wohlaufgeräumten Schreibtisch ihres Mannes und beugte sich zu ihm herunter, um ihn zu küssen.

«Da bin ich wieder, Lieber, und schön war's. Pilze habe ich gefunden, feine Steinpilze und Eierschwämmchen; der Elias hat sie mir gezeigt; und das kleine Mariele kommt durch, das Fieber ist gefallen.» Das sprudelte sie alles hervor, ohne ihn zu Wort kommen zu lassen. Dann warf sie das Mützchen zur Tasche und schmiegte ihre heiße Wange an sein Gesicht.

«Was hat mein Liebster?» fragte sie weich, als er immer noch schwieg, und legte dabei den Arm um seinen Nacken. «Hat er ein bissel Sonntagsjammer?»

«Ich war im Dorf und habe Besuche gemacht, der Jul hat mich sehr betrübt.»

«Der Mesner?»

«Ja, als ich die Straße herunterkam, taumelte er gerade aus dem Wirtshaus heraus, völlig betrunken. Als er mich sah, wollte er sich zur Seite drücken, dann versuchte er stramm zu gehen und fiel dabei in eine Pfütze. Die Wirtshausbrüder, und wer es sonst sah, johlten. Ich war außer mir; stell dir vor... ein Diener der Kirche... heut morgen noch assistierte er mir beim Abendmahl, heut abend wälzt er sich in der Gosse. Mit Feuer und Schwert sollte man dreinfahren; aber mein Feuer brennt nicht, und mein Schwert ist stumpf. Für was predige ich ihnen? An ihren Früchten sollt ihr sie erkennen... das ist meine Frucht: ein Kirchendiener, der den Sonntag schändet.»

Gertrud drückte einen sanften Kuß auf seine Augen. «Nicht traurig sein; so sind nicht alle, und auch der Jul sonst nicht; ich begreife ihn nicht... auf ihn gebaut hätte ich ja nie, denn er ist feig...»

«Vielleicht hat der Sägmattheis ihn betrunken gemacht, um mir weh zu tun; es sähe ihm gleich, denn er ist ein Teufel... Ach überhaupt... wer meint es ehrlich, wessen Frömmigkeit ist echt? Als ich unter den offenen Fenstern der alten gelähmten Sägmüllerin vorbeigehe und grad in den Hof einbiegen will, höre ich dem kleinen Minele seine aufgeregte Stimme: ‚Ahne, der Pfarrer kommt zu uns.' Und dann die Stimme der Greisin: ‚Schnell tu mei Stricket weg und lang mir 's Gesangbuch.»

Wie ich hereinkomme, sitzt die Alte da und hält in den zitternden Händen das alte schwarze Buch, von dem sie andächtig zu mir aufblickt; das Strickzeug lag unter der Bank. Mit den gichtgekrümmten Fingern, die kaum zur Arbeit taugen, hat sie doch noch den Sonntag entheiligt.»

«Sie meinte es nicht bös.»

«Nicht bös? So sagst du immer. Sie wußte, was sie tat.»

«Was sagtest du zu ihr?»

«Du hast nicht Menschen, sondern Gott gelogen. Da zitterte sie und erblaßte, und aus den entzündeten Greisenaugen liefen die Tränen. Sie entschuldigte sich, ich sei so streng, und sie habe mich nicht kränken wollen, und man könne doch nicht den ganzen Sonntag müßig sein.»

«Nun, was das letzte betrifft...»

«Laß», sagte er schroff, «ich weiß, was du meinst, wir denken da verschieden; Gott spricht, und ich gehorche ohne Kritik.»

Gertrud zuckte die Achseln und trat ans Fenster; ein weher Schein flog über ihr Gesicht. Da war sie wieder, die Kluft, die sich breit und schwarz zwischen ihnen öffnete, daß ihr aller Mut entfiel und es ihr war, als ob sie allein auf einer meerumflossenen, sturmumtobten Insel sei.

Auch Gottfried fühlte die plötzliche Kälte, die ihn anwehte; er blickte nach seiner Frau hinüber, deren feines Profil sich vom blassen Abendhimmel abhob. Sie hatte das Fenster geöffnet und sah hinüber über den Wald, ein rötlicher Schein war noch hinter den Bäumen, und auf der Wiese davor schwebten grauweiße Nebelschleier.

Die Abendglocke begann zu läuten; Erdmann neigte in frommer Gewohnheit den Kopf. Gertrud stand hoch aufgerichtet und sah ihn an. Das Glöckchen wimmerte dumpf durch den dichter werdenden Nebel. Da fühlte sie eine Kraft aus ihrem Herzen emporsteigen, eine Glut, die bis in die Fingerspitzen strömte und ihr die Augen leuchten machte. Ganz leise trat sie zu ihm hin und legte ihre Hand auf seinen Kopf. Ein überwältigendes Gefühl mütterlicher Liebe und zugleich weiblicher Hingebung trieb ihr die Tränen in die Augen. Die Empfindung war so stark, daß sie wie eine große warme Welle die beiden Menschen umwogte; leuchtend streckte die Liebe die Arme aus, und die Kluft verschwand. Sieghafte Kraft und Wärme strömte von der Frau aus, und als der Mann seine Augen erhob, sah er staunend den Glanz in seines Weibes Antlitz. Ein heiliger Schauer durchrann ihn, er erkannte ihre Seele. Da legte er seinen Kopf an ihre Brust und umfaßte sie fest mit seinen Armen, als wollte er sie nimmermehr lassen. Sie sprachen kein Wort; leise verklang das Glöckchen, und lautlos sank der Abend hernieder und deckte die Erde mit seinem Sonntagsfrieden.

Vierundzwanzigstes Kapitel

Der November kam mit Regenschauern und trüben Tagen; um das Häuschen sausten die Herbststürme und peitschten Schnee und Hagel an die festen Holzladen. Um so traulicher war es in den kleinen niedrigen Stuben des Hohenwälder Pfarrhauses; da knackten die harzigen Scheite in dem großen Kachelofen und summte der Wasserkessel und zischten die Bratäpfel.

Solch ein Novemberabend war es, an dem Gertrud allein über einem Buche auf dem Sofa saß und ihren Mann erwartete, der zur Stadt in den Pfarrkranz gegangen war. Sie hatte ihm die Hausschuhe warm gestellt und zierlich für ihn den Abendtisch gedeckt. Hannele war schon zu

Bett gegangen, sie schlief in einer kleinen Kammer neben der Giebelstube, und nur der Wind orgelte in dem Kamin und blies kleine blaue Rauchwölkchen zum Ofentürchen heraus. Leise pochte der Holzwurm in dem alten Gesims, und die Kuckucksuhr tickte mit harten Schlägen.

Die junge Frau las zerstreut; sie lauschte hinaus auf die Straße, ob sie aus dem Konzert der Naturstimmen nicht den festen schnellen Schritt ihres Mannes höre. Sie fühlte sich einsam; der Abend war die einzige Zeit, in der sie sich ungestört hatten. Dann las er ihr vor, während sie nähte, oder sie saßen zusammen auf dem Sofa Hand in Hand und plauderten, und sagten sich, wie froh sie seien, einander zu haben. Das wurde sie nicht müde zu sagen und zu hören. Im Zimmer war es so hell und warm, so sicher und geborgen; Gertrud bangte um ihren Mann. Sie schalt sich töricht, wie oft war er nachts noch draußen, aber heute schien ihr der Weg von der Stadt her von Gefahren umlauert und von Unheil bedroht.

Da... endlich! Sie sprang auf und lauschte. Tritte auf der Straße, ein Knirschen an der Haustür, und gleich darauf stand Gottfried Erdmann im Zimmer und grüßte mit frohem Lächeln seine Frau. Mit einem Jubelruf flog sie ihm an den Hals und achtete nicht der Wassertropfen im Haar und des Schnees, der auf seinen Schultern lag.

«Gott sei Dank, daß du da bist, ich habe mich nach dir gesehnt.»

«Bist du so allein gewesen, Liebes?»

«Schrecklich allein; das Mittagessen hat mir gar nicht geschmeckt, es war auch zur Feier deiner Abwesenheit schmählich gekocht. Komm, schäl dich aus, du nasse Wasserratte, ich brühe dir schnell den Tee an. Hier stehen deine Pantoffeln... bin ich nicht eine ganz normale, liebe kleine Hausfrau, die weiß, was sich gehört?»

Er blickte sie glücklich an. «Sie weiß sogar noch mehr,

als sich gehört, und ist das süßeste, liebste Ding auf der Welt.»

Und dann saßen sie zusammen in der hellen Wärme. «Wie's ihm schmeckt, dem armen, hungrigen Mann», sagte Gertrud und lehnte den Kopf an seine Schulter und sah ihm zu, wie er Bissen auf Bissen in den Mund schob. Dazwischen erzählte er, er war ganz eifrig.

«Einen Ausweg habe ich für unsre Hohenwälder. Ich traf den alten Pfarrer Wiederhold; ich mochte ihn nie, weil er so materiell ist, aber den hab ich doch falsch beurteilt. Solch einen klaren Blick für die Dinge dieser Welt hat er, und dabei doch ein Herz. Unsre Not hier im Wald hab ich ihm geklagt. ‚Hausindustrie einführen', hat er da nur gebrummt, ‚Ketten machen, oder so was, das tun sie auch bei mir.' Da hab ich ihn am Rock gekriegt. Wie und woher, Ketten? Gute Ratschläge hat er mir gegeben, nach Pforzheim soll ich fahren, das hat große Goldwarenfabriken, Adressen hab ich. Kapital ist nicht nötig, nur drei Wochen lang müssen wir einen Lehrmeister hier haben, das Geld dazu ist in meinem Schreibtisch. Freust du dich, Trudel?»

Sie nickte ihm strahlend zu.

«Sieh, Frauchen, ich habe manchen Fehler gemacht, hier und in Tannheim. Wo die Not so grell und schmerzlich ist, verliert der Mensch den Sinn für Gott; die Not schmiedet ihn mit eisernen Ketten an die Erde, die lassen ihn nicht los; das hab ich jetzt eingesehen. Aber ich geb nicht nach, ich nehm's mit der Not auf, wie ich's mit der Sünde aufnahm, Gott muß freie Bahn haben. Liebste, denk doch, ein bescheidenes, frohes Volk und Jesus der Gast an ihrem Tisch, Jesus, der ihre Arbeit segnet, der sie aufs Feld begleitet, der ihre Kinder behütet, der ihnen das Sterben leicht macht...» Er blickte verklärt in die Weite.

Gertrud lächelte still. «Wie du schwärmst, und wie deine Augen leuchten», sagte sie dann.

Er schob die Tasse zurück und stand auf. «Morgen will ich mit den Männern hier sprechen und dann mit einem von ihnen in die Stadt fahren.»

«Geh zum Elias», rief Gertrud.

«Nein, zu dem nicht.»

«Er ist der Klügste und Stärkste.»

«Und dazu mein größter Feind!»

Sie sah ihn nachdenklich an. «Ich glaube, er ist's nicht mehr; wer kann dir auf die Dauer widerstehn?»

Er schüttelte trübe den Kopf. «Das denkst du, aber hast du Beweise beim Elias?»

«Nein», sagte sie zögernd, «nur so ein Gefühl.»

«Willst du wirklich, daß ich wieder über seine Schwelle gehe, über die er mich einst hinausstieß?»

«Ja.» Sie sagte es fest und blickte ihn voll an. «Ich will es um deinet- und seinetwillen.»

Er schwieg und nagte an der Unterlippe; langsam ging er im Zimmer auf und ab. Plötzlich drehte er sich mit einem Ruck um und sagte: «Gut, ich gehe, es muß der Hirt das Verlorene suchen, und nicht das Schaf den Hirten.»

Gertrud stand auf und trat neben ihn. Sie legte die Hand auf seine Schulter und sagte leise: «Einen Gefallen tu mir: sprich jetzt mit dem Elias nichts von Religion, tritt auch mit keiner moralischen Forderung an ihn heran...»

«Ich will ihn einfach bitten, mir zu helfen.»

«Das wird diesem Mann mehr helfen als die glühendste Erweckungspredigt.»

«Glaubst du wirklich?» fragte er zweifelnd.

Sie bejahte eifrig. «Guck, wir Doktorsleute verordnen oft heiße Fußbäder gegen Kopfschmerzen, und am Kopf selbst machen wir gar nichts, das nennen wir ableitendes Verfahren. Laß den Elias mal großzügige Arbeit, die für ihn idealen Gehalt hat, tun, ob dann nicht anderes in Ordnung kommt, an dem man vorher vergebens herumgedoktert hat. Den ersten Schritt hat er schon gemacht, er trinkt nicht mehr – der Frau zuliebe. Und bei der Typhusepidemie, wie war er mir da eine Hilfe ...»

«Und darnach wurde er um so schlimmer.»

«Dennoch!» rief sie siegesgewiß.

«Gott gebe mir Weisheit.»

«Amen», sagte sie schalkhaft und sah ihn gleich darauf innig an und bat mit den Augen um Verzeihung für ihren Übermut.

Fünfundzwanzigstes Kapitel

Am andern Morgen früh ging Erdmann zum Elias. Es war Schnee gefallen über Nacht und schneite immer noch, so daß die Holzhacker nicht in den Wald konnten. Auch die Schulkinder hatten Hausarrest und lungerten vor den Häusern herum, bauten die ersten Schneemänner und warfen sich jauchzend mit Bällen.

Der junge Pfarrer stapfte nachdenklich durch den weichen Schnee; er trug hohe Lederstiefel und ein dunkelgraues Lodenwams, so daß man nicht den Pfarrer in ihm vermutete; aber er hatte die Tracht praktisch für sein Wäldlerleben gefunden, und was lag ihm am Kleide?

Die Kathrine sah ihn den ungebahnten Pfad her auf ihr Haus zukommen; da erschrak sie so, daß die zitternden Knie sie nicht trugen, denn sie war noch recht schwach.

«Elias», sagte sie hastig, «der Pfarrer kommt zu uns, 's isch gewiß wegem Lisabethle seiner Tauf.»

Der Mann, der untätig auf der Ofenbank gesessen hatte, machte ein finsteres Gesicht und sagte kurz: «Laß ihn no komme.»

«Mann», bat sie leise, «willscht net lieber gehe?»

Er stand auf und reckte sich, wie um seine Kraft zu prüfen, dann trat er an das kleine Fenster, an dem ein Geranienstock blühte. Eben verschwand die Gestalt des Pfarrers in der Haustür, und man hörte, wie er sich draußen den Schnee von den Füßen abtrat.

Es klopfte.

«Herein», sagte Kathrine. Die kleineren Kinder drückten sich in die Ecke, die großen waren draußen bei den anderen Buben.

«Grüß Gott», sagte der Pfarrer und trat auf die Kathrine zu, die sich erhoben hatte. «Geht es Ihnen wieder gut?» Dabei blickte er freundlich in das Gesicht der Frau. Sie sah noch recht blaß und durchsichtig aus, und der Leidenszug um den Mund trat schärfer hervor.

«Gottlob, i kann doch wieder schaffe, mer mueß zfriede sei wie's kommt», antwortete sie leise.

Der Hausherr hatte die ganze Zeit, ohne sich zu rühren, am Fenster gelehnt. In ihm kämpfte Trotz und böses Gewissen, Reue und etwas wie Sehnsucht; aber das band ihn wie mit Ketten, und kein Gruß kam über seine Lippen.

Schüchtern und unbeholfen stand der Pfarrer in der Mitte des Zimmers. Wohl wußte er, was er wollte, aber die Erinnerung an den Tag, an dem ihn der wütende Mann mit Schimpfworten von der Schwelle gewiesen, und an all die bösen Blicke und Worte, die von ihm gekommen waren, lähmte ihn.

Das Kind in der Wiege wimmerte leise. Er trat hinzu und beugte sich darüber; sanft strich er ihm über das flaumige blonde Köpfchen; der Mutter war's, als wollte er es segnen. Es hörte auf zu weinen und blickte mit großen feuchtblauen Augen zu dem fremden Manne auf. Endlich richtete dieser sich in die Höhe und ging langsam auf den Elias zu.

Wortlos sahen sich die beiden Männer an, als wollten

sie gegenseitig ihre Kraft messen. Der eine voll Stärke des Körpers und des Willens, aber einer Stärke ohne Zügel, brutal und zerstörend; der andere stellte ihm die Kraft des Geistes entgegen, die alle anderen Kräfte und Triebe bändigte und beherrschte. So standen sie Auge in Auge, aber nicht wie Feinde; kein Strahl des Hasses blitzte aus den Augen des Holzhackers auf, doch er hielt den Blick seines stärkeren Bruders nicht aus. Etwas Häßliches reckte sich in seiner Seele auf, etwas, das ihn lähmte und demütigte. «Judas», flüsterte ihm eine Stimme ins Ohr, und in Trotz und Scham wendete er den Kopf ab.

Erdmann sah nur den Trotz; er sammelte seine ganze Kraft und Liebe und sagte mit ruhiger Stimme: «Ich habe eine Bitte an Sie, Herr Großhans.»

«Eine Bitte?» Die Frage klang rauh und mühsam, aber nicht abweisend.

Kathrine, die mit angstvollen Augen auf die Männer geschaut hatte, seufzte, wie von einer Last befreit, und schob dem Pfarrer einen Stuhl hin.

«Ja, ich brauche Ihren Rat.»

Der Holzhacker blickte auf und lachte verächtlich.

«Mein Rat? Wem soll der nütze?»

Aber Erdmann ließ sich nicht einschüchtern, er legte dem Aufhorchenden dar, wie er der Gemeinde wirtschaftlich aufhelfen wolle, und er brachte es fertig, das Rezept seiner Frau zu befolgen und gar keine Ausblicke auf religiöse Gebiete zu eröffnen.

Verständnisvoll hörte der Elias zu, warf Fragen dazwischen und begann sich für den Plan zu erwärmen, denn er war klar und einfach und wohl durchzuführen bei gutem Willen, das sah er gleich. Und er würde der wirtschaftlichen Not steuern und zugleich dem Müßiggang und der Langeweile, wenn im Winter viele Wochen lang der Schnee im Walde lag und die Arbeit unmöglich machte. Auch die Frauen und die Kinder konnten da helfen.

«Kette machet se in Wenden auch, schöne feine, von Dublee und von Gold und Silber.»

«Ja, der Pfarrer von Wenden hat mir davon erzählt, und nun wollte ich Sie fragen, ob Sie am Montag mit mir nach Pforzheim fahren können, um mit den Fabrikanten alles Nötige auszumachen.»

«Ich?» Dem Elias schoß ein Freudenstrom durchs Herz.

«Ja, Sie; ohne Sie kann ich die ganze Sache nicht in die Hand nehmen. Ich bin nicht sehr praktisch in Geschäftssachen, und doch sehe ich, wie nötig hier Hilfe ist. Ich bitte Sie sehr, mir zu helfen.»

«Wenn... der Herr Pfarrer... mit mir arbeite will...», würgte stockend der Elias heraus, «an mir soll's dann net fehle.»

«Ich danke Ihnen, Elias.» Der Pfarrer erhob sich und streckte ihm die Hand zum Abschied hin.

Der starke Mann preßte sie in seiner harten Faust und bewegte die Lippen, als wollte er etwas sagen, aber er brachte nichts heraus.

«Also Montag früh um fünf Uhr; holen Sie mich mit einer Laterne ab, wir haben keinen Mondschein. Der Zug geht um acht.»

Dann wandte er sich zur Frau. Die aber hatte den Kopf auf das Deckbett der Wiege gelegt und weinte linde Tränen, denn sie war noch nicht stark genug, Freude zu tragen.

Schwerfällig bewegte der Elias seinen wuchtigen Körper und geleitete den Pfarrer zur Tür. An der Schwelle stutzte er, und glühendes Rot stieg ihm in die Stirne, er gedachte des Tages, da er diesen Mann aus seinem Hause gejagt hatte. Ein feines Lächeln huschte verschwindend über die Züge des jungen Geistlichen, aber er tat, als sähe er die Verlegenheit des Holzhackers nicht, mit einem freundlichen Gruß wandte er sich zum Gehen.

*

Der Montag neigte sich zum Ende. Den ganzen Tag war der Elias mit dem Pfarrer in der Stadt herumgestiegen; sie hatten gemarktet und gefeilscht, Verträge aufgesetzt und sich einen jungen Lehrmeister für vier Wochen gedungen. Elias hatte einen scharfen Blick und ließ sich nicht einschüchtern, und Gottfried sah, wie gut Gertruds Rat gewesen war. Der Holzhacker hatte sich aber auch mit ganzem Feuer auf die Sache geworfen. In den wenigen Tagen bis zum Montag war er in Wenden bei den dortigen Kettenmachern gewesen, er hatte mit den Hohenwälder Männern gesprochen und mit ihnen geplant, und während der Pfarrer an seiner Predigt arbeitete, den Boden bereitet, auf dem ein bescheidener irdischer Wohlstand erblühen sollte.

Nur der Sägmattheis war natürlich gegen die Sache gewesen und hatte versucht, mit giftigem Hohn und Spott den Männern den Mut aus dem Herzen zu nehmen. An und für sich wäre er nicht dagegen gewesen, denn je mehr Geld ins Dorf kam, um so mehr wurde auf seinen Schanktisch hinbezahlt. Aber daß der Plan von seinem Todfeind ausging, das genügte ihm, um mit ganzer Wucht sich dagegen zu stemmen. Ein paar zage Gemüter machte er auch unsicher, denn der Bauer ist von vornherein gegen alles Neue mißtrauisch.

Müde von dem vielen Herumlaufen und dem Lärm der Stadt, waren die beiden Männer endlich an ihrer Station ausgestiegen. Schon brach die Dunkelheit herein und legte graue Schleier über das Tal, aber der Schnee leuchtete. Es war kalt geworden; blitzende Sterne traten an den Himmel, und als die rüstig aufwärts Steigenden den Wald erreichten, stieg gerade der Mond langsam und groß hinter dem schwarzen Schattenberg auf und spann zitternde Silberfäden zwischen den hochragenden Tannen und legte blinkende Netze auf den unberührten Schnee.

Die beiden Wanderer verstummten, wie in Scheu, das heilige Schweigen des Waldes zu brechen.

Gottfried Erdmann hatte ganz seinen Begleiter vergessen, der mit schweren Schritten neben ihm im Schnee herstapfte. Der winterliche Wald hatte für ihn in dieser Nacht etwas Fremdartiges, Verzaubertes an sich. Er hätte sich nicht gewundert, wenn plötzlich sich das Dickicht geteilt und ein silberschimmernder uferloser See sich vor ihm ausgebreitet hätte. Fast sah er sie vor sich, die weiße wogende Fläche zwischen Bäumen. Der schwarze Kahn lag am Ufer, sah er nicht wie ein Sarg aus? Er stieg ein. Wo ging die Fahrt hin? Hinaus in den wallenden Nebel zum fernen unbekannten Strand, ohne andres Steuer als den festen Willen, das heilige Land zu erreichen, an dem er den Anker werfen wollte.

Der Mond stieg höher und wurde kleiner; nun schwamm er frei am nächtlichen Himmel über den schwarzen Baumspitzen und erfüllte den Wald mit geheimnisvollem Licht.

Auf dem Elias lag das Schweigen des Pfarrers wie ein schwerer Druck. An was dachte er? Verstohlen suchte er in seinen Zügen zu lesen, aber die sahen unbewegt und verschlossen aus, und die kantigen Linien des Gesichts erschienen in der ungewissen Beleuchtung noch härter und schroffer.

Leise stäubte der Schnee von den tiefhängenden Zweigen, als die Männer drunter hergingen. Kein Ton in der hellen Nacht. Selbst ihre Schritte waren lautlos und geisterhaft im tiefen Schnee. Einer andern Nacht gedachte da der Holzhauer. Die war voll unheimlichen Lebens; da hatte jeder Baum eine Stimme, jeder Schritt eine Melodie, Vögel sprachen Menschensprache, und der Wind mischte gewaltige Worte darein. Und alle hetzten sie einen Menschen, der sich unter sie gewagt hatte. Ah – war das eine Nacht gewesen – alle Geister los, alles Tote lebendig, und er allein ihnen ausgeliefert auf Gnade oder Verderben.

Und heute? War's nicht ein Traum, daß er hier neben dem herging, den er damals verleumdet? Daß dieser ihm die Hand reichte, ihm, dem Sünder? Aber der war ja ahnungslos, wußte nicht, wer den heimtückischen Schlag geführt, der ihm die Ehre rauben sollte; er war zu stolz gewesen, nach der trüben Quelle zu forschen, aus der die Verleumdung geflossen, er konnte ruhig ihn weiter betrügen. Ließ sich das Böse nicht auch mit Gutem auswischen?

Er wunderte sich fast, daß in dieser Stille seine harten, schweren Gedanken nicht laut wurden. Konnte man sich denn so vor einem anderen Menschen verbergen? War das überhaupt für die Dauer zu ertragen?

Wieder blickte er nach dem Gesicht seines Gefährten.

Eine heiße Sehnsucht kam über ihn, die Schranke niederzureißen vor diesem Manne, einerlei, was daraus wurde. Sein Trotz war gebrochen, sein Stolz gebeugt, die Liebe pochte an sein Herz, die Liebe zu einem, der besser war als er. All sein Haß und Groll schien ihm nun versteckte Liebe gewesen zu sein, die sich gegen den gewehrt hatte, dem er sich doch gern hingegeben hätte.

Ein freundlicher Blick Erdmanns streifte ihn; plötzlich hörte er seine eigene Stimme.

«Herr Pfarrer, i muß Ihne ebbes sage.» Sein Herz klopfte gewaltig, als er sich hörte. Nein, das wollte er doch nicht; wenn dieser ihn nun wegstieß?

Fragend sah der Pfarrer ihn an, die dunkeln Augen schienen ihm bis auf den Grund zu sehen.

Verzweifelt fuhr er da fort: «Sie müsse net freundlich zu mir sei, i han's net verdient.»

«Das lassen wir vergessen sein», sagte Erdmann sanft.

«Nei, Sie wisset net alles, i bin schuld, daß des wüescht Geschwätz ufkomme isch, damals, wo Se no ledig gwä sind, und i han gwißt, daß es verloge war.»

Der Pfarrer zuckte zusammen und wich zurück. «Sie, Elias?» Und dann nach einer Pause: «Das hätte ich nicht gedacht.»

«I han en Haß uf Sie ghett, i weiß selber net warum, i han Ihne net recht gebe wolle und mir unrecht.»

«Alles andere hätte ich Ihnen eher zugetraut, als hinterlistige Verleumdung.» Erdmann war erschüttert.

«'s hot mi ebber derzu angestift... i han ersch net wolle...»

«Und warum sagen Sie mir das jetzt?» fragte der Pfarrer nach einer Pause, mühsam gefaßt.

«Weil i's nemme aushalt, so hinterhältig gege Sie z'sei!» rief Elias leidenschaftlich. «Weil Sie zu mir komme sind, weil i Ihne net z'schlecht g'wä bin, mit mir zu arbeite, mit mir zu gehe, weil Sie Zutraun zu mir g'hett hent. Dees isch freili jetzt aus, aber i han's sage müsse.»

Da wurde dem Pfarrer das Herz warm.

«Es ist nicht aus, Elias, es fängt jetzt erst recht an. Wir wollen treu zueinander stehn.»

«Herr Pfarrer...», stammelte Elias, «Sie könnet mir's verzeihe, daß i Sie und Ihre Frau...?»

«Es hat mir weh getan damals, aber ich denke von heute ab nicht mehr daran, Gott verzeihe uns allen, was wir gegen unsere Brüder und Schwestern fehlen.» Er gedachte wieder jenes Mädchens, das er einst hinausgestoßen hatte, und für einen Augenblick wurde sein Gesicht so schmerzlich, daß Elias betroffen verstummte.

Gleich darauf jedoch begann Erdmann in großer Freundlichkeit mit seinem Gefährten von der neuen Arbeit und allerlei praktischen Dingen zu reden; aber unter seinen Worten zitterte ein starkes Gefühl, eine Freude wuchs langsam in ihm empor und das Bewußtsein eines Sieges, gleich beglückend für Sieger und Besiegten.

So wanderten sie durch den Wald, der immer mächtiger und feierlicher vor ihnen in die Höhe wuchs, und unter gleichgültigen Worten wurde im geheimen ein Bund zwischen den Männern geschlossen, der sich nicht mehr lösen sollte, und der eine starke männliche Kraft für immer in den Dienst des Guten stellte.

Sechsundzwanzigstes Kapitel

Zwei Jahre waren vergangen, Jahre angestrengter Arbeit, Jahre der Enttäuschung und auch des Erfolges, wie es das Leben mit sich bringt. Die äußerste Not war gebannt in Hohenwald; in jedem Haus arbeiteten sie die langen Silber- und Goldketten, fügten mit feinen Zangen Glied an Glied und löteten mit geübten Fingern die kleinen Ringe zusammen. Es war nicht leicht gewesen, die harten groben Hände, die im Sommer Pflug und Sense, Beil und Säge führten, im Winter an diese peinliche Arbeit zu gewöhnen, und die Augen, die den Raubvogel in der Luft und das Eichhorn im Wipfel erspähten, auf die Naharbeit einzustellen. Aber es ging. Zuerst machten sich die Jungen daran und die Frauen, dann folgten die Männer. Nur in der Familie des Sägmattheis durfte keins eine Zange anrühren; mit den furchtbarsten Eiden hatte der Hausvater dem alle Höllenstrafen zugeschworen, der sich darauf ertappen ließ. Lieber sollten die heranwachsenden Kinder in der Wirtsstube herumlungern; und wenn ein Gast eine Bemerkung machte, so fuhr er höhnisch auf: «I han's net nötig, daß mi meine Kinn' verhalte, hier bin i Herr, und hier schaff i au Brot.»

Das war's auch nicht, was die Kinder kränkte, aber der Vater hielt sie von dem jungen Leben im Dorf zurück, das durch die Menschen brauste. Die Kirche hatte er ihnen verboten, nur sein Weib und das Hannele gehorchten nicht, und deshalb wurde der Sonntag stets zum Leidenstag in der Familie. Um so mehr, als an diesem Tag der Elias sich der Jugend widmete, und des Sägmattheis Kinder mit neidvollen Augen ihren glücklicheren Kameraden nachsehen mußten.

Das war so nach und nach gekommen mit dem Elias. Gertrud hatte es damals im Walde angeregt, und ihr Lerneifer spornte den Elias an. Andere schlossen sich an; erst nur zum Pilze sammeln, das war nützlich und leuchtete allen ein. Dann verkaufte der Elias mit Gertruds Hilfe seine erste Pflanzensammlung, und der Briefbote brachte ihm Goldstücke dafür und die Bestellung auf eine Käfersammlung für Schulzwecke. Jetzt aber gab's einen Eifer unter der Schuljugend, Buben und Mädchen, herangewachsene Burschen und Männer, alles fing an, unter der Anleitung des Elias zu sammeln. Das Wirtshaus verödete an schönen Tagen, und auch an trüben wußte der Elias durch naturwissenschaftliche Belehrungen die Jugend fern zu halten und zu beschäftigen. Meist gesellte sich auch der Pfarrer gegen Abend dazu, dann wurde gesungen und vorgelesen und mit einer kleinen Andacht geschlossen, die der Elias mit Anstand aushielt, während sie sein Weib beglückte.

Trotzdem gehörte der Elias nicht zu den Frommen, und er konnte ganz barbarisch fluchen, wenn einer ihn damit necken wollte. Erdmann aber drängte ihn nie, er hatte das Gefühl, als ob er in dieses Personenleben nicht mit rauhen Fingern greifen dürfe; er war älter und reifer geworden und hatte warten gelernt. Der Elias hing an ihm mit wortloser Zuneigung, ohne in ihm aufzugehen, wie es eine Frau getan hätte; gerade aber darum war er ihm ein zuverlässiger Freund und eine unentbehrliche Stütze. Stillschweigend hatte er eines Tages in Tannheim die Ehe mit seiner Kathrine geschlossen und dem Pfarrer nur den Schein vorgelegt. Mit leuchtenden Augen drückte der ihm die Hand und sagte nichts. «Nur wege der Kathrin und wege Ihne», entschuldigte sich der Holzhacker, «und wege mir könnet Se au d'Kinder taufe, i will net grad eigesinnig sein, d'Weiber hänge halt an dene Sache.»

Und so kam's denn, daß eines Sonntagnachmittags die sechs Kinder um den Taufstein standen mit der Mutter, die vor Freude weinte, und mit der Pfarrfrau, die sich zur Patin angeboten hatte. Der Elias stieg draußen im Wald herum, die Kirchtüren waren geschlossen, nur der Mesner schaute im Dunkel der Glockenstube der sonderbaren Feier zu, und ein Sonnenstrahl tanzte auf einer Staubsäule zu der kleinen Gruppe und legte goldenes Licht auf die scheu gesenkten Blondköpfe.

Als die Sache im Dorf ruchbar wurde, wütete der Sägmattheis; sie bestätigte ihm, daß Gottfried Erdmann Sieger sei. Er hatte die geheimnisvolle unerklärliche Kraft der Persönlichkeit, die anzog und in seinen Kreis bannte oder Gegnerschaft und blinden Haß erzeugte. Von überall her liefen sie ihm zu, sogar aus den Nachbarorten besuchten sie seine Kirche, Gottesleugner und Widerspenstige bekehrte er, sogar die bittere Not verschwand unter seiner Hand; jeder Leidende nahm den Weg ins Pfarrhaus, und der Wirt vereinsamte. Je weniger er seinen Groll gegen den jungen Pfarrer verstecken konnte, um so scheuer begegneten ihm die Freunde Erdmanns. Wohl gab es auch in Hohenwald solche, die mit Behagen dem Wüten des gekränkten Mannes zuhörten und ihn gar noch aufstachelten, weil der maßlos Drohende ein lustig Schauspiel war; aber das war doch sehr die Minderzahl.

Im Familienkreis wurde der Sägmattheis immer unerträglicher; war er früher herrschsüchtig gewesen, so wurde er jetzt hart und hielt mit eiserner Faust Weib und Kinder darnieder. Doch es gärte unter ihnen; heimlich schlich bald das eine, bald das andere sich fort an verbotene Orte; der Hanjörg war schon etliche Male beim Elias gewesen, das Mariele hatte sich öfters zur Bibelstunde mit der Mutter fortgeschlichen, wenn der Vater abwesend war, und der Fritz holte sich beim Pfarrer Bücher.

Als die Geschichte eines Tages herauskam, gab es ein furchtbares Wüten. Der Vater hatte die fremden Bücher entdeckt und die Anfänge einer Pflanzensammlung; nun war es klar, das Gift des fremden Einflusses war in sein Haus gedrungen, Weib und Kinder waren seine Feinde und machten gemeinsame Sache mit seinem Widersacher. Er tobte und brüllte, mißhandelte Weib und Kinder und jagte sie zum Haus hinaus. Nur zu gern flüchteten sich die Verängstigten in die Nachbarhäuser und warteten zitternd und zähneklappernd, bis das Licht im Wirtshaus verlösche, um sich heimzuschleichen. Mit wohligem Grausen und mitleidigem Herzen aber lauschten die Nachbarn dem schluchzenden Bericht des Weibes und kargten nicht mit guten Ratschlägen und schauerlichen Prophezeiungen der Zukunft, indes sie Ring an Ring fügten, daß die zierlichen Ketten sichtbar unter ihren Händen wuchsen.

Der Wirt aber saß ganz allein in seiner verlassenen Stube. Er hatte sich ein großes Glas des wasserhellen Branntweins eingeschenkt und mehrmals geleert und starrte nun mit stierem Blick in das leere Zimmer, auf den Tisch mit den nassen Ringen, die niemand weggewischt hatte, auf die bauchigen Schnapsflaschen und in die große rußige Hängelampe. Es war so still, daß er den eigenen Atem hörte, der schwer ging, und das Picken des Holzwurms in dem alten Tisch. Ein furchtbares Angstgefühl krallte sein Herz. War er wirklich ganz allein? Weib und Kinder hatte er selbst verjagt, die lustigen Burschen, die hier ihre Lieder gesungen, hockten beim Elias, die Männer hielten sich zum Pfarrer, saßen daheim, machten Ketten und lasen Zeitungen und kamen nur noch hie und da mal am Sonntagabend. Den Geldausfall hätte er verschmerzt, denn er hatte Land und Wald zu eigen, aber daß er nicht mehr der Mittelpunkt des Orts war, daß man an ihm vorüberging, ohne den sonst kein Kalb im Ort verhandelt worden war, daß da einer war, der alles mißbilligte, was er tat und sagte, dem sogar sein Geschäft ein Unrecht schien, das reizte ihn zu blindem Haß.

Wenn der Pfarrer fort wäre, würde alles wieder gut. Einen anderen Pfarrer? Den fürchtete er nicht. Der würde es vielleicht sogar mit ihm halten, wenn er's klug angriff, dem wollte er einige Konzessionen machen, wenn's nicht anders ging; der würde sein Glas Bier bei ihm trinken und ein Stündchen über Politik und Gemeinde klatschen, und ihm nach würden sie alle wieder ziehen, die Männer und Burschen. Er kannte seine Hohenwälder!

Der Erdmann mußte fort, irgendwie – –

Er trank noch ein Glas Schnaps. Wie ein Feuerstrom rann es ihm durch die Kehle. Die Lampe flammte und erfüllte das Zimmer mit düsterem Rauch. Schwerfällig stand der Wirt auf, um sie zurückzuschrauben. Wie gebannt starrte er dabei in die Flamme. Plötzlich wurde er blaß, und dann zuckte ein dämonischer Freudenschimmer über sein hartes Gesicht.

Da fuhr er erschrocken herum, als ob jemand im Zimmer sei; aber er war allein, nur Rußflocken schwebten leise zu Boden und bedeckten die Zeitungen auf dem Tisch. Mühsam tappte er zur Haustür und trat hinaus. Die Straße lag still und weiß vor ihm, und der nächtliche Himmel war sternenlos. Als die kalte Winterluft ihm übers Gesicht fuhr, schwindelte ihm, daß er sich halten mußte, aber es ging bald vorüber. Mit vorsichtigen, spähenden Schritten tastete er sich an den erleuchteten Häusern entlang, an Gärten und Wiesen vorbei, die unter ihrer

Schneedecke schlummerten, bis dahin, wo ein Lichtschein quer über die Straße fiel; er kam aus dem Pfarrhaus. Der Wirt drückte sich in den Schatten der blattlosen Hecken, von denen der Schnee stäubte. Nun war er am Pfarrgarten; das Pförtchen gab dem Druck seiner Hand nach, und mit wenigen Schritten war er an der Rückseite des Hauses. Alles war dunkel da hinten. Seine Tochter saß wohl nach der Arbeit bei ihren Freundinnen, denn das Küchenfenster gähnte ihm schwarz entgegen, nur ein paar helle, steif gefrorene Tücher hingen bewegungslos an einer Holzleiste. Hier waren in schön gefügter Wand die harzigen Holzscheite aufgetürmt, fast bis zum Dach hinauf, das eine wollige Schneekappe über dem filzigen Stroh trug.

Mit zitternder Hand griff er in die Tasche, ein kleines blaues Flämmchen zuckte in seiner Hand auf und erlosch. Fluchend strich er ein zweites an – – das brannte.

Drinnen im Zimmer saß Gertrud im losen dunkeln Morgenkleid, das ihre Gestalt verhüllte; ein weiches weißes Kinderjäckchen lag auf dem Tisch, an einem zweiten strickte sie. Ihr gegenüber las Gottfried in den Bekenntnissen des heiligen Augustinus. Träumend ließ die junge Frau die Hand sinken, die die Arbeit hielt, und blickte zum Fenster hinaus, an dem der Laden noch nicht geschlossen war.

«Morgen werde ich den Schlitten nehmen können zu meinen Krankenbesuchen.»

«Willst du nicht lieber jetzt ganz aussetzen?»

«O nein! Ich bin so frisch wie ein Fisch im Wasser, und es gibt ja eben fast nichts zu tun. Ich werde mich doch nicht von meinen tapferen Bauernweibern beschämen lassen. Nachher muß ich noch lange genug aussetzen. Der Oberamtsarzt wird schön schimpfen. Aber das konnte er sich denken…»

«Er war froh, daß er dich bekam.»

Gertrud streckte den Arm über den Tisch und faßte Gottfrieds Hand. «Wie wunderbar es sein wird», sagte sie weich.

Er nickte, aber eine Sorgenwolke beschattete sein Gesicht, als er in die Augen seines Weibes blickte, unter denen blaue Schatten lagen.

«Ich werde es so liebhaben», flüsterte sie versonnen, «und es wird mich so gut machen – –»

Der Sägmattheis hatte den Rückzug angetreten, er taumelte dabei wie ein Trunkener. Hinter ihm her aber zuckte und züngelte es. Da leckten gelbe Flämmchen an dem harzigen Holz empor, daß es knallte und pufft̄e. Wie übermütige Kinder hüpften sie von Scheit zu Scheit und streckten sich hoch zum Strohdach empor. Immer noch wollte es nicht reichen, so sehr sie sich auch abmühten und in die Höhe hüpften. Da kam aber eine große Flamme hergerannt: «Macht Platz!» Da wichen die kleinen. Nun war sie oben, nun schoß sie in die Höhe und warf sich mit Jauchzen auf das Strohdach. Der Schnee tropfte schmelzend herunter auf das Holz, schwelender Rauch erhob sich, aber die Flammen wurden Herr. Von allen Seiten hüpften sie herbei, nun glimmte das Stroh und wurde schwarz, nun züngelten kleine winzige Flämmchen, immer bekämpft vom rinnenden Wasser.

Draußen auf der Straße kam das Hannele mit dem Samuel daher. Kaum sah das Mädchen die Gestalt des Mannes, als sie erschreckt aufschrie: «Herrgott, der Vater, geh, Samel, er hot di net g'sehe», und der Samuel verschwand mit einem Satz in der Hecke.

Zitternd ging das Mädchen weiter.

«Guten Obed, Vater.»

Der Angeredete fuhr zusammen. «So, du bischts», sagte er, sich fassend, «wo willscht hin?»

«Heim will i.»

«So, heim?» Der Sägmattheis sah sie verstört an. «Du

kannscht jetzt net heim, gang mit, ’s hot ebbes bei uns gebe.»

Das Mädchen erschrak. «Was isch, isch d’Muetter krank?» fragte sie hastig.

«Sie isch net heim komme», sagte der Wirt ausweichend und packte die Tochter am Arm, um sie mitzuziehen.

«I mueß erscht ins Pfarrhaus und meiner Frau sage, woni bin.»

«Do isch jetzt kei Zeit.»

«I spring – in zwei Minute bin i do.»

«Du bleibscht», schrie der Wirt, «oder...»

Er vollendete nicht, das Mädchen war schon davongeflogen. Da taumelte er kraftlos seinem Hause zu.

Außer Atem vom eiligen Lauf, kam sie am Haus an. Da – was war das! Rauchgeruch, Knacken und Prasseln. Sie rannte nach der Rückseite des Gebäudes – da wehten ihr rote Flammen entgegen, vom Dach herunter, von der Holzbeige her. Noch war die Haustür frei. Mit einem lauten Schrei stürzte das Mädchen hinein.

«Feuer, unser Haus brennt!» Damit riß sie die Wohnzimmertür auf, Rauchwolken drängten ihr nach, und der Widerschein der zuckenden Flammen spiegelte sich im dunkeln Hausflur. Rasch packte das Mädchen die Pfarrfrau an der Hand und zog sie aus dem brennenden Haus. Der Pfarrer eilte in sein Zimmer, um die Kirchenbücher mitzunehmen, und dann standen sie im winterlichen Garten.

Gertrud zitterte vor Frost und Erregung, in der Hand hielt sie das kleine weiße Kinderjäckchen, nach dem sie gegriffen hatte, als der Feuerruf ertönte. Erdmann und Hannele waren ins Dorf gerannt, und schon kam das Mädchen mit einem vollen Wasserkübel vom Brunnen, hinter ihm drein einige Weiber mit Eimern. Dann tauchte der Köhlersamuel unter den Frauen auf, die andern Männer waren nach der Spritze gelaufen. Der Köhler hatte eine lange Stange ergriffen und begann den Holzstoß einzureißen und die flammenden Scheiter im Schnee zu zerstreuen. Zum Glück hinderte die dicke Schneedecke die rasche Ausbreitung der Flammen, das feuchte Stroh schwelte mehr, als daß es brannte, die Hauptgefahr war der große lodernde Holzstoß, dem der junge Köhler jetzt mutig zu Leibe ging.

Nun tönte auch das klagende Schetterglöckchen vom Turm, Männer und Weiber sammelten sich, eine altmodische Feuerspritze raste, von Buben gezogen, die glatte Straße herunter. Jetzt wurden sie bald Herr des Brandes. Erdmann arbeitete unter den Männern, Gertrud sah vom Garten zu, sie hatte sich auf die schmale beschneite Gartenbank gesetzt, denn der Schreck hatte sie übermannt. Nun sah sie mit brennenden Augen zu, wie man um ihr Eigentum kämpfte.

Wer hatte das getan? Es war klar, daß das Feuer von außen angelegt war. Lebten sie so nah bei Haß und Verbrechen? Nur einem konnte sie das zutrauen, und der würde immer wieder mit erhobener Waffe hinter ihnen stehen und warten, bis er den Schlag führen konnte, der ihnen ein Glück oder ein Heim oder sie selbst vernichtete. Grinste sein Gesicht nicht vielleicht hier irgendwo hinter den Tannenbüschen heraus? Zitternd blickte sie sich um. Der beißende Rauch drang ihr in die Augen, das Geschrei der Löschenden und das Quietschen der Pumpe mischte sich mit dem zischenden Wasserstrahl.

Das Hannele kam in den Garten und sah sich suchend um; als es seine Herrin erblickte, stürzte es vor ihr nieder und barg laut weinend sein Gesicht in ihren Schoß. Sanft strich die junge Frau über den blonden Kopf des Mädchens.

«Was ist, Hannele?» fragte sie mit tröstender Stimme. «Wenn dir etwas verbrannt ist, bekommst du's schon ersetzt.»

Das Mädchen schüttelte den Kopf und weinte stärker.

«Wein doch nicht so, Kind, du kannst ja nichts dafür; vielleicht hat irgend jemand im Vorübergehen leichtsinnig eine Zigarre weggeworfen.»

«Da hinte im Hof? Dees glaub i net. O Frau Pfarrer, Frau Pfarrer...»

Gertrud wurde aufmerksam.

«Hast du vielleicht irgend jemand gesehen, in der Nähe vom Haus? Du kamst ja gleich zum Anfang recht, gottlob!»

Das Mädchen schluchzte ganz verzweifelt und antwortete nicht.

«Kind, was hast du? Vertrau mir's an», sagte Gertrud unruhig.

«Jaget Se mi fort, i bring Ihne kei Glück», rief das Mädchen wild.

«Aber Hannele, da denk ich ja nicht dran... komm, sag mir, was dich drückt.»

Das Mädchen klammerte sich fest an die Knie der jungen Frau, dann flüsterte es heiser: «Meim Vater bin i begegnet, von unserm Haus her isch er komme.»

«Nun ja, das kann doch leicht sein», tröstete die junge Frau das verstörte Kind.

«So sonderbar isch er gwä, und net leide hat er wolle, daß i heimgeh. I bin aber doch... und dann hat's brennt.»

Stumm blickte Gertrud auf das kniende Mädchen, dessen Schultern vom Weinen zuckten und bebten, und das ihr den bösen Verdacht bestätigte, der sie marterte.

«Hannele», sagte sie endlich leise, «red zu niemand darüber, ich will erst mit meinem Mann sprechen. Und nun komm, wir wollen irgendwo ins Warme, ich friere und mir ist so übel.»

Erdmann kam ihnen den Gartenweg entgegen. «Komm ins Zimmer, Liebes, der Brand ist gelöscht, nur die Küche, Hanneles Kammer und das Schlafzimmer sind beschädigt, die Zimmer vorn hinaus sind bewohnbar; der Samuel und der Wurster wollen heute nacht Wache halten.»

Schwankend erhob sich Gertrud und lehnte sich schwer auf den Arm ihres Mannes. «Mir wird so angst», seufzte sie, «der Schrecken...»

Halb getragen, gelangte sie durch die gaffende Menschenmenge ins Haus. Eine halbe Stunde später rannte der Samuel durch Nacht und Schnee hinunter nach Tannheim, telegraphierte dort dem Oberamtsarzt und kam mit Frau Harder auf des Waldhornwirts Schlitten wieder zurück, als der Tag graute.

Siebenundzwanzigstes Kapitel

Tiefe Stille lag über dem Zimmer, selbst den unermüdlichen Pendel der Wanduhr hatte man stehen lassen. Gertrud lag mit glühenden Wangen und fiebrigen Augen in dem Bett, das man mitten in ihr Zimmer gestellt hatte, daneben auf zwei Stühlen stand ein schmaler Korb mit einem weißen Tuch gedeckt. Aus dem Nebenzimmer klangen gedämpfte Stimmen; Tritte gingen aus und ein, aber so leis, daß man es nur an der Erschütterung der alten Dielen merkte.

Die junge Frau blickte sich fremd in dem Raum um. Wo war sie? Das war doch nicht ihr Schlafzimmer? Was war mit ihr vorgegangen? Hatte sie geträumt, oder...

Und was stand hier zugedeckt wie ein köstliches Weihnachtsgeschenk? Sie streckte sich, um den Zipfel des Tuches zu erfassen, die Erinnerung wachte auf. Mit einem seligen Kinderlächeln hob sie die weiße Leinwand. Daß sie den ersten Schrei nicht gehört hatte in der Betäubung des Morphiums, daß der sie nicht geweckt hatte aus der qualvollen Schmerzensnacht!

Aber was war das? Sie fuhr entsetzt in die Höhe, das Tuch war zu Boden gesunken. Da lag ihr Kind bleich und kalt, mit eingesunkener Brust – es hatte nicht gelebt.

Ohne einen Laut sank sie zurück und deckte die Hand über die Augen. Alles umsonst, die ganze schwere Zeit, die Vorbereitungen, die Angst, die wahnsinnigen Schmerzen. Ihr Kind war tot. Wie war das gekommen, sie hatte doch sein Leben bis zuletzt gespürt? Ihr Kopf war dumpf von dem Betäubungsmittel, zu dem der Arzt gegriffen hatte. Ein kalter Brandgeruch lag immer noch in der Luft. Sie preßte die Hand auf die Stirne, um nachzudenken, allmählich sanken die Nebel: der Brand, der Schreck, der böse Feind, der das getan...

«Mörder!» schrie sie in Verzweiflung laut auf, «Mörder!»

Rasch wurde die Tür zum Nebenzimmer geöffnet, und Gottfried eilte an das Bett seiner Frau. Er sah kummervoll und um Jahre gealtert aus. Mit einem Blick umfaßte er den offenen Korb und das schmerzverzogene Gesicht Gertruds.

«Mein Liebling», sagte er erschüttert, «Gott hat uns unser Kindlein wieder genommen.»

Die junge Frau richtete sich wild auf. «Gott, sagst du? Nein, der hat's nicht genommen, das war der Feind, der uns verderben will, uns, unser Haus, unser Kind... O mein Kind, mein liebes kleines Kind!» Sie weinte laut.

Erdmann legte den Arm um ihre Schultern und bettete sie sanft an seine Brust.

«Was haben wir ihm getan, daß er uns verderben will?» flüsterte sie von Schluchzen erschüttert.

Mit brennenden Augen blickte Erdmann ins Weite. «Wir sind Gottes Freunde, und er haßt das Gute.»

«Aber das unschuldige Kind?»

«Er wußte nicht, daß er dir das tat.»

«Reich mir das Kind her, nur einmal laß mich's im Arm halten», bat sie.

Unschlüssig blickte Gottfried sein Weib an. «Du regst dich auf, Liebling.»

«Gib mir es, ich hab das erste Recht darauf.»

«Heut abend, ruhe jetzt.»

«Ihr wollt mir's heimlich nehmen, o ich weiß. Quäle mich doch nicht, gib mir's, sonst hol ich mir's selbst», rief sie leidenschaftlich.

Da reichte er ihr den kleinen Körper, in ein weißes Tuch gehüllt, und legte ihn quer auf das Deckbett. Stumm und tränenlos sah sie in das winzige Gesichtchen.

«Laß mich allein», bat sie dann.

Er zögerte.

«Ach gönne mir doch eine Stunde allein mit meinem Kind!» rief sie verzweifelt. «Wie weißt du denn, was eine Mutter fühlt! Geh lieber, ich ertrag dich jetzt nicht. O mein Kind, mein kleines, liebes Kind.»

Da schlich er gebeugt hinaus.

Hungrig forschte sie in dem gelben, eingefallenen Gesichtchen, als wollte sie für alle Zeit sich seine Züge einprägen. Sanft strich ihre zitternde Hand über das wollige Köpfchen. Sie deckte das Tuch auf, daß der langgestreckte Körper nackt vor ihr lag.

«Mein kleiner Junge», flüsterte sie heiß, «hab ich mich nicht an dir freuen sollen? Hab dir so viele weiße Hemdchen genäht und warme Jäckchen gestrickt, hab dich so liebgehabt, kleiner Junge. Hans hast du heißen sollen, ein lustiges, frohes Hänschen solltest du werden. Oben steht dein Bettchen weiß und weich, und du darfst nicht drin schlafen, in meiner Brust quillt dir Nahrung, süß und warm, du darfst sie nicht trinken. O mein kleines, armes Kind, wo bist du geblieben? Wo irrt das zarte Seelchen, das zu mir gehörte? Weinst du nach mir, wie ich nach dir?

Und wie gut du gebildet warst! Wie breit die Schultern, und die runden Beinchen wie fest. Und die kleinen Nägel an den Fingerchen!»

Das winzige Händchen entlockte ihr heiße Tränen; sie küßte es mit zuckenden Lippen, und die glühenden Tropfen fielen auf die starre Leiche. Dann legte sie ihre Hand auf das braune Köpfchen, wie wenn sie es segnen wollte, und blickte verschleiert die geschlossenen Augen an, die sich noch nie dem Licht geöffnet hatten.

«So lebenskräftig und schön, kein Tadel an deinem kleinen Körper, und durch den sinnlosen Haß eines bösen Menschen bist du gefallen, und solltest doch meine Wonne sein.»

Langsam deckte sie das Tuch wieder über das Kind und legte sich zurück. In ihrem armen Kopf kreisten die Gedanken. Wie viele Opfer hatten sie schon gebracht, sie und ihr Mann! Ein Leben der ernsten Arbeit hatten sie geführt und der Entbehrung fast jedes, selbst geistigen Genusses, immer mehr an andere gedacht als an sich selbst. Wo sonst junge Eheleute die Stunden verkosten und vertändelten, da waren sie, jedem Ruf gehorsam, an Kranken- und Sterbebetten geeilt, nimmermüde, Trost und Hilfe zu bringen, da hatten sie Hungernde gespeist, Irrende gestützt, Verlorene gesucht. Sie hatten nicht nur sich selbst hingegeben, sie hatten auch einander hergegeben, willig und ohne Murren. Aber das Kind! Das war zu viel, das traf und verwundete sie im innersten Lebensmark. Wenn ihr Mann gewesen wäre wie ein anderer, hätte gelebt und leben lassen, oder wäre nur etwas vorsichtig und klug gewesen, dann würde dieses stumme Kind ihr entgegenzappeln und die kleinen Glieder an sie anschmiegen, der festgeschlossene, kalte Mund würde Leben und Gedeihen aus ihr trinken und ihr Herz mit Mutterwonne erfüllen.

Alles, was sie hoch und heilig gehalten, schien ihr nicht

mehr der Rede wert neben dem Schmerz um ihr totes Kind; in ihrer Schwäche konnte sie keinen anderen Gedanken fassen.

Leise kam ihr Mann herein und trug die kleine Leiche weg. Sie litt es, und auch, daß er neben ihr hinkniete und seine Stirne auf ihre Hand legte. Aber sie rührte sich nicht. Apathisch duldete sie seine schüchternen Liebkosungen, ihr Herz empfand sie nicht. Endlich schlummerte sie ein.

*

Wochen waren vergangen. Gertrud hatte sich vom Krankenbett erhoben, aber sie war noch schwach und matt. Mutter Harder wirtschaftete im engen Haus und füllte alles mit Tellergeklapper und hausfraulicher Tätigkeit. Sie war entsetzt über das ärmliche Leben, das ihr Kind führte, das hatte sie bei gelegentlichen Besuchen nie so gemerkt. Wenn die dankbaren Dorfweiber nicht jetzt in dieser Zeit mit jungem Geflügel ihre Schuld abgetragen hätten, wäre sie ganz ratlos gewesen. Schon die kleinen niedrigen Zimmer beengten die große Frau, die Raum beanspruchte. Das Hannele zitterte in seiner winzigen Küche vor ihrer Tüchtigkeit und Energie, und da sein Gemüt ohnedies sehr gedrückt war, magerte es zusehends ab. Es verzehrte sich in Dienstbereitschaft und Sorge und arbeitete mehr mit Händen und Füßen als mit dem Kopf, so daß Mutter Harder nicht begriff, daß Gertrud mit diesem Kinde wirtschaften konnte.

«Kind, Kind», sagte die lebensfrische Frau eines Tages zu der Tochter, die matt im Lehnstuhl saß, «das geht nicht so fort mit dir, ich muß dir und deinem Mann einmal den Kopf zurechtsetzen – dir zuerst.»

Gertrud hob nur schweigend die Augen zu der Mutter und sah sie apathisch an.

«Wie kannst du die Flügel so hängen lassen wegen einer

gescheiterten Hoffnung, das kommt so oft vor; wart nur, übers Jahr hast du Ersatz und so weiter – mehr als dir vielleicht lieb ist.»

«Glaubst du?» – – Die Antwort klang müde. – – «Wenn aber Methode drin läge – – in diesem steten Opfern, meine ich...»

Frau Harder sah ihr Kind verständnislos an.

«Methode; wieso?»

«Ach laß, du verstehst es doch nicht, es war nur so ein Gedanke... er verfolgt mich so oft.»

«Unsinn! Wer wird solchen Gedanken nachgehen: Methode im Opfern! Das ist das erste Opfer, das euch auferlegt wird, die andern habt ihr euch selber abgerungen. Ganz unnötigerweise! Ich muß einmal mit Erdmann sprechen. Was ist denn das für ein Leben! Den ganzen Tag rennt er in seiner Gemeinde auf all den zerstreuten Höfen herum, jetzt bei dem Schneefall spielt er gar den Schulmeister... ob die Holzhackerskinder etwas mehr oder weniger lernen, was kommt darauf an? Nein, er zittert nur, es könnte ihnen ein Bibelspruch entgehn. Zu Haus ist er fast nie, und wenn er da ist, macht er solch ein Gesicht, als ob er den ganzen Tag Gräber gegraben und die Sünden aller Hohenwälder zu verantworten hätte. Oder wenn er geruht, redselig zu sein, dann hat er nichts im Kopf als die zeitlichen und ewigen Bedürfnisse seiner Köhler und Bauern. Erheiternd für eine junge Frau!

Und dann nimm mir's nicht übel, eure Kost ist mehr als spartanisch. Ich bin gewiß nicht gefräßig, aber ich habe förmlich Sehnsucht nach einem saftigen Schweinskotelett oder einem gespickten Kalbsbraten. Seit sechs Wochen diese ewigen Spätzle, Pfannkuchen, Eierhaber, man meint, man wäre in einer Vegetarierkolonie.»

«Wir haben keinen Metzger hier, und die Bauern leben ja auch so», warf endlich Gertrud ein, als die Mutter eine Pause machte, um Luft zu schöpfen.

«Die Bauern! Ja, wenn ihr euch diesen gleichstellt...»

«Warum auch nicht...», erwiderte Gertrud melancholisch, «vielleicht hast du recht, vielleicht hast du unrecht – Gott helfe mir, ich weiß es nicht. Zu Gottfrieds Leben fehlt mir eben die Kraft, und zu deiner realistischen Weltauffassung der Wille.»

«Natürlich habe ich recht, das ist doch klar. Gottfried ist ein guter Mensch, zu gut, aber ein bißchen verrückt war er immer. Ich dachte, du werdest ihn zurechtbringen, aber er hat dich in deinen eigenen Verdrehtheiten nur bestärkt, und jetzt wachsen sie dir selber über den Kopf. Auch die Geschichte mit dem Brand ist so etwas; ihr schweigt euch aus, aber so helle bin ich, daß ich merke, wie ihr mir etwas verbergt.»

«Mutter...»

«Gut, gut, ich will mich nicht hineinmischen, mich geht's ja nichts an, aber meine Gedanken habe ich – – Ich wünschte, ihr wäret aus diesem gottverlassenen Nest heraus, in einem hübschen Pfarrhaus in wohlhabender Gegend, drunten im Unterland... Ich glaube, selbst dein Mann bekäme eine frohere Lebensart; hier in den schwarzen Wäldern, bei den Pietisten und Betbrüdern und unter der verschnapsten Bauernbande kann einem ehrlichen Menschen wahrhaftig der Humor vergehen. Ihr verhebt euch noch alle beide an dieser Last. Das ist ja sehr schön, wenn ihr sagt: unser Amt, unsere Aufgabe; der Gottfried muß die Sache noch frömmer ausdrücken, der sagt: Vom Herrn auf meine Seele gelegt...»

Gertrud errötete unwillig.

«Na ja», begütigte die Mutter, «ich mein's ja nicht bös, aber ich finde, es ist auch Hochmut dabei. Ihr müßt nicht alles geschafft haben, und braucht nicht überall dabeizusein. Lebt euch doch erst mal selber; ihr habt ja nicht einmal rechte Flitterwochen gehabt.»

«Mutter, quäl mich doch nicht», bat endlich die junge Frau mit Tränen in den Augen.

«Ach, was werd ich denn, Dummes, ich will doch nur dein Bestes...»

«*Die* Leute quälen uns oft am meisten», flüsterte Gertrud.

«Na ja, es ist mir leid, ich will lieber gehen und sehen, daß du was Anständiges zu essen bekommst», sagte Frau Harder empfindlich und verließ das Zimmer.

Gertrud schloß die Augen; wie schwarze Schatten lagen die Wimpern auf dem blassen Gesicht. Sie grübelte. War nicht etwas Richtiges in dem, was die Mutter sagte? Und zu gleicher Zeit fühlte sie ihre Zweifel als Schwäche. War ihr ganzes Leben nicht ein Narrenstreich, wenn die Mutter recht hatte? Aber sie war jetzt einmal schwach, und die Versuchungen der Schwäche drangen wie Hornissen auf sie ein, und sie wehrte nur mit matten Händen.

Körperlich war sie eigentlich genesen, aber die Gemütsdepression hielt auch ihr physisches Leben darnieder, kaum, daß sie sich einmal zu einem kurzen Gang in den Wald aufraffte. Und immer ging die Angst mit; überall meinte sie den Sägmattheis zu sehen, sie hatte ein Gefühl, als ob sie sterben müßte vor Grauen, wenn er ihr plötzlich auf einsamem Waldpfade begegnen würde.

Erdmann wurde in dieser Zeit verschlossen, er zehrte sich fast auf im Dienst seiner Gemeinde, in äußerlicher Bereitschaft, aber noch mehr im innerlichen Kampf. Seine gewaltige Willenskraft zwang die Menschen fast in seine Bahn, sie blickten ihm nach den Augen, sie lebten sich in seine Denkweise ein, immer größer wurde der Kreis derer um ihn, die sich blind ihm ergaben. Von den Nachbarorten kamen schon längst die Stundenbrüder zum regelmäßigen Kirchgang und standen bis auf den vergrasten Kirchhof hinaus, weil innen kein Raum mehr war. Er zog alle Kraft in sich zusammen und vereinigte sie auf einen Punkt, das war der Grund seiner Erfolge.

Gertrud spürte, wie er ihr immer ferner rückte, aber sie fühlte keine Kraft an sich, das zu ändern, nur noch dumpf zu widerstehen und sich in ihrer Art zu behaupten. Denn heimlich rang er um ihre Seele. Stundenlang lag er nachts in seinem Zimmer auf den Knien, er sah, wie seine Frau litt und wie alle Quellen ihr verschlossen waren. Auch von ihm konnte sie kein Wort hören. Jetzt war die Zeit, jetzt mußte diese sonst so hochgemute Seele sich in ihrer inneren Schwäche dem Erlöser ergeben, damit er ihr die Last trage und ihr Frieden schenke, so meinte er.

Aber die Ehegatten schwiegen gegeneinander, es war ein stummer Kampf. Gertrud machte höchstens einmal eine bittere Bemerkung, oder sie blickte mit brennenden Augen ins Weite, ohne etwas zu sehen. Er aber durfte von dem nicht reden, was ihm fast das Herz verbrannte, Gertrud litt es nicht.

«Wir wollen den Sägmattheis behandeln, als ob er uns nichts Böses getan hätte», sagte eines Tages Gottfried, «du bist doch auch der Meinung? Ich habe lange überlegt, was zu tun sei.»

«Du mußt wissen, was du tust», antwortete sie müde.

«Ich denke nur», fuhr er fast schüchtern fort, «daß es in Jesu Sinn wäre.»

«Gewiß, gewiß, sie werden dich auch noch kreuzigen und dein Weib erschlagen, das ist alles in Jesu Sinn.»

«Gertrud, so bitter?» Seine Stimme klang traurig.

Sie brach in Tränen aus. Er trat näher zu ihr hin und legte den Arm um sie.

«Laß mich», schluchzte sie, «ich kann's nicht ertragen, wie du dem Mörder verzeihst, und für alle bist du da... aber mir rückst du so fern. Ich bin am Ende meiner Kraft – – –»

«Warum wehrst du dich dagegen, dir Kraft von oben schenken zu lassen?»

Sie richtete sich herb auf. «Aus mir selbst heraus muß

ich die Kraft finden, oder ich finde sie nie. Wer nicht ohne Gott zu Gott kommt...»

Er seufzte auf und ließ sie los. «Armes Kind», sagte er leise, «wenn ich dir helfen könnte. Ich weiß nur einen Weg für dich...»

«Der für mich ungangbar ist, das weißt du doch, warum kommst du immer und immer wieder damit?»

Er sah sie ernst an. «So vielen hab ich geholfen und kann dir nicht helfen.»

*

Eines Tages ging Erdmann zu dem Sägmattheis, er hatte ihn nicht gesehen seit dem Brande. Aber nun war die Rosine gekommen und hatte den Pfarrer gebeten, nach ihm zu sehen, der Mann sei so wunderlich; er schlafe nicht, brüte stundenlang vor sich hin, trinke in einer Weise, daß es kein gutes Ende nehmen könne, und sein Amt als Gemeindevorstand wolle er nicht mehr versehen. Auch wegen dem Hannele machte sie sich Sorgen, es sei so scheu und komme fast nicht nach Haus, und mit dem Vater spreche es kein Wort, aber mit dem Köhlersamuel gehe es, das habe sie schon lange gemerkt, und was da draus werden solle; nimmermehr werde ihr Mann zugeben, daß sie den Köhler heirate.

Der Pfarrer versprach mit dem Sägmattheis zu reden und ging hin. Es war gegen Abend im Januar. Die frühe Dunkelheit war hereingebrochen; aus den Fenstern unter den tiefhängenden Dächern fiel heller Lichtschein auf die Straße. Auch aus dem Wirtshaus. Aber es war ganz still drin, die Gäste kamen meist erst später. Die Wirtin war in die Stadt gegangen, und in der Küche bei der alten Beerenhanne hockten die kleineren Kinder; die größeren waren im Dorf. Der Vater kümmerte sich plötzlich gar nicht mehr um ihr

Treiben, sie konnten kommen oder gehen, es war ihm einerlei.

Erdmann tastete sich durch den dumpfen, finsteren Flur nach der Wirtsstube. Auf sein Klopfen antwortete ein mürrisches «Herein». Am Wirtstisch in der Fensterecke saß der Sägmattheis; er hatte den Kopf in die Hand gestützt, vor ihm stand ein großes Glas Schnaps, halb geleert; er blickte den Eintretenden teilnahmslos an. Als er den Pfarrer erkannte, reckte er sich steif empor, um sich Haltung zu geben; aber er stand nicht auf, denn seine Knie zitterten.

«Guten Abend», sagte Gottfried Erdmann.

Der Wirt nickte nur, ohne zu antworten.

Der Pfarrer zog sich einen Stuhl herbei und blickte dann auf den alten beschmutzten Tisch nieder, um sich zu sammeln. Dieses Schweigen beunruhigte den Mattheis.

«Was wöllet Se von mir?» stieß er endlich hervor und streckte seine bebende Hand nach dem Schnapsglas aus.

Der Pfarrer blickte auf und sah ihm ernst in das Gesicht. Er erschrak über die Veränderung, die schlaffen und doch gedunsenen fahlen Wangen, die trüben Augen, das wirre lange Haar – der Mattheis war plötzlich ein alter Mann geworden.

«Ich komme, um Euch an Eure unsterbliche Seele zu erinnern», sagte er laut.

«An dem ischs no net», grollte der Wirt und blinzelte mit den nervös zuckenden Augenlidern.

«Ich komme, um Euch an Eure unsterbliche Seele und an Euren Gott zu erinnern», sagte der Pfarrer zum zweiten Male in dem gleichen feierlichen Ton.

Der Wirt rückte unruhig auf seinem Stuhl. «Prediget Sie in der Kirch und net hier, i bin keis von Ihre Schäfle.»

«Ich weiß es, drum komme ich zu Euch; Gott wird einst Eure Seele von mir fordern.»

«Kümmern Sie sich um Ihre eigene, i will nix mit Ihne z'ton han.»

«Darnach frage ich Euch nicht.» Der Pfarrer faßte ihn plötzlich fest ins Auge. «Ich hab mit Euch zu tun, Mattheis.»

Der Wirt funkelte ihn böse an.

«Ihr habt schweres Leid über mich und mein Haus gebracht», fuhr er vorwurfsvoll fort.

«I? I kümmer mi en Dreck um 'n Pfaff und sei Haus.»

«Fraget Euer Gewissen.»

«Dees verbitt i mir, Herr Pfarrer, in meim Haus lass' i mi nix heiße; wenn Sie ebbes von mir wollet, gehet Sie ufs Gericht, i schwör Ihne zehn Eid...»

«Meineide!»

«Wer kann mir ebbes nachsage!» schrie der Wirt und schlug die Faust auf den Tisch.

«Die eigene Tochter.»

Einen Moment schnappte der Wirt nach Luft, Wut verzerrte sein gerötetes Gesicht. «Dees verloge Weibsmensch!» brüllte er, indes ihm das Blut in die Augen trat.

«Das Hannele lügt nicht, es ist seit der Brandnacht wie gebrochen; auch mein Weib. Aber ich bin nicht zu Euch gekommen, um Euch zu richten, ein anderer sei Richter über das, was Ihr uns getan. Ich bin nur gekommen, Mensch, um Euch an Eure arme Seele zu erinnern. Noch ist Gnadenzeit – –» Der Pfarrer erhob sich in seiner ganzen Größe, sein Gesicht war von einem innern Licht durchstrahlt, seine Augen leuchteten wie Flammen. «Ich verzeihe Euch, Mattheis, was Ihr uns getan, und mein Weib wird lernen Euch verzeihen, aber kehret um von diesem bösen Weg.» Die Stimme Erdmanns vibrierte vor innerer Bewegung, doch der Mattheis wehrte sich gegen ihn mit ganzer Kraft.

«Sie hent mir nix z'verzeihe, und jetzt ganget Se und lasset Se mi in Friede, i han Sie net rufe lasse.»

«Mattheis, um Gottes willen...», bat der Pfarrer.

«Raus!» schrie der Wirt, an der Grenze seines Widerstands alle Kraft zusammennehmend, «naus, naus, naus!» Er schrie, daß er blau im Gesicht wurde. Der Pfarrer erblaßte tief, dann sagte er ruhig: «Ich gehe, bis Ihr mich einst rufen laßt, möge es dann nicht zu spät sein.»

Damit ging er. «Vergebens...» Mutlos und matt lehnte er draußen auf der stillen Straße an dem verkümmerten Apfelbaum, der seine beschneiten Äste über den Weg breitete. Über ihm glänzten hell die Sterne. Er richtete den brennenden Blick hinauf nach dem ruhevollen Licht, und etwas davon fiel in sein Herz. Wie eine Schwäche kam es über ihn nach der inneren Anspannung, und er sehnte sich, eine liebe Hand zu fassen, ein anderes Wesen sollte ihm das Recht seiner Handlungsweise bestätigen.

Aber als er Gertrud daheim Bericht erstattete, sagte sie mit einer ihr sonst fremden Härte: «Müßt ihr denn absolut alles bekehren, ihr Frommen? Man läßt sich doch nicht von jedem Fremden unerlaubt so in die Seele greifen, wie ihr es tut! Und nun gar der Sägmattheis. Er versteht dein Tun nicht, lacht dich aus, oder hält dich für einen Schwächling.»

«Gertrud», rief er vorwurfsvoll, «warum tust du mir mit Absicht weh?»

«Mit Absicht? Nein.» Sie zuckte die Achseln, «wir verstehen uns nur nicht. Ich verstehe mich ja selbst nicht mehr.»

«Nein, du verstehst mich nicht; aber ich werde alle Kraft einsetzen, daß wir eins werden im Denken», erwiderte Erdmann.

Sie lächelte traurig und antwortete nicht.

*

Es ging dem Frühling zu; wie ein ungestümer Jüngling tobte der Wind durch die Wälder und schüttelte den feuchten, schweren Schnee von den Bäumen. Wohl lag überall noch die weiße Decke über den Bergen, aber sie wurde dünner, und unter ihr klopfte und rieselte es; das Leben wollte erwachen. Nachts schlich heimlich der Frühling durch die Wälder, schlang sich die Sterne ins Lockenhaar, grüßte den Mond, der grämlich sich gegen schwarze Wolken wehrte, lockte die Nachtvögel und Eichhörnchen und tollte mit ihnen bergauf und bergab. Wo er hintrat, zerging der Schnee, und kleine grüne Büschchen mit weißen Knospen sproßten unter seinen Schritten – Schneeglöckchen.

Auch in die Häuser sah er hinein, musterte die zusammengeschmolzenen Holzvorräte, deutete den Hausfrauen mit goldenem Finger die trüben Scheiben, daß sie beschämt nach dem Putzlappen griffen, machte die Kinder unruhig und ungebärdig und ließ den Männern das schwere rote Blut rascher durch die Adern rollen.

Auch in dem kleinen Pfarrhaus in Hohenwald blieb etwas von seinem Glanz und seiner Sonne zurück. Gertrud schlug die Augen auf und sah, daß ihr Mann traurig dreinblickte, daß ihre Blumen im Zimmer trotz aller Vernachlässigung blühen wollten und dicke Knospen angesetzt hatten, und daß Hannele wie ein krankes Vöglein im Haus herumschlich. Da stieg die Röte der Scham in ihr bleiches Gesicht. War es die Winterdunkelheit gewesen, daß sie das alles nicht gesehen hatte? Noch floß die Quelle ihrer Kraft nur spärlich, noch lebte sie nur von einem Tag zum andern, aber doch sah sie mit mehr Interesse um sich, fühlte sie neu das Leben in ihrem Innern klopfen, und mit dem Ahnen des Frühlings kam wieder diese leidenschaftliche Sehnsucht nach Freude über sie. Musik wollte sie hören, mit frohen lachenden Menschen durch sonnige Straßen treiben, mit bedeutenden Geistern wollte sie Zwiesprache halten, nehmen wollte sie, nehmen, mit durstiger Seele lebendiges Wasser eintrinken, und nicht wie eine Mutter sein, deren Brüste vertrocknet von allzu vielem Geben sind.

Aber statt dessen umhüllte sie das Schweigen der Einsamkeit. Schwarze Tannen standen unbeweglich an ihrem Wege, rauhe Wäldler, die doch ihr innerstes Fühlen nie verstanden, begegneten ihr und wollten von ihr Kraft und Trost und Hilfe und sahen nicht, daß sie selbst eine Verschmachtende war; das Läuten der unmelodischen Glocke, das Krähen der Hähne und das gedämpfte Geräusch des verschlafenen Waldwinkels war alles, was zu ihr hindrang.

Idealist sein heißt Kraft haben für andere, und die hatte sie verbraucht. Mit Schrecken fühlte sie, wie immer von neuem die Zweifel in ihr aufkrochen, ob sie ihr Leben nicht auf rinnenden Sand gebaut habe. Johanne, die schon ein Jahr verheiratet war und nun ein herziges Bübchen wiegte, kam eines Tages in blühendem Frauenglück ins Elternhaus zu Besuch und konnte sich nicht versagen, Gertrud «zur Vernunft zu bringen», wie sie es nannte. Da aber bäumte sich doch etwas in der jungen Frau auf gegen all die billige Weisheit der Gasse, trotzig schürzte sie die Lippen. «Und dennoch, dennoch – –», rief sie laut der Schwester entgegen, «ich kann nicht anders, und ich werde nie anders können, selbst wenn ich elend werde; ich brauche nur neue Kraft. Manchmal möchte ich sagen wie in dem alten Kinderlied: Ach wenn doch jemand käme und mich mitnähme. Wenn's auch nur ein Stückchen Wegs wäre.»

Das Hannele war wie ein Abbild seiner Herrin, es hatte das Singen verlernt, und dem Samuel wich es aus. Sonntags verkroch es sich in seine warme Küche und träumte oder stöberte in den Traktätchen herum, mit denen der Pfarrer sie versorgte. Sie war ein großes, schlankes Mädchen geworden, nach dem die Burschen ausguckten, wenn es sonntags mit gesenktem Kopf zur Kirche ging. Um so bitterer empfand es der Samuel, daß ihre alte Kinderfreundschaft sich gewandelt hatte. Das Mädchen war scheu, wie wenn es ein böses Gewissen gegen ihn hätte; es entschlüpfte ihm, wo es konnte, er mochte stundenlang ums Haus herumstreichen, sie trat nicht einmal vor die Tür, als ob sie sich absichtlich vor ihm verberge.

Der Frühling aber machte auch des Köhlers Blut rebellisch, im Wald erwachte überall das Liebesleben, die Eulen lockten einander, die wilden Tauben gurrten und schnäbelten sich, und sonntags zogen die jungen Leute singend in den Wald, daß er die langgezogenen Volksliedtöne bis in seine Hütte hörte, und abends kehrten sie schweigend und paarweis zurück. Er aber war allein. Der Rauch des Kohlenmeilers drang ihm beißend in die Augen, das innere Kraftgefühl schwellte ihm die Muskeln. Er begann gewaltige Scheite zu schleppen und einen neuen Meiler aufzubauen. Mit Krachen warf er das harzig duftende Holz auf den Boden, um immer neue Lasten herbeizuschleifen. Durch die weißlichen Stämme schimmerte rot die untergehende Sonne. Da ließ er die Arme schlaff heruntersinken und starrte in die helle Glut. Seine weißen Augäpfel glänzten bläulich in dem schwarzen Gesicht, und sein Mund preßte sich finster zusammen. Dann ging er rasch in die Hütte und nach kurzer Zeit kam er gewaschen und sonntäglich angetan heraus. Ohne nach seinen schwelenden Meilern umzublicken, rannte er quer durch den Wald auf kaum betretenen Pfaden zum Dorf hinunter.

Hannele war allein zu Haus. Schon blitzten die Lichter im Dorf auf, und oben am Himmel leuchteten blaß die ersten Sterne. Das Mädchen saß im Gärtchen auf der Bank, halb verdeckt von knospendem Gesträuch. Plötzlich hörte sie einen Schritt auf der Straße, zielbewußt, eilig. Den kannte sie. Das Blut stieg ihr in die Wangen, sie erhob sich, um rasch ins Haus zurückzugehen. Da vertrat ihr auch schon der Bursche den Weg.

«Hannele», sagte er keuchend vom raschen Lauf, «i mueß mit dir rede.»

«I han jetzt kei Zeit.» Damit wollte sie schnell an ihm vorüber.

Der Samuel faßte sie mit eisernem Griff an der Hand. «Du bleibscht.»

Das Mädchen zitterte und senkte den Kopf. Rührend und lieblich sah der blonde Kopf aus in dem ungewissen Licht. In dem Burschen wallte es heiß auf, alle Scheu war verflogen; jetzt war er ein Mann, und sie war ein Weib und kein Kind mehr.

«Hannele», rief er fast wild, «bischt mein Schatz oder bischts net?»

«Was willscht?» fragte das Mädchen ängstlich, «laß mi gehe, i bin meim Vatter sei Kind.»

«Meinscht, den fürcht i? Oder bin i dir eber z' schlecht? Warum bischt so falsch und hinterhältig mit mir?»

Das Hannele blickte ihn gequält an. «Mit uns wird's do net guet», sagte sie leise.

«Mädle, magscht mi denn gar nemme? Guck, i han di doch so arg gern, und wennscht e Zigeunerkind wärscht, i tät di nehme wie d' bischt.»

«I wollt, i wär e Zigeunerkind», brach das Mädchen aus, «die send no lang net de schlechtste.»

«Hannele», sagte er sanfter und führte das Mädchen zur Bank, «i will dir ebbes sage, i geh net weg von hier, bis du mir sagscht: Samel, i bin dei Schatz, un i werd dei Weib, so wahr mir Gott helf.»

Das Hannele zitterte. Sollte sie ihm sagen, was der Vater getan, daß sie eine Brandstifterstochter sei? Sollte sie ihm sagen, daß sie sich gelobt habe, nimmermehr ihre Frau zu verlassen und gutzumachen an ihr in Treue und Hingabe, was der Vater bös gemacht hatte; durfte sie das alles? Und wenn nicht, wie konnte sie sein Schatz sein und einst sein Weib werden mit dem Geheimnis auf der Seele?

Der Bursche sah das Schwanken des Mädchens, da legte er rasch den Arm um sie und zog sie fest an seine Brust. Schwach widerstrebte das Hannele, er aber drückte Kuß auf Kuß auf die bebenden Lippen, immer heißer, immer heißer, immer stürmischer.

«Bischt mei Schatz, Mädle? Liebs guts Mädle?» Das Hannele fühlte seinen Widerstand schwinden. Heiß durchflutete es auch sie, wie sie so aus der selbstgewählten Einsamkeit an das stürmisch klopfende, ehrliche Herz gepreßt wurde.

«Mei Schatzele, süßes», jubelte der Samuel, «was hascht für zarte Bäckle und e weichs Mäule. O du, du Liebs, du Kleins! Magscht mi denn?»

Sie nickte und erwiderte stumm und selig seine Küsse. Er zog sie auf den Schoß, und sie schmiegte sich an ihn wie ein kleines verscheuchtes Vögelchen. Wie ein Frühlingssturm brauste es durch die jungen Herzen, alle Bedenken des Mädchens flogen vor ihm her wie jagende Wolken.

«Samel, i bin dei Schatz und i werd dei Weib, so wahr mir Gott helf», sagte sie endlich feierlich.

Da hob der Bursch die leichte Gestalt mit einem Jauchzer in die Höhe, der das Echo der Waldberge weckte, dann riß er sie an seine Brust und bedeckte ihr Gesicht mit wilden Küssen, die sie stumm und mit Leidenschaft erwiderte. Plötzlich hielt der Bursch sie in seinem Taumel von sich fort und blickte ihr in die seligen, hingegebenen Augen.

«Mei Weible, mei liebs Weible», stammelte er bebend, mit Gewalt der Flut, die ihn fortzureißen drohte, Trotz bietend, und dann ließ er das Mädchen los und stürzte wie ein Fliehender aus dem Garten.

Draußen im Wald aber lohte der Meiler in Flammen

auf; übermütig schossen die roten Zungen aus dem mit Erde bedeckten Holzstoß heraus und warfen zuckende Lichter in die dunkle Nacht. Als der Bursch durch den nächtlichen Wald hergehetzt kam wie ein wildes Tier, war es gerade noch Zeit, um Schaden zu verhüten. Rasch hatte er die Flammen erstickt und blickte nun mit glühenden Augen auf die schwelenden Holzhaufen; er reckte die starken schwarzen Fäuste, wie wenn er seine Kraft zeigen wollte, und dann sagte er mit ruhigem Lachen: «Herrgott, beinah wär 's Feuer auskomme, bei mir und beim Meiler, aber i laß es net Herr werde – i net.»

*

Von Theobald Frey war ein Brief angekommen, der Gertrud Kummer und Sorgen machte.

«Lieber Gottfried und liebe Gertrud!

Ich fürchte fast, mein Lebenswerk ist getan; mitten aus drängender Arbeit heraus schickt mich der Arzt zur Erholung in den Schwarzwald, er meint, ich hätte mich etwas überanstrengt. Könntet Ihr mich brauchen? Ich bin mit einem Dachkämmerchen zufrieden.

Der Arzt ist ja ganz guten Mutes, aber ich weiß nicht, mir ist es so als wäre es Zeit, an mein Testament zu denken, und Dir, Gottfried, möchte ich es anvertrauen. Und wenn es wirklich so gehen sollte, wie ich in Stunden der Niedergeschlagenheit manchmal fürchte, so soll Gertruds Anwesenheit als letzter Glücksstrahl mein Leben vergolden. Gelt, das gönnt Ihr mir?

Aber das sind lauter so pessimistische Gedanken, weil ich eben in den Nerven herunter bin; ich habe ja noch so viel zu arbeiten und zu tun, bei unserer Arbeit muß jeder Soldat auf Posten sein, und kein Mann ist zu entbehren.

Antwortet mir, ob ich Anfang Mai kommen kann. Ich sehne mich nach der Stille Eures Waldes und nach Euren lieben Gesichtern. Theo.»

Es war ein linder Maiabend, einer von den Abenden, da Himmel und Erde liebesehnend sich zueinander zu neigen scheinen. Sterne strahlten sanftes Licht herunter in die Dunkelheit, ein warmes Atmen und Leben ging von der Erde aus, und Blumendüfte stiegen wie Sehnsuchtsseufzer aus Büschen und Hecken und den jungen Wiesen.

Aus dem Hohenwälder Pfarrhaus fiel milder Lampenschein durch die offenen Fenster, an denen weiße Vorhänge im Abendwind wehten. Im grünen Kachelofen krachten ein paar Holzscheite, denn der Abend war trotz aller Lieblichkeit kühl auf der Schwarzwaldhöhe, und Gertrud erwartete einen Kranken. Im Ofen zischte das Teewasser, auf dem zierlich gedeckten Tisch stand ein einladendes Abendbrot, und in einer schmalen hohen Vase nickten blühende Reiser von wilden Kirschen.

Unruhig schritt die junge Frau in ihrem Zimmer auf und ab; sie horchte, ob sie nicht das Räderrollen des Wagens vernehmen könnte, aber alles war still. Dann stieg sie hinauf in die Kammer, die sie für ihren Gast hergerichtet hatte. Hier war alles mit Liebe zusammengetragen, von dem sie denken konnte, daß es Theobald freuen würde, und das schmale Zimmerchen mutete in seiner Schlichtheit an wie eine Heimat. Zu dem kleinen Fensterchen strömte die Frühlingsluft hinein, herb und würzig, wie sie der Tannenwald ausatmete, den Boden bedeckte ein weicher Teppich, und Gertruds Liegestuhl war heraufgewandert und hatte neben dem Fenster Platz gefunden.

Lange blickte die junge Frau in die schweigende Nacht hinaus. Wie mochte ihr Leben weitergehen? Sie fühlte, daß sie an einem Wendepunkt stand, daß sie entweder ihrem Mann und seiner starken Persönlichkeit unterliegen mußte, ein Schicksal, süß für das Weib, gegen das aber der Mensch in ihr sich wehrte mit aller Kraft, oder aber, daß sie nicht in seine Bahn gezogen wurde und dafür ihre eigene Persönlichkeit stark wurde. Aber dann – nie ein süßes Ausruhen völliger Hingebung im andern, wie das Weib es ersehnt, nie konnte sie sich der heißen Flut überlassen, in der sie das Steuer verlor, nie durfte sie die Verantwortlichkeit ihrer Existenz aus den Händen geben; ihr Leben ein stetes Wachen, Festhalten. Das erforderte, um den geliebten Mann trotzdem zu beglücken, ein Maß von Kraft, wie wenig Frauen sie besaßen, und eine große, tiefe Liebe, die mit ihrer Glut stets wieder die starren Massen zum Schmelzen und zur Vereinigung brachte.

Konnte sie diese Kraft gewinnen? Und ohne daß ihre Liebe erlahmte? Sie seufzte tief auf und preßte die Stirne an den harten Fensterrahmen.

Oder sollte sie sich ihr Leben einrichten, wie die klugen Leute es machten, Kompromisse schließen, sich durchwinden, erhaschen vom Leben, was zu nehmen war, und diese lästige Stimme ertöten, die stets so hart und unerbittlich in ihren Forderungen war? Hatten sie nicht vielleicht doch recht, die vernünftigen Leute? Sie gediehen und ihre Häuser und ihre Kinder, und alles geriet ihnen wohl. Selbst mit Gott und dem Himmel schlossen sie kluge Verträge «für alle Fälle...».

Von fernher tönte dumpfes Räderrollen und näherte sich rasch. Gertrud eilte ins Wohnzimmer zurück; als sie ans Fenster trat, hielt der Wagen, und sie hörte ihres Mannes Stimme: «Hier sind wir daheim.» Hannele stand schon unten und schleppte sich mit Decken und Taschen, und als Gertrud sich ins Zimmer zurückwandte, öffnete sich die Tür, und die beiden Männer traten ein.

Frey mußte sich unter der Tür bücken, seine Gestalt

schien noch größer geworden. Er hatte den Hut abgenommen und blickte halb geblendet in das helle Zimmer. Gertrud stand regungslos in der Mitte und sah ihn an: die wachsbleiche Stirne, unter der die blauen Augen in fiebrigem Glanz strahlten, der Mund, um den sich scharfe Falten gezogen hatten, die vorgeneigten Schultern, das alles zeigte ihr den Schwerkranken im letzten Stadium. Aber dann der Ausdruck in diesem Leidensgesicht: ein Blick, der durch Menschen und Dinge hindurchsah, ein Mund voller Freundlichkeit, der auch die Bitterkeit und die Resignation überwunden hatte und mit einem schrankenlosen «Ja» dem Leben gegenüberstand, so schwer es auch für ihn war.

Im Flug hatte sie mit suchenden Augen das alles umfaßt, und eine Wehmut und heiße Freude zugleich wallte in ihr auf. Was suchte sie nach Beweisen, ob ihre tiefste Sehnsucht und ihr ins Schwanken geratener Glaube richtig waren? In diesem Mann, wie er jetzt vor ihr stand, war ihr Glaube Leben geworden und sprach ihr wie eine Stimme Gottes von der Persönlichkeit, die sich in Liebe für andere opfert und das Leben gewinnt, indem sie es verliert, unabhängig von einem Dogma und ohne ein dreistes Wissenwollen um die Geheimnisse des Lebens.

Theobald Frey streckte ihr seine Hände entgegen, blasse kranke Hände. Da kam Leben in die junge Frau. «Theobald», rief sie, und es klang glühende Freude und Schmerz zugleich in ihrer Stimme; und dann legte sie die Arme um seinen Hals und küßte ihn sanft auf den Mund wie eine Schwester.

Helle Röte huschte über des Begrüßten Gesicht, die aber sofort verflog. «Gertrud», sagte er leise mit belegter Stimme, «ich bin ein müder Wanderer – – du bist so gut gegen mich.» Er blickte forschend zu Erdmann. «Ihr seid erschrocken? Ich sehe wohl sehr krank aus? Aber es ist die Fahrt und die letzten anstrengenden Tage…

Wie köstlich die Luft hier ist, schon unterwegs im Wagen.»

Gertrud konnte nicht reden vor innerer Bewegung, sie bemerkte gar nicht, daß sie sich geduzt hatten, es war so selbstverständlich. Dann sah sie ihres Mannes Augen, wie sie voll Trauer auf ihr hafteten, und wie er sich abkehrte, als sie ihn anblickte. Da zuckte ein leises mütterliches Lächeln über ihr Gesicht, sie ging zu ihm hin, als er sich am Gepäck zu schaffen machte, legte die Hand auf seine Schultern und blickte ihm in die Augen. Einen Moment hielt er ihr stand, und sein Gesicht erhellte sich, dann traten sie Hand in Hand an den Teetisch. Theobald mußte auf dem Sofa sitzen, und Gertrud eilte sogleich, «ihre Männer», wie sie sagte, zu bedienen. Dabei hatte sie acht auf den Kranken; sie bemerkte jede Bewegung, jeden Schatten auf seinem Gesicht und die leisen Zeichen der Ermüdung, die von einem leichten Abendfieber überdeckt wurden, aber ihren scharfen Augen nicht entgingen. Mitten aus angeregter Unterhaltung hinaus lockte sie ihn in die Ruhe seines stillen, kühlen Kämmerleins.

«Wir schlafen gerade nebenan, du brauchst nur an die Wand zu klopfen, wenn du etwas willst. Ich habe dir eine Wärmflasche gegeben, ich vermute, daß du kalte Füße hast?»

«Mütterchen», sagte er und lächelte sie dankbar an.

Sie mischte ihm geschäftig einen kühlen Trank für die Nacht.

«Schlaf wohl.»

Sie hielten fest die Hände ineinander, und ihre Augen wurden ernst.

«Wie wenn ich daheim wäre», sagte er leise.

«Das bist du auch, Theobald.»

«Gute Nacht, Mütterchen.»

Achtundzwanzigstes Kapitel

Nach einigen Tagen hatte Theobald sich von der Ermüdung der Reise erholt, er schlief ruhiger, und sein Appetit besserte sich. Da wurde er wieder voll Hoffnung und sprach von der Zukunft und was er alles noch tun wolle. Er ging bald mit Erdmann ins Dorf, bald begleitete er Gertrud durch den Wald nach einer benachbarten Mühle, aber meistens lag er im Liegestuhl am Waldrand mit Decken umhüllt und sog die würzige Luft ein. Manchmal setzte sich Gottfried zu ihm, wenn er vom Dorfe kam. Da saßen sie oft lange schweigend beieinander, und die Worte fielen nur wie einzelne müde Blätter vom Baum.

«Du bist traurig», sagte eines Nachmittags Theobald zu dem Freund und sah ihn mit seinen großen hellsichtigen Krankenaugen an.

«Nicht eigentlich traurig», erwiderte Erdmann.

«Hast du Ärger in der Gemeinde?»

«Nicht mehr als unvermeidlich ist. Es liegt in mir, ich habe einen Kampf durchzukämpfen, der unsagbar schwer ist und wehtuend.»

«Mit Gertrud?»

«Ja.» Sie schwiegen wieder eine Weile.

Stockend fragte endlich Theobald: «Aber ihr liebt euch?»

«Wir könnten uns nicht *mehr* lieben, aber die Ehe ist eine gar zu enge Verbindung für zwei entwickelte Persönlichkeiten. Wenn auch meine Frau immer versucht, sich mir anzupassen, sie geht doch nicht in mir auf, und das wünschte ich.»

«Dann hättest du irgendeine fromme Schwester heiraten sollen», antwortete Frey schroff.

«Sag das nicht», rief Erdmann lebhaft, «ich hätte vielleicht gar nicht heiraten sollen, aber eine andere als Gertrud ist undenkbar. Ich fürchte, daß Gertrud wenig Freude hat, ich bin kein Mann, wie eine Frau sich ihn wünscht. Dazu kommt, und das ist die Hauptsache, daß wir in zwei verschiedenen Weltanschauungen leben, wir haben bestenfalls Duldung für diese andre Anschauung; ich nicht einmal die, denn es ist eine schwächliche Sache mit eurer gepriesenen Toleranz. Ich bin so überzeugt, recht zu haben, daß ich für meinen Glauben sterben würde; sollte ich nun nicht das Recht haben, dafür zu werben?»

«Wer will dir es nehmen?»

«Gertrud; ich versprach es ihr einst, aber ich wußte nicht, was ich tat. Ich dachte, die Frau schmiege sich schon von Natur dem Mann an, den sie liebt, auch im Denken.» Er sah unsicher auf. «Ich weiß ja nicht viel von Frauen, meine meisten Kenntnisse davon habe ich aus der Bibel... Aber siehst du, ich empfinde es wie eine Niederlage meiner Sache, daß Gertrud sich davon abwendet, und es nimmt mir so viel Kraft. Wenn der Mann aus dem Kampf der Welt in sein Heim kommt, dann will er Ruhe, und er will wie Antäus neue Stärke mit der Berührung der Erde gewinnen. So findet der Mann die Kraft fürs Leben draußen daheim, wo sein zweites Ich ihm entgegentritt, ihn bestärkt in seiner Wesenheit, ‚Ja' zu seiner Person, zu seinem Glauben, zu der Sache, die er vertritt, sagt, und damit alle Zweifel, die ihm kommen und ihn quälen und lähmen, vernichtet. Ich aber finde dieses Ausruhen nicht; ich muß sein wie ein Gewappneter, mich blicken keine gläubigen Frauenaugen an, sondern ruhig prüfende.»

«Aber ihr seid doch in so vielem eines Sinnes», antwortete der Freund bewegt.

«Gewiß, und ich fände fast keine Frau, die so liebevoll und selbstlos auf meine Wünsche einginge. Aber... ich weiß nicht, ob du das begreifst, sie erschüttert mein Selbstgefühl, meine Sicherheit, meine Tatkraft, in schwachen

Augenblicken fast meinen Glauben, und das ist das Furchtbarste.»

«Und gibt es nie Stunden, wo das anders ist?» fragte Theobald leise.

Ein weiches Lächeln huschte um Erdmanns Mund und verschwand. «Doch», sagte er errötend, «in Augenblicken leidenschaftlicher Hingebung verwischt sich das, ich spüre dann die Kluft nicht mehr, ich habe das Gefühl völliger innerlicher Einheit.»

«So glaube diesen Stunden.»

Erdmann stand auf und blickte in die sonnige Wiese hinaus. «Ich will es versuchen», sagte er endlich, «und mich bescheiden, daß diese unvollkommene Erde auch unvollkommene Menschenverbindungen hat. Schließlich ist doch im tiefsten Grunde jeder Mensch allein. Nur sträubt er sich gegen das Alleinsein...»

«Er lernt sich auch darein finden», sagte Frey sanft.

Durch die blumige Wiese kam Gertrud. Sie war ganz vom Sonnenschein umflimmert, und ihr helles leichtes Kleid streifte kaum die Spitzen der Gräser. Die Männer sahen ihr entgegen.

«Meinst du nicht, Gottfried, daß du doch eigentlich ein glücklicher Mann bist? Mach dies selige Glück nicht durch Theorie und Pädagogik tot.»

Dieser antwortete nicht, aber er ging seiner Frau entgegen, die sich plaudernd an seinen Arm hängte.

«Meine Herren, ich melde, daß die Suppe angerichtet ist, und daß die Klößchen fein geraten sind. Die Koteletten sind mir noch problematisch, aber der Lattich, den ich selbst gesät habe, ist über jedes Lob erhaben, und die Kartoffeln rösten eben ihrer Vollendung entgegen.» Gertrud hatte das alles anmutig und scherzend hingeplaudert und sich dabei der Decken bemächtigt, während Gottfried den Stuhl zusammenklappte und unter den Arm nahm.

Freys Wangen glühten, die Unterredung hatte ihn mehr

erregt, als er zeigte. Die junge Frau sah ihn aufmerksam an, dann sagte sie mit leiser Sorge in der Stimme: «Nach Tisch legst du dich zu Bett, du bist ermüdet. Ihr dürft keine angreifenden Gespräche führen», sagte sie zu ihrem Mann gewendet.

«Hier watet man durch Blumen», rief Frey, «wie schade, sie zu zertreten.» Er warf den Kopf in den Nacken und blickte rundum. Hoch oben in blauer Luft schwebte ein Weih.

«Herrgott, wie schön ist diese Welt...», sagte er aus tiefster Seele heraus.

Gertrud tastete leise nach seiner Hand. «Ja, Theo, das Leben ist schön, trotz allem...»

*

Der Sommer kam über Nacht und schüttete Rosen über die Erde und ließ schlanke weiße Lilien aufsprießen und flammende rote. Theobald Frey aber wurde zusehends schwächer, und je elender sein Körper wurde, um so hoffnungsvoller war sein Geist. Nie war er so voll von Plänen gewesen wie jetzt und so überzeugt, sie alle verwirklichen zu können. Gertrud staunte, wie linde die Natur die Schrecken des Todes unter grünen Ranken und bunten Blumen verbarg. Stundenlang konnte der Kranke mit Gottfried sprechen, daß dieser bald so zu Hause in der Berliner Arbeit war wie in seinem kleinen Hohenwald.

Und wenn Theo die Wochen und Monate zählte, die ihn noch von neuem Schaffen trennten, dann baute Gertrud mit ihm an den luftigen Gebäuden künftiger Taten, und kein Zug ihres Gesichtes verriet, daß sie beständig ein offenes Grab vor sich sah.

Eines Tages waren Gertrud und Gottfried allein im Zimmer, Theobald lag zu Bett, um nach Tisch zu schlafen.

«Gertrud», sagte Erdmann vorwurfsvoll, «meintest du's wirklich, was du vorhin zu Theo sagtest, daß er besser aussehe und daß es rüstig vorwärtsgehe, mir kommt es gar nicht so vor.»

«Natürlich nicht, ich fürchte, unser lieber Freund wird keine zwei Monate mehr leben.»

«Und doch sprachst du so?»

«Soll ich erbarmungsloser sein als die Natur, die ihren Geschöpfen liebend den Schleier über die Augen legt?»

«Und seine Seele? Er ist unvorbereitet...»

«Meinst du wirklich, seine Seele hätte es nötig, die Schrecken des Todes im voraus zu durchleben?»

«Man weiß es nie, meine Pflicht als Seelsorger aber kenne ich...»

«Gottfried, du wirst doch nicht so unbarmherzig sein?»

«Ich handle, wie ich wünsche, daß man mit mir handeln möge.»

«Wenn du ihm die Hoffnung nimmst, zerfällt sein Körper viel rascher.»

«Und was sind ein paar arme Erdentage gegen eine Ewigkeit?»

«Mit diesen unseligen Priesteransichten! Wie wenn eine Stunde ein verfluchtes Leben gutmachen könnte, oder ein heiliges zerstören. Als Arzt verbiete ich dir, dem Kranken diese Aufregung zu bereiten», sagte sie mit flammenden Augen.

«Und als Seelsorger kann ich dir nicht gehorchen.»

Gertrud sah ihn feindlich an. Da stand er vor ihr, hart wie aus Holz geschnitzt, machtlos prallte ihr Wille an dem seinen ab, sie fühlte es in heißer Empörung, und es stieg fast wie Haß in ihr auf.

«Meinst du, daß ich nicht vor dieser schweren Aufgabe zurückbebe?» fragte da Erdmann mit verhaltener Stimme. «Ich bin nicht grausam, sondern vielleicht barmherziger als du in dieser Sache. Ich sehe nicht nur das Heute und Morgen.»

Sie schwieg im Gefühl ihrer Machtlosigkeit.

«Gertrud», bat er, «sieh mich nicht so an.»

Da schmolz ihr Unwille. Sie seufzte tief auf, und ihre Augen wandten sich ab. «Ich weiß, daß du gut bist», murmelte sie, «nur anders. Wir werden nie eine Einheit – – und ich sehne mich so nach Einheit.»

Da legte er den Arm um sie, und sie legte den Kopf an seine Schulter; so standen sie schweigend, bis die Tür aufging und Frey hereinkam. Schnell ließ Erdmann seine Frau los.

«Ich gehe noch nach der Holzmühle», sagte sie leise, «Adieu.» Als sie an Theo vorbeikam, blickte sie ihm innig in die Augen und legte den Arm wie schützend um seine hageren Schultern. «Adieu, Lieber», sagte sie hastig und ging hinaus.

Der Kranke sah ihr sinnend nach. «Wie gut sie ist.»

Gottfried nickte und richtete ihm ein bequemes Lager unter dem offenen Fenster her. Mühsam schlich sich Frey hin, er fröstelte, und der Husten war quälend. Schwer atmend lag er endlich in den Kissen.

«Diese Sonnenhitze ist doch sehr angreifend», meinte er dann, «wie gut ist's, daß ich hier bei euch sein kann. Meine Geschwister sind froh, daß ich hier bin, sie könnten's mir nicht so wohl machen wie ihr, und ihr seid mir näher als alle Menschen, selbst als Brüder und Schwestern.»

«Sprich nicht so viel, es greift dich an», bat Gottfried.

«Oh, wenn ich im Herbst nach Berlin will, da darf ich nicht so ängstlich sein.»

Erdmann schwieg, und Theobald lag mit geschlossenen Augen da.

Endlich fragte Erdmann leise: «Weißt du so sicher

Gottes Ratschluß, und daß er dich wieder nach Berlin in deine Arbeit führt?»

Der Kranke öffnete die Augen und sah forschend den Freund an, der mit geneigtem Kopf und krampfhaft verschlungenen Händen zu Boden blickte.

«Wie meinst du das?» fragte er nach einer Weile stokkend.

Nun hoben sich endlich Erdmanns Augen und blickten mit heißer Liebe und heiligem Ernst den Kranken an. Mit bebender Stimme sagte er: «Wenn Gott deinem Leben hier auf Erden schon bald ein Ziel gesetzt hätte?»

Der Kranke erblaßte, kalter Schweiß trat auf seine Stirne.

«Hast du mit Gertrud gesprochen?» fragte er endlich mühsam.

Erdmann nickte stumm.

«Keine Hoffnung?»

«Keine.»

Theobald begann zu zittern, dann raffte er sich mit letzter Kraft auf.

«Ich danke dir, Gottfried, bitte, laß mich jetzt allein.»

«Theo, mein Freund», rief Erdmann erschüttert.

Dieser hob nur leise abwehrend die Hand und kehrte sein Gesicht dem Fenster zu. Da ging der junge Seelsorger stumm hinaus.

Regungslos lag der Kranke da, stundenlang. Über ihm schwebte mit schwerem, dunklem Fittich der Tod. Nun sah er ihn, fühlte er ihn, litt ihn in bangen Stunden. Aber er hielt still. Und dann kehrten seine Gedanken zu dem Leben zurück, das hinter ihm so bald völlig versinken sollte. Da schnellte noch einmal die alte Tatkraft, das fast verlöschte Feuer in ihm auf. Mit zitternden Fingern tastete er nach der kleinen Glocke, die an seinem Lager stand, so daß der helle Ton durch das Haus schrillte.

Erdmann eilte sogleich herbei. Er hatte tiefe Sorgenfalten auf der Stirn, und man sah ihm an, daß er in den letzten Stunden mit dem Freund gelitten hatte.

Mit einem fast heiteren Lächeln aber grüßte ihn der Kranke. Der Kampf, den er in der Stille ausgefochten hatte, war vorüber.

«Wie sonderbar, daß ich es nicht selbst wußte», sagte er sinnend.

«Lieber Freund...»

«Komm, setz dich her, und hör mein Testament», sagte er mit heiserer, schwacher Stimme. «Ich habe dir so viel erzählt von meiner Arbeit in der großen Stadt, an die ich alle Kräfte gesetzt habe, wie kann ich sie verlassen?»

«Gott wird einen Nachfolger finden, sorge dich nicht darum!»

«Es soll meine letzte Tat sein, ihn zu suchen und zu werben – du bist der Mann.»

Erdmann erschrak. «Ich? Und hier meine Gemeinde, meine Arbeit?»

«Die kann jetzt ein anderer tun, hier gilt's nur noch zu pflanzen und zu begießen; du aber bist viel mehr einer, der Neues schafft, der Totes erweckt. Meinst du, hier im stillen friedlichen Wald würden heutzutage die Schlachten geschlagen? Willst du dich feige verkriechen hinter den Bergen? Du mit deiner Kraft mußt vorne dran stehen in der Schlacht.»

«Rege dich nicht so auf, Lieber», bat Erdmann den fiebernden Freund, «ich muß überlegen, ich habe noch nie dran gedacht, ich liebe diese Wälder...»

«Ich liebe auch das Leben und muß es lassen, ich liebte Gertrud und mußte entsagen. Überlege nicht, ich sehe klar deinen Weg, glaub es mir, einem Sterbenden», rief Theobald leidenschaftlich.

«Ich muß meinen Weg erst selber sehen, kein anderer kann mir ihn zeigen», sagte Erdmann jetzt störrisch.

«So will ich dir etwas sagen, Erdmann, höre, was ich

dir bis jetzt verschwiegen habe und immer verschweigen wollte.» Er stützte sich mit aufflammender Energie auf seinen Arm und richtete die heißen Augen auf den Freund. «Ich habe Ernestine Strobel in Berlin gefunden im Spital, sie ist verdorben und gestorben. Ruft dich deine Pflicht nun nicht an die Stätte ihrer Schuld und ihres Elends?»

«O Gott», stöhnte Erdmann und schlug die Hände vors Gesicht.

Keiner redete, matt legte sich Theobald zurück, man hörte nur sein keuchendes, gepreßtes Atmen; seine Kraft war zu Ende, alles hatte er drangesetzt, um den Freund zu gewinnen. Draußen sank die Dämmerung hernieder und breitete ihre Schatten über die Erde. Die zwei Männer schwiegen noch immer. Endlich erhob sich Erdmann schwerfällig, wie wenn er die Herrschaft über seine Glieder verloren hätte, und tastete nach der fieberheißen Hand des Kranken.

«Ich will gehen, Theobald», sagte er mit rauher Stimme.

«So kann ich ruhig sterben», seufzte Frey, wie von schwerer Sorge befreit, und schloß erschöpft die Augen.

*

Es war am andern Morgen, Gertrud und Erdmann standen einander gegenüber im Wohnzimmer.

«Nun werde ich doch noch dem Dienst der Kirche den Rücken drehen», schloß er seine Mitteilung, «ich ahnte es ja immer, aber ich wollte nichts Gewaltsames. Meine Natur neigt zu Gewaltsamkeiten, deshalb bändige ich meinen Willen und zwinge ihn in solchen Dingen zur Passivität.»

«Gottfried, wie kannst du das einfach ohne mich beschließen», rief Gertrud nun empört, «ich bin doch eine Person, keine Pflanze, die man einfach ausreißt und woanders hinpflanzt!»

Erdmann sah seine Frau verwundert an. «Es ist doch

selbstverständlich, daß meine Frau hingehen will, wo ich hingehe.»

«Selbstverständlich? Das ist es mir gar nicht. Weißt du denn, wie ich die großen Städte hasse, die Anhäufungen von Menschen, diese häßlichen, unfruchtbaren Steinwüsten? Ich habe fast mein ganzes Leben in Wäldern gelebt, hier ist meine Heimat, hier ist mein Beruf, und du reißest mich heraus, ohne auch nur zu fragen, ob ich will, ob ich darf?»

«Es war Gottes Ruf, wie konnte ich mich da mit Fleisch und Blut besprechen?»

«Und wenn auch ich einst behauptete, Gottes Ruf treibe mich zu diesem und jenem?»

«Dann müßtest du folgen, natürlich.»

«Ich weiß nicht, ob dir das so natürlich wäre», sagte sie bitter.

«Ich hoffe doch», antwortete er ernst. Er war ganz erschrocken über den Unwillen seiner Frau.

Aber sie war zu erregt, um sich zu beherrschen.

«Dir ist ja natürlich jedes Opfer selbstverständlich, ob ich es bringe oder du, du hassest jede Freude und Lust, am liebsten griffest du noch zur Geißel. Du verstehst keine Liebe zur Heimat, zur Familie, zu dieser schönen, bunten Erde. Ich hasse diese finstere Art.»

Erdmann zuckte zusammen, aber er antwortete nicht.

«Und nun soll ich alles hier verlassen», fuhr sie ruhiger fort, «meine Arbeit, die Menschen, denen ich Mutter bin, meine alten Eltern, meine geliebten Wälder, in denen ich so tief Wurzel geschlagen habe.»

«Hast du dich nicht selbst manchmal unter Menschen gesehnt?»

«Manchmal, gewiß; aber heißt das nun, daß ich immer unter ihnen sein möchte? Ihr Männer wißt nicht, was es heißt für eine Frau, aus dem Heimatboden gerissen zu werden; ich vergehe hinter hohen Mauern.»

Erdmanns Gesicht verzog sich schmerzlich, aber er blieb hart. «Ich kann nicht anders, Gertrud.»

«Ich kann auch nicht, fühle doch mit mir, was du mir zumutest; aber das kannst du nicht, mit einem Menschen fühlen. Und weißt du so sicher, ob dein Werk dich hier entbehren kann? Wenn's nun zerfällt, weil dich nach neuem Lorbeer gelüstet?»

«Halt ein...» rief Erdmann schroff, «du tust mir unrecht, besinne dich, ich lasse dich allein.»

«Ja geh, es ist besser, ich bin ja doch allein, ewig allein», sagte sie weinend, erschrocken über die bitteren Worte, die sie ihm gesagt hatte.

Erdmann war gegangen, tiefe Stille lag über dem kleinen Hause, nur die Schwalben zwitscherten auf dem tiefhängenden Dach, und der Brunnen rauschte eintönig. Sie hielt es nicht aus in den engen Räumen. Im Vorübergehen schickte sie Hannele hinauf ins Krankenzimmer, daß es aufpasse, und rannte ohne Hut quer über die frischgemähte Wiese in den Wald hinein.

Endlich hielt sie aufatmend stille. Hier gehörte sie hin, in die dunkeln Wälder; schon fühlte sie, wie linde Arme sie umschlossen, wie ewige Weisheit milde über ihr lächelte: «So heiß, mein Kind?»

Sie warf sich ins schwellende Moos und grub ihr verweintes Gesicht in die feuchte Kühle. Hier wollte sie liegenbleiben an der Brust der Natur, bis Ruhe und Kraft und Klarheit ihr stürmisches Herz durchdrangen. Sonnenfunken huschten über ihr Gesicht und das helle Kleid; Käfer, Spinnen und Ameisen krochen über sie hinweg und kletterten an schlanken Grashalmen empor. Sie scheuchte sie nicht, sondern blieb regungslos liegen.

So vollkommen erschien ihr alles: die gewaltig aufstrebenden Stämme, die duftige Ferne, das kleine Leben im Moos. «Und aus dieser Heimat will man mich verstoßen?» murmelte sie schmerzlich. «Das Brausen des

Windes soll ich nicht mehr hören und das Locken der Amsel? Ach, was ist alle Herrlichkeit der Menschen, ihre Kunst und Literatur, ihre Wissenschaft und ihre Religion gegen das Heiligtum der Natur? Sie war ja das Köstlichste hier für mich und hat mir alle Freuden der Menschen ersetzt und alle Entbehrungen leicht gemacht. Alles andere ist ja Geschwätz und kindische Spielerei, was nur Kraft raubt und unruhig und hastig macht. Mit dem Besten in mir liebe ich diese Natur, und Gottfried will mich einfach zwingen, sie zu verlassen? Ohne daß ich auch, wie er, diesen inneren Zwang verspürte, der alles Schwere ertragen läßt?»

Ein sanftes Wehen ging durch den Wald und kühlte ihr heißes Gesicht.

Leise lösten sich die schweren Gedanken, und wie ein starker, klarer Strom floß es durch das kämpfende Menschenkind und machte es still und willig.

«Wir geben dir unsere Kraft mit», rauschte der Wald, «unsere Macht über dich reicht bis in die Straßen und Städte.»

«Wir geben dir unsere Ruhe und unsern Frieden», sagten die blauen Berge, «und den weiten Blick über alles Leben und Geschehen.»

«Wir geben dir unsere Liebe und unsere Frömmigkeit», flüsterten die kleinen weißen Blumen im Moos.

«Und ich gehe mit dir», sagte strahlend die Sonne, «und mache dein Herz warm, daß du auch eine Sonne wirst für die Menschen in den kalten, grauen Steinmauern.»

«Und wir geben dir unsere Fröhlichkeit mit, du Kind des Waldes», zwitscherten die Vögel, «damit du Kleines klein nimmst und das göttliche Lachen nicht verlernst.»

Träumend lauschte die junge Frau; und immer klarer wurden ihre Augen und ruhiger klopfte ihr Herz. Sie verschränkte die Arme hinter dem blonden Kopf und blickte geradewegs hinauf in die himmlische Bläue.

«Also», sagte sie endlich mit einem sanften Lächeln, «ich muß wohl bereit sein. Und stark genug bin ich wohl auch, die Stadt soll mich nicht unterkriegen und nichts – – und dann», ihr Auge bekam einen tiefen Glanz, «wenn ich mein süßes Kind haben werde, ein lebendes Kind...» Sie schaute lichtere Zukunftsbilder, die sich farbig von den harten grauen Mauern abhoben, die sie zu umschließen drohten. Und der Wald webte sein geheimnisvolles Raunen in ihre Gedanken, daß sie hoch flogen über Frauen- und Menschenschicksal.

Stark und mutig stand sie endlich auf und schüttelte Halme und Erde von ihrem Kleid. Langsam schritt sie durchs Gras und übers Moos, und ihre Füße liebkosten den Heimatboden, der sich weich unter ihnen breitete.

An der Tür des Pfarrhauses stand eine helle weibliche Gestalt, die Ausschau hielt. Als Gertrud näher kam, erkannte sie Hellmine, die sich in eilige Bewegung setzte, als sie die Schwester erblickte. Hellmine war nun ein junges Mädchen geworden, aber im Wesen war sie immer noch dasselbe natürliche, naive, warmherzige Geschöpf, nur ein weicher, mütterlicher Zug war in das runde Gesicht gekommen und machte es reifer. Er kam wohl daher, daß Vater Harder gebrechlicher geworden war und sie für ihn zu sorgen hatte. Auch Johannes Kindchen entzückte sie in seiner anmutigen Hilflosigkeit, und Mutter Harder dachte öfters in letzter Zeit: «Schade, wenn die keine Kinder bekäme.» Darüber aber machte sich Hellmine noch keine Gedanken, und die Mutter hütete sich, sie aus ihrer kindlichen Zufriedenheit aufzustören.

«Gertrud, was sagst du dazu, ich bin auf vier Wochen zu dir ausquartiert, die Eltern sind nach Nauheim, Vater entschloß sich ganz rasch, weil du ihm Angst gemacht habest.»

«Ich freue mich, Schwesterchen», sagte Gertrud warm und küßte die frischen Lippen.

«Mein Bettwerk habe ich mitgebracht, mach dir also keine Wirtssorgen, ich schlafe in Gottfrieds Studierzimmer auf dem Boden und stehe schon um sechs auf; bis dahin muß er seine Bücher entbehren. Und einen Schinken hab ich eingepackt und ein Dutzend Rauchwürste und drei Gläser Kirschenmarmelade und Eier und Butter und ein Säckchen Mehl und unsere letzten Kartoffeln...»

«Himmel, halt ein, was für ein Segen!» lachte Gertrud, umfaßte die Schwester und ging mit ihr dem Hause zu.

«Hast du Gottfried schon gesprochen?»

«Ja, aber deinem Gebieter scheinen etliche Läuse über die Leber gelaufen zu sein; er hat mir nur ein paar zerstreute Worte gewidmet und einen Blick, in dem die christliche Schwagerliebe nur sehr unvollkommen zu erkennen war.»

Gertrud lächelte. «Ach, es ist nichts, wir haben nur eine kleine Meinungsverschiedenheit gehabt.»

«Habt ihr die auch?» fragte Hellmine mit großen Augen.

«Ja, Kleines, wer hat die nicht; aber sie verlaufen bei uns bedeutend friedlicher als die daheim bei Vater und Mutter. Wie könnte ich auch meinem Mann ernstlich zürnen! Und wenn ich unausstehlich bin, bleibt er gut.»

«Er wäre ein Barbar, wenn er nicht lieb zu dir wäre, Trudel. Wenn ich denke, was du ihm alles bist und was du für ein Leben hast und immer heiter...» Dem warmherzigen Mädchen wurden die Augen feucht, sie drückte stürmisch die Schwester an sich und vergrub ihr Gesicht an ihrer Schulter, um ihre Bewegung nicht zu verraten.

Als sie ins Haus traten, kam Hannele mit der Krankensuppe aus der Küche; Gertrud nahm sie ihr ab. «Ich will sie selbst hinaufbringen; Hellmine, willst du den Tisch decken? Ich komme in fünf Minuten herunter.»

Die junge Frau stieß die rohe Brettertür auf, die in Theobalds Kammer führte; heller Sonnenschein flutete ihr entgegen; der Kranke liebte Licht und Wärme. Seit einigen Tagen brachte er die meiste Zeit im Bett zu, und Gertrud fürchtete, daß mit der Hoffnung auf Genesung auch der Wille dazu geschwunden sei. Aber er war immer heiter.

Bei Gertruds Eintritt schlug er die Augen auf, die übergroß in dem hageren Gesicht strahlten. Seine Haare waren lang geworden und umgaben in weichen Massen die schmale, hohe Stirn mit den blauen Augen. Er lächelte ihr zu und streckte ihr die schmale, heiße Hand entgegen. Vorsichtig stellte sie die Suppe auf das Tischchen und setzte sich auf den Bettrand.

«Hast du gut geschlafen, Lieber?»

«Nur so halb, zwischen Traum und Wachen.»

«Was macht der Husten?»

«Nicht schlimm. Wo bist du gewesen? Du hast dürre Tannennadeln im Haar.»

«Im Wald war ich», sagte Gertrud errötend.

Theobald sah sie lange forschend an. «Gottfried sagte mir, du zürnest ihm, daß er nach Berlin wolle und dich nicht einmal gefragt habe. Er ist traurig. Ich bin selbst schuld daran, ich drängte ihn zum Entscheid.»

«Ich zürne ihm nicht mehr.»

Der Kranke drückte dankbar ihre Hand und sprach langsam und gegen die Schwäche ankämpfend weiter: «So ist's recht... du darfst dich nicht wehren, auch du nicht... ihr seid stark geworden... in der Stille... geht hin und bringt diese Stille... den Ruhelosen... und neue Kraft den Schwachen.»

«Theobald, darf denn der Mensch gar nicht sich selber leben?»

Der Kranke lächelte ein geisterhaftes Lächeln.

«Du darfst alles, versuche es.»

Sie sah sinnend vor sich nieder.

«Ich habe doch auch hier Pflichten...»

«O Gertrud, wenn ich dich das Elend sehen lassen könnte dort! Da sind die unehelichen Mütter mit ihren schuldlosen armen Kindern, aller Versuchung, allem Elend, aller Schande ausgesetzt. Was kann da nur eine einzige Frau mit großem, mütterlichem Herzen sein!» Er hatte erregt gesprochen und sank nun matt zurück.

«Halt ein, Lieber, ich gehe ja, du sollst dich nicht aufregen; es tut nur so weh, die vielen Wurzeln zu lösen, und im Schmerz war ich hart gegen Gottfried und unfreundlich.»

«Ich wußte... ich kenne dich doch... O Gertrud, ich kenne dich so gut, nie hat ein Mensch dich so erkannt... Du bist so stark, und deine größte Macht ist deine Güte... Und dabei so ganz Weib...»

Er nahm ihre Hand und legte sie an seine Wange; sanft strich sie ihm das feuchte Haar aus der Stirne.

«Ich soll wohl artig meine Suppe essen?» fragte er dann und zwang sich zur Heiterkeit.

Sie nickte und schluckte ihre Tränen hinunter.

Im Wohnzimmer hatte unterdessen Hellmine die Hausfrau gespielt und begann gerade die Suppe auszuteilen, als Gertrud hereinkam. Gottfried blickte sie nicht an, sondern sprach hastig mit Hellmine. Kaum hatten sie die ersten Bissen gegessen, so kam auch schon ein Bote hereingestürzt, der Gertrud sofort holen wollte; es hatte sich einer mit der Sense in den Fuß gehauen und war in Gefahr zu verbluten. Eilig sprang die junge Frau auf, steckte Verbandzeug zu sich und schwang sich aufs Rad.

«Jetzt muß sie in die Hitze hinaus», sagte Hellmine, «und hat fast nichts gegessen.»

Gottfried blickte zerstreut auf. «Ja, es ist wahr.»

«Und nachher hat sie gleich Sprechstunde.» Hellminens Stimme klang kampflustig. Aber der Schwager ging nicht darauf ein, und in seinen Augen lag etwas, daß sie sich fürchtete, ihm zu nahe zu treten.

Erdmann war voll Unruhe und Mißmut, er hätte gern mit seiner Frau gesprochen, ihr gesagt, daß er ihr nicht habe weh tun wollen; aber er war zuzeiten fast schüchtern gegen sie und brachte es nicht fertig, sein verschlossenes Innere zu öffnen, am wenigsten dann, wenn sie ihm zürnte.

Nach dem letzten Bissen ging er gleich in sein Zimmer, und mit Härte und Entschlossenheit im Gesicht setzte er das Entlassungsgesuch aus dem Kirchendienst auf und die Meldung an Theos Stelle, der dem Gesuch ein paar Worte beifügen wollte. In der Küche und auf dem Flur sammelten sich ungeduldig die Patienten; sie vertrieben sich die Zeit mit der Aufzählung ihrer Leiden, und ihre Stimmen klangen eintönig und klagend durch die dünne Wand ins Studierzimmer. Hellmine las oben im Krankenzimmer vor, bis über dem sanften Geplätscher ihrer Stimme Theobald eingeschlafen war.

Endlich kam Gertrud schweißbedeckt auf ihrem Rad an. «Jetzt ein Badezimmer!» dachte sie und stellte sich unten in der Waschküche unter die Brause, während sie beim Ankleiden schnell ein Stück Brot mit Milch hinunterwürgte. Sie war noch knapp recht gekommen, um den jungen Mann vor dem Verbluten zu retten, und jetzt war sie müde, daß ihr fast die Augen zufielen. Aber als sie in ihr Zimmer trat, drängte ihr schon ein Weib nach, und so ging es ein paar Stunden fort, ohne Pause. Zwischenhinein huschte wohl einmal Hellmine zu ihr und brachte eine Tasse Kaffee mit belegten Brötchen.

«Danke, Schwesterchen, an so etwas denkt doch nur eine Frau.»

So wurde es Abend, und Gertrud legte sich eine halbe Stunde aufs Sofa, nachdem sie noch Frey besucht hatte. Hellmine bereitete draußen das Abendbrot, Hannele begoß den Salat im Garten, und als Erdmann ins Zimmer seiner Frau trat, fand er sie fest eingeschlafen. Zögernd sah er das blasse, abgespannte Gesicht an; die eine Hand hing schlaff herunter, er hätte sie gerne geliebkost, aber er wollte sie nicht wecken. Auf den Zehen schlich er wieder hinaus.

Draußen begann es zu dämmern; im Westen stieg eine stahlgraue Wolkenwand auf, die langsam in die Höhe wuchs. Heuwagen knarrten auf der Straße, und die dampfenden Kühe wurden zur Eile angespornt, denn es lag noch mehr trockenes Heu auf den Wiesen. Hellmine kam ins dämmerige Zimmer herein, das Essen sei fertig, ob man Gertrud wecken solle, auch Theobald schlafe.

Aber sie wollten warten. Schweigend saßen sie und blickten in die sinkende Nacht. Vom Nebenzimmer her hörte man das gleichmäßige friedliche Atmen der Schläferin. In der Wolkenwand im Westen wetterleuchtete es, daß die Gesichter der beiden Menschen von fahlem Licht übergossen wurden.

Hellmine beobachtete ihren Schwager; sehen konnte sie ihn eigentlich nicht mehr, aber sie fühlte ihn in diesem gemeinsamen Schweigen, und sie dachte, daß Gertruds Los doch sein Schönes habe, ihr eigenes Leben schien ihr daneben plötzlich leer und klein.

Endlich regte sich die Schläferin im Nebenzimmer, und Hellmine eilte in die Küche, um das Abendbrot zu holen. Dann saßen sie um den Tisch. Gertrud mit rotgeschlafenen Wangen und glänzenden Augen wie ein Kind, Hellmine als Hausmütterchen, mit einem sinnenden Zug zwischen den Augen, Hannele zerzaust und heiß von der Gartenarbeit, und Erdmann zwischen all den anmutigen Frauen dunkel, schwerlebig, ernst. Von Zeit zu Zeit sprang eine der Frauen auf, um nach Frey zu sehen, der zu matt war, um aufzustehen.

«Heut wollen wir uns einen schönen Abend machen, nicht, Helle?»

Kaum hatte Gertrud das gesagt, da schrillte die Hausglocke.

«Jetzt nur keine Bestellung nach auswärts», sagte Gertrud und blickte nach dem Himmel, der sich völlig mit Gewitterwolken umzogen hatte.

Aber es war doch eine, und zwar eine eilige.

Schnell schob die junge Frau den letzten Bissen in den Mund und stand auf. «Ist das heut ein Tag! Ich werde ins Wetter kommen», rief sie und blickte mit Bedauern auf den hellen, fröhlichen Kreis um die Lampe.

«Ich gehe mit dir», sagte Erdmann schnell.

Verwundert blickte Gertrud ihn an. «Wenn du es gern tust? Aber fürchten tue ich mich nicht.»

«Das weiß ich, aber ich lasse dich nicht gern allein gehen, ich habe dich heute auch noch kaum gesprochen. Hellmine setzt sich zu Theo hinauf und liest ihm vor, nicht wahr? Hannele, schließ die Laden gut und paß auf, bis wir zurück sind.»

So gingen sie zusammen hinaus in die Nacht, der Bote war schon voraus. Ein heißer Wind fegte über den Boden und wirbelte Staub auf, der Himmel stand wie in Flammen, und der Donner kam näher. Mit einer schüchternen Bewegung nahm Erdmann Gertruds Hand und legte sie in seinen Arm.

«Es ist lieb von dir, daß du mitkommst», sagte sie endlich.

«Ich wünschte, ich hätte dich dran gewöhnt, es selbstverständlich zu finden.»

«Aber nein, jeder seine eigene Last.»

«Nein, einer des andern Last. Ich fürchte, daß ich ein großer Egoist gewesen bin, ich verlange von dir die Pflichten der Frau und lasse dich ruhig auf das Recht verzichten, beschützt zu werden.»

Gertrud lachte ein leises, melodisches Lachen.

«Lieber, dummer Mann, ich bin doch eigentlich ganz zufrieden, so wie du bist.»

Er drückte heftig ihren Arm an seine Brust. «Ist das wahr?»

«Ja, das ist wahr», antwortete sie nun ernst, «das andere sind doch nur Nebensachen.»

Jetzt tauchten sie in dem Wald und seinem Rauschen und Brausen unter. Die ersten Tropfen fielen, und der Wind peitschte den Wanderern die flatternden Regenmäntel in die Höhe. Gertrud drängte sich enger an ihren Mann.

«Immer noch sind wir zwei Menschen, so dicht ich auch zu dir komme, aber wir wollen in allen Wetterstürmen so zusammenstehen und zusammengehen. Ich gehe auch mit dir nach deinem schrecklichen Berlin, und ich werde die Kraft haben, es nicht schrecklich zu finden.»

«Liebe, Gute – ich will versuchen, es dir dort schön zu machen, dich nicht vergessen über meiner Arbeit und dir mehr Ruhe und Behagen schaffen.»

Sie lächelte sanft im Licht der Blitze. «Ja, das wollen wir beide einander tun.»

Der Regen wurde heftiger, und der Donner begann über ihren Häuptern zu krachen.

«Ich meine fast, so sei ich schon einmal mit dir gegangen, in dieser Stimmung und im Toben der Elemente.»

«Ich glaube nicht.»

«Doch, irgendwo und irgendwann – vielleicht vor tausend Jahren.»

Er schwieg zu ihren Phantasien und freute sich, daß er seine Frau nicht allein hatte gehen lassen. Und dann kam ihm der Gedanke, daß die Männer ihre Frauen viel zu oft allein lassen; auch die starken, mütterlichen Frauen sind nicht gern allein gelassen. Sie sehnen sich, die Kraft und den Schutz des Mannes zu fühlen, selbst wenn sie nicht hilfsbedürftig sind. Und er dachte, daß nichts dem Glück der Ehe gefährlicher sei als das Leben nach Theorien, und wenn es die vernünftigsten und frömmsten wären. Und daß es nur ein Gebot in der Ehe gebe: die Liebe zu erhalten, und wenn daneben selbst Wertvolles und Wünschenswertes litte. Er vergaß sogar Belege für seine Gedanken in der Bibel zu suchen, so stark empfand er ihre Berechtigung.

Dann hörte er Gertruds Stimme dicht an seinem Ohr, denn der Sturm und der Donner verschlangen alle Töne. «Ich bin eigentlich sehr nachgiebig von Natur, namentlich da, wo ich liebe – wie gut – daß ich nicht die Probe auf Hartnäckigkeit dir gegenüber bestehen muß. Davor bewahre mich Gott.»

«Fürchte dich nicht, mein Liebling, über manches sind mir heute die Augen aufgegangen, als du im Zorn von mir wegliefst. Theobald hat mir dazu geholfen, er führt deine Sache besser als du selbst. Ich weiß, ich bin egoistisch gegen dich gewesen, aber es war um der Sache willen. Und ich bin dir so dankbar, daß du willig mit mir gehst, ich möchte dich nie zwingen. Wenn das Schwäche und Feigheit ist von mir... Ach Liebling, ich kann's nicht ändern... aber du sollst nicht durch mich leiden, ich will dir nur noch Liebes tun. Ich denke jetzt, Gott hat viele Wege, aber ich hatte zu wenig Glauben. Über dein ewiges Heil habe ich oft dein zeitliches vergessen. Blaß und schmal bist du geworden, du sollst wieder blühen.»

Sorgenvoll blickte er ihr in das errötende Gesicht. Da flüsterte sie ihm ins Ohr: «Über mein schlechtes Aussehen ängstige dich nicht, es bedeutet etwas Gutes: Um die Weihnachtszeit werden wir ein Kindchen haben, wenn alles gut geht.»

Da drückte er sie in heißer Freude ans Herz und achtete nicht des rollenden Donners und des rauschenden Regens. –

Träge gingen die Sommertage hin, golden stand das wogende Korn in den Feldern und harrte der Sichel, und im Pfarrhaus zu Hohenwald neigte ein Menschenleben sich dem Ende zu. Lerchenjubel in der Luft, strahlende Morgenröte am Himmel, und am Bett Theobalds zwei bleiche Menschen, die den Schmerz zurückdämmten, um die Stille des Scheidens durch keinen Ton der Unruhe zu stören. Gertrud stand am Fußende des Bettes und umfaßte mit dem Blick der Liebe die langgestreckte Gestalt des Freundes. Der Sterbende öffnete die Augen und sah vom einen zum andern, hellen Glanz im Gesicht; zum Fenster flutete die warme Morgensonne herein: «Ihr Lieben... alle bei mir... welch ein schöner Tag heute», flüsterte er, dann schloß er die Augen und veratmete langsam sein junges, reiches Leben. Unter rauschenden Tannen gruben sie ihm ein Grab auf dem kleinen Dorfkirchhof, und Gertrud schmückte es mit Blumen.

*

Und nun hieß es, die Wurzeln lösen, mit denen Gottfrieds und Gertruds Leben sich im Dorfe verankert hatte. Als zuerst das Gerücht ihres Wegzugs sich verbreitete, wurde es nicht geglaubt und darüber gelacht wie über einen ärgerlichen Spaß, den sich einer machte, nur dem Elias schoß der Schrecken in das Herz; unruhig ging er den ganzen Tag seiner Waldarbeit nach, und als es Feierabend läutete, hielt er sich nicht mehr; im Arbeitskleid, das Beil in der Hand, eilte er zu Erdmann.

«'s geht so e dumms Geschwätz im Wald um, Sie wolltet weg, Herr Pfarrer. Do han i kei Ruh ghett, i han frage müsse.»

«Ich will's Ihnen nicht verschweigen, Elias, ja, ich gehe im Herbst nach Berlin.»

Der starke Mann begann zu zittern, endlich stieß er hervor: «Dees han i net von Ihne denkt.»

«Meinen Sie, ich ginge gern?» fragte der Pfarrer schmerzlich.

«Worum gehet Se denn, wenn Sie's net gern tun?»

«Ich habe einem Sterbenden versprochen, seine Arbeit fortzuführen an schwererer Stelle als hier im Wald.»

«Und Ihne Ihr Arbeit?»

«Elias, die lege ich in Ihre Hände und in die meines Nachfolgers.»

«Und grad jetzt, wo mer doch e schöns Pfarrhaus z' baue anfange wolle.»

«Ich muß, Elias.»

«So saget *Sie;* was wird aber aus uns?»

«Starke, gute Menschen, die allein stehen können und Gottes Wege gehen wollen.»

Der Holzhacker kehrte sich ab und trat zum Fenster, er brachte kein Wort heraus, es würgte ihn etwas in der Kehle, und er schämte sich, seine Bewegung zu zeigen.

Der Pfarrer trat zu ihm und legte seine Hand auf des Bauern Schulter. Der rührte sich nicht. Endlich fragte er rauh: «Wann gehet Se denn?»

«Im Oktober. Aber ich komme wieder, jedes Jahr im Sommer komme ich mit meiner Frau auf vier Wochen zu euch, darauf wollen wir uns freuen.»

Gertrud kam herein: «Was sagen Sie dazu, Elias?» fragte sie mit Tränen in den Augen.

«I sag nix, aber so weh hat mer der Herr Pfarr no nie net ton, wie heut.»

Und das war die Stimmung des Dorfs; sie waren wie Kinder, die sich an den Vater klammern; sie verstanden die Beweggründe seines Handelns nicht, sie zürnten ihm. Einige meinten, es sei ihm zu langweilig, oder sein Haus zu klein, und andere, die Stelle sei ihm zu schlecht, und die meisten dachten, der Sägmattheis mit seiner Bosheit habe ihn fortgetrieben, und schalten über den, da sie doch über den Pfarrer nicht schelten wollten. Aber die Kathrine sagte: «Seid froh, daß mern so lang ghett hent, 's gibt au ander Leut, wo so ein brauche. Und wegem Haus, oderm Geld, oder wege Feindschaft geht der net und sei Frau au net, do kenn i ihn besser. Und sein Sege laßt er uns do, gelt, Elias?»

Der hörte aufmerksam seiner Frau zu und legte ihr dann vor allen Leuten den Arm um die Schultern, eine unerhörte Zärtlichkeit bei den zurückhaltenden Wäldlern. «Kathrine, diesmol hascht recht. So e Weib weiß doch au ebbes», scherzte er dann rauh.

Die Familie Harder war mit dem Entschluß Erdmanns einverstanden, trotz der Trennung.

«Der erste gescheite Einfall, den Gottfried in der Ehe hat», meinte Frau Harder.

«Gertrud geht aber nicht gern», warf Hellmine ein.

«Das gibt sich, das ist nur so eine sentimentale Laune, sie wird's nicht bereuen; sie ist jung genug, um aufs neue Wurzel zu schlagen. In Hohenwald war's ja schauderhaft, mein Lebtag gedenke ich der sechs Winterwochen in dieser Hütte, die sich Pfarrhaus nennt.»

«Ach, sie war doch glücklich dort in aller Armut und Arbeit, ich glaube, wir haben für ihr und Gottfrieds Tun keine Maßstäbe», meinte Hellmine.

Eine der letzten Amtshandlungen war die Trauung des Köhlersamuel mit dem Pfarrhannele. Das Mädchen hatte sich den Geliebten vom Vater ertrotzt, nachdem seine Herrin ihm alle Opfergedanken ausgeredet hatte, und der Vater war so stumpf und schlaff geworden durch den Trunk, daß sein sich wehrender Wille der zähen Energie der Tochter nicht standhielt. Die Rosine aber atmete auf, als sie die junge starke Männerhand in der Wirtschaft spürte. Alles lag darnieder und war verlottert, denn die Frau mit den halbwüchsigen Kindern wurde nicht allein Herr. Im oberen Stockwerk des Wirtshauses richteten sich die jungen Leute ein, der Sägmattheis aber verließ seine Stube nicht mehr, sein Körper war halb gelähmt, und wenn er durchs Fenster die Gestalt seines Schwiegersohnes über den Hof gehen sah, so ballte er nur in ohnmächtigem Grimm die Faust und schrie ihm eine Flut Verwünschungen nach.

Und so kam der Tag immer näher, der den Abschied forderte. Der Groll der Hohenwälder, die es nicht verzeihen konnten, daß Erdmann sie verließ, verwandelte sich in Wehmut und Trauer, und je mehr die Zeit dahinging, um so stärker brach die Dankbarkeit und Liebe hervor und äußerte sich unbehilflich und scheu, in Worten und Blicken und in armseligen Gaben der Liebe.

Gertrud aber war es zumute wie einer Mutter, mit der es zu Ende geht und die ihre Kinder zurückläßt. War sie auch immer eine treue Mutter gewesen?

Am letzten Abend vor der Abreise ging sie noch einmal durchs Dorf, sie wollte ihrem Mann entgegengehen, der im Pfarrkranz von den Kollegen Abschied genommen hatte. Daheim stand alles gepackt, am andern Tag sollten die Möbel abgeholt werden.

Herbstnebel machte die Luft schwer und feucht und tropfte von den tiefgebeugten Apfelbäumen. Die kleinen Hütten träumten vor sich hin mit trübe verschleierten Augen, durch unverhüllte Fenster und beschlagene Scheiben sah man schattenhaft die Gestalten der Bewohner, wie sie sich lautlos bewegten.

«Bin ich auch eine gute Mutter gewesen?» fragte sie sich nochmals. Die alte Sägmüllerin hatte ihr neulich warnend ein Wort gesagt: Allzu gut ist liederlich. Das sagte sie, weil Gertrud der alten Beerenhanne einen schönen Unterrock geschenkt hatte. Darauf war sie sehr nachdenklich geworden, denn es war etwas dran, sie sagte ungern «Nein», aber jetzt war sie doch froh, daß sie ihn ihr gegeben hatte. Ihr Häuschen sah gar jämmerlich aus, ein paar zerbrochene Scheiben waren mit Lumpen verstopft, der Zaun zerfallen, das Dach windschief. Sie hätte ihr auch wohl noch eine Jacke geben können und noch manch freundliches Wort, das sie ungesprochen ließ, weil man ihr so viel Böses von dem alten Weibe zugeflüstert hatte.

«Oh, ich war nicht allzu gut, nicht einmal gut!»

Der Nebel hängte sich der jungen Frau ins Haar und machte den Saum ihres Kleides naß und schwer. Das Herz tat ihr weh, wie ein Dieb kam sie sich vor, der auf bösen Wegen geht. Die Häuser starrten sie so wissend aus den hellen Fenstern an, und alle hatten sie eine Klage wider sie an diesem letzten Abend: dort die Hütte am Bach, wo es feucht war, in der ein krankes Kind langsam dem Tod entgegensiechte; hier des Sägmattheis Haus, in dem der Besitzer sich zugrunde richtete und ohne daß sie auch nur einen Versuch zu seiner Rettung gemacht hatte; und dort, abseits von der Straße, das kleine schmale Haus, wo ein alter blöder Mann sich von Hexen verfolgt und geplagt wähnte und den die Kinder verspotteten.

«Nicht gut genug», sagten sie alle, «nicht gut genug.»

Da hörte sie Schritte, und ehe sie die Gestalt erkannte, wußte sie, daß es ihr Mann sei. Sie rannte vorwärts und flog ihm in die Arme, Tränen hingen an ihren Wimpern.

«Bei dir will ich mir nie sagen müssen, nicht gut genug», rief sie stürmisch.

Er sah sie fragend an, aber sie wollte nicht antworten, sondern küßte ihm das Gesicht und preßte seine Hand, und er meinte, es sei Abschiedsweh.

Lange saßen sie an diesem Abend bis in die Nacht hinein in der ausgeräumten Wohnung und sprachen von vergangenen Jahren und von der Zukunft. Trübe brannte die dünne Kerze in der alten Flasche, die Lampen waren schon eingepackt. Erdmann saß auf der Porzellankiste, er hatte ein Stück Kuchen aus der Stadt für seine Frau mitgebracht, das er feierlich aus einem weißen Papier wickelte.

Da mußte sie doch hell lachen, aber die Augen wurden ihr feucht.

«Du lieber Verschwender», sagte sie endlich.

Er sah sie verlegen an. «Ich dachte, ich dürfte dir auch einmal etwas Luxus gönnen, meinst du nicht? Theo hat auch gesagt... Ich weiß, du ißt gern Kuchen.»

«Riesig gern», sagte sie und biß hinein wie ein hungriges Kind.

Er sah ihr strahlend zu, in ungewohntem, schenkendem Männerstolz. «Trudel», sagte er zärtlich.

Da barg sie ihren Kopf an seiner Schulter und wollte ihn auch nicht wieder erheben, denn Tränen tropften ihr heimlich aus den Augen. Die kleine liebe Handlung Gottfrieds war wie ein erstes Blümchen, das im Frühling aufblüht und Zukunftsfreude verheißt.

Plötzlich schwebte ein sanfter Ton durch die Luft. Lauschend hob Gertrud den Kopf. Da klang es von der Straße her, feierlich getragen in vierstimmigem Chor:

Befiehl du deine Wege,
und was dein Herze kränkt,
der allertreusten Pflege
des, der den Himmel lenkt.

Erdmann stand auf und öffnete die Fenster, wunderbar gedämpft und herzbewegend klang das Lied durch die Nacht. Dort unten standen sie, Kopf an Kopf, seine Hohenwälder: Männer, Frauen, Kinder, auf der Landstraße. Die Stallaternen, die jedes trug, warfen ihr unsicheres Licht durch den Nebel, in der Mitte der Schar stand Elias mit erhobenem Taktstock.

Gertrud trat neben ihren Mann und legte den Arm um seinen Hals, so lauschten sie mit bewegtem Herzen. Unter ihnen die dunkle Menschenmasse wie *ein* Körper, *ein* Geist. Immer leiser wurden die Stimmen, hier und da hörte man ein Schluchzen, und als der letzte Ton verklungen war, wendeten sie sich stille zum Gehen, und schweigend ließ Erdmann sie hinaus in die Nacht ziehen in ihre Hütten und Höfe.

Am Nachmittag des nächsten Tages reisten die Pfarrleute ab. Vor der Kirche hielt die kleine Kutsche, die sie zur Station bringen sollte; der Müller eines benachbarten Weilers, ein dankbarer Patient, hatte sie gestellt. Noch einmal traten sie an das Grab ihres Freundes, Gertrud pflückte ein Efeublatt davon und steckte es an ihr Kleid. Vor der Kirche hatten sich die Hohenwälder gesammelt. Bunte Asternsträuße häuften sich auf dem Rücksitz des Wagens, und Gertrud mußte des ersten Abschieds von Hohenwald gedenken.

Alle waren sie diesmal da, aber keins mochte reden. Nun trat Elias heran, Weib und Kinder hinter ihm, er reichte dem Pfarrer abschiednehmend die Hand und kehrte sich ab in Scham über den Schmerz, den er nicht verbergen konnte. Aber Erdmann schloß ihn wortlos in seine Arme.

Plötzlich klirrte im Wirtshaus ein Fenster, das fahle gedunsene Gesicht des Sägmattheis erschien in dem Rahmen.

«Er geht, er geht», kicherte er blöde.

Aber nun sah er, wie sein Weib und das Hannele und die anderen Kinder weinend um den Wagen standen. Da packte ihn eine sinnlose Wut, er ergriff eine der schweren gefüllten Schnapsflaschen und schleuderte sie mit aufgepeitschter Kraft nach dem Platz, wo er Erdmanns Gestalt aus den Menschen ragen sah.

Ein Schreckensschrei ertönte, alles wich auseinander, und krachend schlug das Geschoß an den Pfosten des Kirchhoftors, daß Scherben und Flüssigkeit herumspritzten. Aber niemand hatte Schaden genommen. Samuel sprang ins Haus, um den Wahnsinnigen unschädlich zu machen; blaß, aber mit hochgemutem Lächeln stand Erdmann da, wie erstarrt; Gertrud faßte ihn an der Hand und umklammerte sie.

«Laßt uns jetzt gehen», bat sie leise.

So stiegen sie ein, der Kutscher trieb die Pferde an, und unter Tränen und Winken verließen sie den Heimatboden.

Mit starren Augen sah Elias ihnen nach, dann hob er eine der grünen Scherben auf und sagte zu den Umstehenden: «Der stirbt doch no mol am Kreuz.»

«Da sei Gott vor!» rief erschrocken die Kathrine, und alle wiederholten schwer und eindringlich wie ein Gebet: «Da sei Gott vor.»

Von Helene Christaller sind außerdem in unserem Verlag erschienen:

Als Mutter ein Kind war
Edition C, Nr. E 8, 348 Seiten
Die Erinnerungen der Erzählerin an ihre Lieblingstochter Gertrud.

Peterchen
Edition C, Nr. E 11, 176 Seiten
Im Mittelpunkt des Buches steht Peterchen, ein kleiner aufgeweckter Junge aus dem Schwarzwald.

Das Blaue Haus
Edition C, Nr. E 20, 200 Seiten
Dieses Buch ist die Fortsetzung von «Als Mutter ein Kind war».

Meine Mutter
Edition C, Nr. E 23, 290 Seiten
Im vorliegenden Buch schildert die Verfasserin die Frau, mit der sie aufs innigste verbunden war. Es gehört inhaltlich zu den beiden Büchern »Als Mutter ein Kind war« und »Das Blaue Haus«.

«Die Goldene Reihe» – Christliche Erzählungen von einst und jetzt

Anna von Blomberg, WALDSTILLE UND WELTLEID
Edition C, Nr. E 1, 260 Seiten

Anna von Blomberg, REGGFIELDS TOCHTER
Edition C, Nr. E 2, 192 Seiten

Richard Wolf, BIS ANS ÄUSSERSTE MEER
Edition C, Nr. E 4, 576 Seiten

Anne de Vries, IHNEN IST ERSCHIENEN
Edition C, Nr. E 5, 112 Seiten

Elizabeth Edwards, TÄUSCHUNGEN
Edition C, Nr. E 6, 240 Seiten

Helene Christaller, ALS MUTTER EIN KIND WAR
Edition C, Nr. E 8, 248 Seiten

Kristina Roy, UM HOHEN PREIS
Edition C, Nr. E 9, 304 Seiten

Helene Christaller, PETERCHEN
Edition C, Nr. E 11, 176 Seiten

Elisabeth von Maltzahn, DER GOTTESSCHATZ
Edition C, Nr. E 12, 192 Seiten

Elisabeth Zentz, MÜTTER IN DES MEISTERS HAND
Edition C, Nr. E 13, 160 Seiten

Dorothea Hollatz, NUR DURCH EINE TÜR GETRENNT
Edition C, Nr. E 14, 480 Seiten

Helene Christaller, GOTTFRIED ERDMANN UND SEINE FRAU
Edition C, Nr. E 15, 320 Seiten

A. van Hoogstraten-Schoch, JULIANA VAN HOOREN
Edition C, Nr. E 16, 200 Seiten

Esther Kietz, GEFÜHRT VON JAHR ZU JAHR
Edition C, Nr. E 17, 168 Seiten

Margarete Lenk, DES PFARRERS KINDER
Edition C, Nr. E 18, 240 Seiten

Daniela Zabel, LAUTER WEIHNACHTSWUNDER
Edition C, Nr. E 19, 120 Seiten

Helene Christaller, DAS BLAUE HAUS
Edition C, Nr. E 20, 200 Seiten

Daniela Zabel, DIE WIR DEN WEG NICHT WISSEN
Edition C, Nr. E 21, 200 Seiten

G. H. von Schubert, UNTER GOTTES SCHIRM
Edition C, Nr. E 22, 139 Seiten

Helene Christaller, MEINE MUTTER
Edition C, Nr. E 23, 290 Seiten

Weitere Titel in Vorbereitung